Doug Boyd

ROLLING THUNDER

Erfahrungen mit einem Schamanen der neuen Indianerbewegung

übersetzt von Janet Woolverton

Trikont
dianus

3. Auflage, München 1981
c deutsche Ausgabe: Trikont-dianus Buchverlag GmbH
München
amerikanische Ausgabe: Random House, New York, 1974
c Robert Briggs Associates
Umschlaggestaltung: Michael Keller unter Verwendung
einer Zeichnung von Janet Woolverton
Druck & Bindearbeiten: Fa. Boss-Druck, Kleve

Inhalt

EINLEITUNG

FAST JEDER, DER sich auch nur einen kleinen Einblick in die spirituelle Welt der amerikanischen Indianer verschafft hat, kann von unerklärlichen Ereignissen berichten. Außenstehende werden von diesen Dingen nur sehr oberflächlich berührt, sie erscheinen ihnen nicht geheimnisvoller als die gekonnte Aufführung eines professionellen Zauberers auf der Bühne. Der Nicht-Indianer neigt dazu, das Unerklärliche erst gar nicht an sich herankommen zu lassen. Er sieht keine logischen Zusammenhänge in diesen Ereignissen. Er hat gelernt, daß alles, was sich auf der Ebene der bewußten Wahrnehmung abspielt, eine ausreichende Erklärung in den Gesetzen von der Materie, der Energie und der Wahrscheinlichkeit, kurz: in den Gesetzen der Technologie findet.

Obwohl die moderne Industriegesellschaft die spirituelle Welt der amerikanischen Indianer überschwemmt und, ebenso wie die traditionellen, alten Religionen der westlichen Welt, schon fast vernichtet hat, finden sich dennoch bei jedem Stamm, der sich sein Überleben sichern konnte, Überreste der indianischen Kultur. Die Geheimnisse des Erdgeistes werden von älteren Medizinmännern und -frauen gehütet, die sie wiederum an Schüler und jüngere Stammesmitglieder weiterreichen, die die "Werte" der technologischen Gesellschaft zurückweisen.

Rolling Thunder, die Hauptfigur dieses Buches, ist ein Hüter dieser Stammesgeheimnisse – er ist ein moderner Medizinmann. Nachdem Doug Boyd Zeuge einer Heilungszeremonie wurde, die Rolling Thunder bei einer Tagung der Forschungsabteilung der Menninger Foundation abhielt, beschloß er, sich ganz den Geheimnissen dieser indianischen Heilkräfte, soweit sie ihm enthüllt werden würden, zu widmen. Boyds Buch ist eine Schilderung der spirituellen Welt der nordamerikanischen Indianer aus der Sicht eines zeitgenössischen Weißen. Es ist eine Entdeckungsreise in eine Welt, die manche Menschen als die einzig "reale" Welt begreifen. Die Erfahrungen Boyds sind sowohl für die, die an die Existenz einer solchen Welt glauben, als auch für die Skeptiker eine eindringliche und herausfordernde Beschreibung einer Welt, die nur wenigen Amerikanern bekannt ist.

Dee Brown

VORBEMERKUNG DES AUTORS

ICH DANKE Richard Clemmer, Anne Haberton und Sandra und Fred Gray für ihre Hilfe und Unterstützung bei meiner Arbeit mit Rolling Thunder. Weiterhin gilt mein Dank denen, die in ihrer Person Teil dieses Buchs geworden sind: Häuptling Frank Temoke, Rolling Thunders Familie, Mad Bear, Semu Huaute, Oscar Johnny, Alice Floto, Mel Dayles, Dolly Gattozzi und den Mitgliedern des Commitee of Concern of the Traditional Indian (1) – um nur einige zu nennen.

Alle eingeborenen Amerikaner in diesem Buch sind der Öffentlichkeit wohlbekannt und haben um unsere Unterstützung bei der Weitergabe ihrer Botschaft gebeten. In der Hoffnung, ihre wertvolle Arbeit gewürdigt und unterstützt zu haben, nenne ich auf diesen Seiten ihre Namen mit Dank und großer Achtung.

Besonderer Dank gilt Ruth und Arthur Young von der Foundation for the Study of Consciousness (2), die meine Außenarbeit finanziell unterstützt haben. Ebenso danke ich Alyce und Elmer Green, E. Dale Walters und der gesamten Belegschaft des Voluntary Controls Program der Menninger Foundation (3), die diese Arbeit angeregt und unterstützt haben. (Wobei ich betonen möchte, daß die Unterstützung meiner Forschungsarbeit von außen keineswegs meine Ergebnisse beeinflußt hat.)

Dieses Projekt sollte ursprünglich ein Bericht für das Voluntary Controls Program der Menninger Foundation

(1) Kommitee zur Unterstützung der traditionellen Indianer

(2) Stiftung zur Bewußtseinserforschung

(3) Programm zur Erforschung des selbständigen Kontrollvermögens

werden, aber da ich von Rolling Thunder mehr als nur wissenschaftliche Erklärungen mit auf den Weg bekam, wurde aus diesem Bericht weitaus mehr. Ich lernte von Rolling Thunder, indem ich seine Art, zu leben und zu handeln, genau beobachtete, ich durfte eine wahre Lebensgeschichte aufzeichnen.

Ich beschloß, meine Beobachtungen und Erfahrungen der Öffentlichkeit zugänglich zu machen, um damit Einblicke, Einsichten und Kräfte, die sie mir vermittelten, mit anderen Menschen teilen zu können. Rolling Thunder gab mir im September 1972 die Erlaubnis, meine Erfahrung mit ihm zu veröffentlichen, und betonte damals, daß er ein durchaus gutes Gefühl dabei habe. Darüber hinaus hat er mit der Entstehung dieses Buches nichts zu tun. Dies habe ich bewußt so gehalten, obwohl ich zugeben muß, daß ich dieses Buch von der Warte eines Bewunderers aus geschrieben habe. Dennoch konnte ich auf diese Weise weitaus mehr von ihm erzählen, als es Rolling Thunder selbst getan hätte. Nicht, daß ich seine Geheimnisse verraten hätte – die ich selbst nicht kenne –, ich habe lediglich über das berichtet, was viele andere auch beobachten konnten, aber so war es beispielsweise möglich, ihn einen Heilkundigen und spirituellen Führer zu nennen, was er niemals selbst von sich sagen würde.

Dies sind die Worte eines Schülers, nicht die eines Lehrers. Falls es hier zu einer Fehlinterpretation der Ereignisse oder ihrer Bedeutung kommen sollte, liegt der Irrtum nicht bei Rolling Thunder, sondern bei mir. Ich danke Rolling Thunder weniger dafür, daß er zur Entstehung dieses Buches beitrug, als vielmehr für die Erkenntnisse, Einsichten und die Energie, die mir durch seine Bekanntschaft zugekommen sind und für die ich ihm niemals oft genug werde danken können.

Doug Boyd

KAPITEL 1
ROLLING THUNDER

VIELLEICHT HATTE ICH mir eine besonders auffallende Erscheinung, in prächtigem Federbusch und mit Perlen behangen, erwartet. Als ich Rolling Thunder zum ersten Mal sah, trug er ein Hemd mit indianischem Muster in Rot und Weiß, einfache Khakihosen und einen alten, braunen Hut mit einer großen Adlerfeder – er sah sehr einfach aus, keineswegs auffallend.

Er unterhielt sich mit jemand auf der anderen Seite des Zimmers. Ab und zu blickte er zur Seite, starrte gedankenverloren in den Raum und zwickte dabei die Augen halb zu. Dieses Blinzeln, dieses feinfühlige Gesicht sollte mir noch sehr vertraut werden, im Augenblick jedoch erschien er mir nur als ein sehr stereotyper Indianer – schlicht und stoisch, mit Hut, Stiefeln und billigem Koffer ausstaffiert, der von einem Ort zum anderen zieht, sich nach einem Job umsieht und auf den nächsten Bus wartet.

Es war der 15. April 1971, ich befand mich auf dem 'White Memorial Camp' in Council Grove, Kansas, und wartete auf die Ansprache Rolling Thunders. Ich war Mitglied eines Forschungsteams, das sich mit der Untersuchung des selbständigen Kontrollvermögens psychologischer und physiologischer Zustände beschäftigte. Wir hatten gerade eine Langzeitstudie mit Yogi Swami Rama aus dem Himalaya abgeschlossen. Dieser hatte uns seine Fähigkeit demonstriert, aus eigener Kraft beta-, alpha-, theta- und delta-Gehirnschwingungen zu erzeugen, den Blutfluß seiner rechten und der linken Seite seiner Handfläche von etwa 1,2° zu erzeugen, seinen gesamten Blutkreislauf anzuhalten. All dies hatten wir durch physiologische Messungen aufzeichnen können. Wir hatten seinen Vorträgen über den Sinn und die

Ausführung von Yoga – die Selbstkontrolle des Körpers und des Geistes – aufmerksam zugehört und einige seiner beeindruckenden, ungewöhnlichen Methoden, zu diagnostizieren und zu heilen, beobachtet. Aus den Erfahrungen heraus, die ich mit dem Hindu Swami gemacht hatte, kam mein Entschluß, Rolling Thunder kennenzulernen.

Während Rolling Thunder in der vordersten Reihe des Saals Platz nahm, begann Dr. Stanley Krippner, ihn dem Publikum vorzustellen. Es waren etwa 85 Zuhörer aus Island, Japan, Deutschland, Kanada und allen Teilen der USA anwesend. Sie alle waren nach Council Grove gekommen, um über den neuen Wissenschaftzweig der Bewußtseinserforschung zu diskutieren und sich über die Möglichkeiten, dieses Forschungsgebiet durch eine engere Zusammenarbeit und Erfahrungsaustausch zu erweitern und ergänzen, zu beraten. Dr. Krippner ist der Direktor des 'William C. Menninger Dream Laboratory' am 'Maimonides Memorial Hospital' in Brooklyn. Er hatte Rolling Thunder eingeladen, vor der jährlich stattfindenden Tagung der Menninger Foundation über die Selbstkontrolle seelischer Zustände zu sprechen. Er erzählte zunächst von seiner ersten Begegnung mit Rolling Thunder bei einer Heilungszeremonie, die von Rolling Thunder durchgeführt worden war und an der er teilgenommen hatte. Er teilte uns mit, daß niemand im voraus sicher gewesen war, ob Rolling Thunder überhaupt vor der Tagung sprechen würde, daß er drei Tage lang die Tagung beobachtet und mit Teilnehmern gesprochen hatte, bevor er sich entschieden hatte, vor der Versammlung zu reden. Dies ist der traditionell übliche Zeitraum von 3 Tagen, den ein Medizinmann verstreichen läßt, bevor er eine Entscheidung trifft oder einen Patienten annimmt.

Dr. Krippner kündigte weiterhin an: "Rolling Thunder wird heute nachmittag seinen Vortrag halten, er bittet jedoch darum, daß wir als Zuhörer eine wichtige indianische Tradition einhalten, nämlich die, daß man einen Medizinmann niemals unterbricht, bevor er seine Rede beendet hat. Danach wird er jede Frage gerne beantworten, aber solange er spricht, bitte ich Sie, ihn nicht zu unterbrechen. Wie schon gesagt, ist dies Teil einer Tradition, und Rolling Thunder ist es gewöhnt, auf diese Art und Weise zu sprechen. Es ist für uns alle eine große Ehre, mit Rolling Thunder hier zusammentreffen zu können, und ich freue mich ganz besonders, daß er sich entschlossen hat, vor der ganzen Versammlung einige Worte zu sprechen."

Rolling Thunder ging mit bedächtigen Schritten zum Rednerpult. Er nahm einen großen Schluck aus einer Mineralwasserflasche und setzte sich mit einem Geräusch nieder, das an den zur Ruhe mahnenden Schlag eines Gerichtshammers erinnerte. Seinen alten, braunen Hut mit der Adlerfeder behielt er auf. Ich hatte den starken Eindruck, als hätte er sich die ganze Zeit selbst beobachtet, wie er zum Rednerpult ging, einen Schluck aus der Flasche nahm und die Flasche wieder absetzte. Er hob kurz den Kopf und schaute langsam in die Runde. Ich hatte immer noch das Gefühl, daß er jede Bewegung ganz bewußt durchführte.

"Liebe Freunde, ich werde versuchen, mich so klar und verständlich wie möglich auszudrücken. Dies ist das erste Mal, daß ich vor einem nichtindianischen Publikum über spirituelle Dinge spreche. Das war auch der Grund, warum ich zunächst zögerte, hierher zu kommen. Da, wo ich herkomme, sitzen wir manchmal eine ganze Nacht zusammen, um über spirtuelle Dinge zu reden. Eines will ich von vorneherein klarstellen, ich beabsichtige nicht, auch nur ein einziges unserer heiligen Zeremonien und Rituale aufzudecken, die nicht verraten werden sollen. Die Zeit ist noch nicht reif dafür. Die amerikanischen Indianer sind im Besitz eines reichhaltigen Wissens, das im Moment jedoch geheimgehalten werden muß. Noch vor zehn Jahren konnte ich überhaupt nicht in der Öffentlickeit über spirituelle Angelegenheiten der Indianer sprechen, da wir uns nach der Eroberung dieses Kontinents gezwungen sahen, diese Dinge streng geheimzuhalten. Wir richten uns nach den Zeichen der Zeit, die sich auf unserem Weg immer wieder wandeln, so, wie sich auch die Lebensweise der Menschen verändert. Vor sechs Jahren wurde uns nun angezeigt, daß die Zeit reif sei, unsere Botschaft nach außen zu tragen, herumzureisen, mit Nicht-Indianern engeren Kontakt aufzunehmen. Wir kamen mit vielen Menschen zusammen, die sich offen und gutherzig zeigten und mit denen wir uns gut verständigen konnten.

Wie ich schon sagte, ist dies nun das erste Mal, daß ich vor einer breiten Öffentlichkeit über spirituelle Dinge spreche. Man kann also durchaus sagen, daß sich einiges zum Guten hin wendet.

Ein Teil der jungen, weißen Generation unterscheidet sich sehr wesentlich von der älteren Generation. Sie sind offen für uns Indianer, offen für die Menschen im allgemeinen, sie kommen gerne mit uns zusammen, um zu reden. Ich bin anscheinend einer der wenigen Indianer, die das sogenannte Schriftenglisch beherrschen und in meinem Heimatland muß ich oft für meine Leute sprechen. Wenn sie in Schwierigkeiten geraten, sind sie oft gezwungen, sich mit den Behörden auseinanderzusetzen, mit den Reservatsagenten, mit Richtern und Staatsanwälten. Meistens bin ich derjenige, der das für sie in die Hand nimmt.

Aber ich wurde mit der Bestimmung geboren, Medizinmann zu sein. Oft werde ich gefragt, wie man Medizinmann wird. Man kann sich nicht einfach als solcher anstellen lassen, ein Buch lesen oder in eine Schule gehen. So einfach ist das nicht. Viele Leute haben mir schon gesagt, daß sie gern Medizinmann werden wollen, das mag schon sein, viele Leute wollen Heilkundige werden. Ich möchte vorweg betonen, daß ich noch nie vorher über den Weg, den man dazu gehen muß, über all die Dinge, die dieser Weg miteinschließt, gesprochen habe und es fällt mir durchaus nicht leicht, es jetzt zu tun. Zunächst muß man zum Medizinmann geboren sein. Woher man das weiß? Woher weiß die Biene im Bienenstock, wer die Königin ist? Der Indianer weiß es einfach.

Wir machen nichts, das sich auf Äußerlichkeiten beschränkt oder um der bloßen Sensation willen. Kein Geld der Welt kann die Medizinkraft der traditionellen Indianer erkaufen. Einmal kam der Sohn des Präsidenten einer großen New Yorker Firma im Privatflugzeug zu mir und bot mir $10 000 an, wenn ich ihn von einem unangenehmen Ausschlag – sein Rücken war über und über mit roten Beulen bedeckt – befreite. Er fragte mich, ob ich in der Lage wäre, ihn zu heilen, und ich antwortete: 'Ja, das bin ich.' 'Gut, machst du es?' 'Nein, nicht jetzt. Komm in einem Jahr wieder, vielleicht behandle ich dich dann, aber wende dich zuerst an meine Helfer, und vergiß nicht, mir Tabak mitzubringen, und nimm dein $ 10 000-Angebot wieder zurück.'

Es gibt Dinge in diesem Leben, die man nicht kaufen kann und genau nach diesem Grundsatz leben wir. Wir können nicht in eine Apotheke gehen und uns eine Medizin kaufen, und ihr könnt nicht einfach daherkommen und einen Medizinmann kaufen. Entweder er kann sich eines Falls annehmen, oder er kann es nicht. Er ist der unabhängigste, freieste Mensch der Welt, und das ist keine Übertreibung. Er ist der einzige, der ein Schlachtfeld oder eine Versammlung verlassen kann, wann immer er will. Für uns existiert nur eine einzige Autorität, und das ist der Große Geist, dem einzig und allein alles andere untersteht. Wir gehen den Weg, den er vorzeichnet, und das ist die einzige Möglichkeit, uns selbst am Leben zu erhalten und anderen zu helfen. So hätte ich dem Mann, der mir die $ 10 000 angeboten hatte, auch nicht helfen können, wenn ich es gewollt hätte. Hätte ich es getan, obwohl ich wußte, daß es falsch wäre, hätte ich selbst bitter dafür bezahlen müssen. Gleich am nächsten Tag behandelte ich einen alten Mann, der schon seit Jahren gelähmt war und dem weder Ärzte noch Krankenhäuser hatten helfen können. Er gab mir dieses Medaillon, auf dem mein Name in Perlen eingestickt ist und das mir mehr bedeutet als $ 10 000."

In Council Grove sprach Rolling Thunder zum erstenmal vor Psychiatern, Psychologen und Ärzten über den langen und schwierigen Weg der spirituellen Suche und geistigen Übungen. Ein Weg, der mit der Geburt beginnt und über eine lange Lehrzeit hin zum angestrebten Ziel eines Heilkundigen führt. Er sprach über den Prozess der Selbstverwirklichung, von Suche und dem Wissen um die eigene Identität. Er sprach von Selbst-Reinigung und schilderte einige persönliche Erlebnisse, die er als Medizinmann gehabt hatte. Er sprach über die Natur, über Pflanzen, Tiere und alle anderen Bewohner dieser Erde und betonte, daß die Kraft der Menschheit und ihr letztendliches Überleben nicht von der Manipulation und Beherrschung der Natur abhängt, sondern ausschließlich von der Fähigkeit, mit der Natur in Einklang zu leben, sich als fester Bestandteil des ganzen Lebenskreislaufs in sie einzufügen.

Während ich Rolling Thunder zuhörte, wanderten meine Gedanken immer wieder zu Swami Rama. Ich spürte, daß Rolling Thunder dieselbe Fähigkeit besaß, sich total auf den Augenblick zu konzentrieren. Er zeigte die gleiche Wachheit, Bewußtheit und Selbstdisziplin, die oft in der bemerkenswerten Kraft und Schönheit des Swami offenbar geworden war. Ferner sprach Rolling Thunder von ähnlichen Vorstellungen und Ideen, die ich zuvor schon von Rednern aus Indien, Japan und Tibet gehört hatte. Er sagte, es gäbe ein Naturgesetz, das alle Dinge im Gleichgewicht hält, ein Gesetz, das besagt, daß es nichts umsonst gibt, daß man für alles seinen Preis zahlen muß, daß jedes Unrecht wieder gutgemacht werden muß. Lehrer aus aller Welt haben schon von diesem Gesetz des Karma gesprochen. Rolling Thunder sprach davon, wie Medizinmänner und Menschen, die auf einer ähnlichen Ebene arbeiten, ohne Worte miteinander kommunizieren können, eine Fähigkeit, die zu allen Zeiten schon von Schwarzmagiern, Schamanen, Yogis, Swamis und Weisen geteilt worden ist.

Er sprach über die Geschichte des indianischen Volkes, über ihre Ursprünge am "Anfang der uns bekannten Zeitrechnung... als die Erde noch bebte, wenn wir auf ihr liefen" und "als es noch so heiß war, daß man der Hitze nirgends entfliehen konnte. Damals lebten auf diesem Kontinent auch schon Menschen, aber sie unterschieden sich in vielen Dingen von uns. Es gibt auch heute noch Überlebende dieser ersten Menschen, z. B. den 'Big Foot' oben in Kalifornien und den Yeti in Tibet." Manche dieser alten Völker flohen von einem Land, das in den Süd-Pazifik versank, und kamen mit Schiffen hierher. "Einige von ihnen leben immer noch hier und wir wissen, wer sie sind. Indianer haben also bei weitem nicht alle das gleiche Aussehen, genausowenig, wie europäische Völker oder andere Volksgruppen sich untereinander völlig gleichen. Wir treffen uns einmal im Jahr im Land der Hopi, in 'Kivas' (1) unter der Erde. Dort kommen Vertreter aller Stämme – Medizinmänner und Häuptlinge – zusammen. Dann holen wir unsere

(1) Unterirdischer Zeremonienraum

heiligen Schriften hervor, lesen sie und versuchen sie gemeinsam zu deuten.

Es gibt viele verschiedene Stämme und Sprachen bei uns, und dennoch können wir uns sehr gut miteinander verständigen. Wir haben Wege und Mittel, miteinander zu kommunizieren, die auch Sie verstehen könnten. So traf ich z. B. Peter Mitten, einen Medizinmann aus Quebec, Kanada, bei einem Treffen der Irokesen in New York. Wir sprachen kein einziges Wort miteinander, es war einfach nicht notwendig. Es gibt noch andere Beispiele. Ich habe schon oft Traditionalisten aus dem Fernen Osten, aus Afrika oder den Westindischen Inseln getroffen, und wenn sie sich auf der gleichen spirituellen Ebene bewegten, war es nicht notwendig, in Worten mit ihnen zu kommunizieren. Wenn sich in alten Zeiten zwei Häuptlinge auf demselben Pfad trafen, sprachen sie oft kein Wort miteinander. Ich erinnere mich noch gut, als ich ein kleiner Junge war, saßen die Alten oft stundenlang nebeneinander in der Sonne, ohne miteinander zu sprechen, und dennoch konnten sie sehr gut miteinander kommunizieren – besser, als wir es heute oft können –, denn sie verstanden einander wirklich."

Er sprach über Kräuter, die er Helfer nannte und erzählte uns, wie er beim Sammeln die Kräuter oft spürt, bevor er sie überhaupt sieht. "Oft tauchen Kräuter genau dann und dort auf, wo sie gerade gebraucht werden. Es gibt kein Unkraut", betonte er. Wir bezeichnen Pflanzen, die wir gerade nicht brauchen können, als Unkraut, aber für Rolling Thunder erfüllen alle Pflanzen einen Zweck. Er sagte, daß auch die Pflanzen in Familienverbänden leben und Stämme und Häuptlinge haben, die man respektieren sollte. Wenn ein Indianer Kräuter sammeln geht, zeigt er diesem Häuptling seine Achtung, indem er ihm etwas gibt. Er spricht mit der Pflanze und sagt ihr, daß er beabsichtige, einige Pflanzen aus ihrer Gruppe mitzunehmen, jedoch nur so viele, wie er wirklich für einen guten Zweck braucht. Die Notwendigkeit und der Zweck stehen an erster Stelle. Peyote ist ein weiterer Helfer, dessen Zweck gut ist, der jedoch durch Unverstand mißbraucht werden kann.

Er erzählte, wie man die Kraft gewisser Tiere und Reptilien in sich aufnehmen kann, indem man sie mit den blossen Händen tötet und anschließend ihre Kraft in sich einströmen läßt – selbst das Gift der Klapperschlange –, doch darf man danach nie wieder das Leben eines solchen Tieres nehmen. Wenn es notwendig wird, ein Tier um der Nahrung willen zu töten, muß man sich bei ihm dafür entschuldigen und jeden Teil dieses Tieres für einen guten Zweck verwenden. Es gibt bei den Indianern keine mutwillige, willkürliche Schlächterei.

Dann beschrieb er, wie man aus Wasser Medizin machen könne. Das sei ein Wissen, das er auch uns mitgeben könne, das denjenigen, die aufmerksam zuhören, zur rechten Zeit und am rechten Ort sehr nützlich sein könne.

"Ich werde Ihnen einige nützliche Dinge mit auf den Weg geben, fangen wir hiermit an. Sie können ein einfaches Glas Wasser nehmen, darüber ein Gebet sprechen und dadurch aus dem Wasser Medizin herstellen. Es kommt häufig vor, daß ein Indianer keine Medizin zur Hand hat und trotzdem ein Fieber oder etwas ähnliches behandeln muß. Er nimmt dann ein Glas Wasser und spricht morgens, wenn die Sonne aufgeht, ein Gebet über dem Glas. Bei Sonnenaufgang sind die Schwingungen – Sie würden sie Erdschwingungen nennen, wir nennen sie die Kraft des Großen Geistes – am stärksten und können neues Leben hervorbringen. Sobald die Sonne aufsteigt, beginnen wir mit dem Gebet, und sobald der unterste Teil der Sonne zu sehen ist, beenden wir es. Lassen sie die Strahlen der Sonne das Wasser berühren und Sie können es in Medizin verwandeln, falls Sie es wünschen und Sie eine Medizin benötigen."

Rolling Thunder gab uns auch zu verstehen, daß wisschaftliche Experimente nicht imstande sind, solche Phänomene hervorzurufen. Solche Dinge haben ihre ganz natürliche Ursache. Das Beispiel mit dem Wasser veranschaulicht sehr gut die Zwickmühle, in der sich die heutige Wissenschaft befindet, wenn sie sich mit indianischer Medizin befassen will. Wie soll die Wissenschaft auch nur einen einzigen brauchbaren Test indianischer Medizin durchführen, wenn sie zu wissenschaftlich ist, um alle Bedingungen der 'realen Situation' zu berücksichtigen. In diesem speziellen Fall ist die Notwendigkeit, ein ungewöhnliches Ergebnis herbeizuführen, ein wesentlicher Teil der 'realen Situation', wie auch der feste Glauben, daß dieses Ergebnis erreicht werden kann. Die 'reale Situation' schließt ein ganz bestimmtes Verhältnis zur Sonne, zur Erde, zur gesamten Natur mit ein, und sie beinhaltet des weiteren eine bestimmte geistige Auffassung hinsichtlich der Verwandtschaft zwischen der Sonne, der Erde, dem Heilkundigen und dem Glas Wasser und – das Wissen um die Anwesenheit des Großen Geistes. Zweifel und Vorurteile stehen außerhalb der realen Situation. Ich kenne Wissenschaftler, die in Verlegenheit geraten würden, wenn sie unter diesen Bedingungen indianische Medizin untersuchen müßten. Aber die Bedingungen unter denen solche Dinge geschehen, sind nun einmal so.

Weiterhin setzte er sich mit der Rolle des 'Agenten', des Vermittlers auseinander. Das Glas Wasser war ein solcher Agent. Ich habe an diesem Tag in Council Grove und auch während ich dies alles niederschreibe noch lange nicht alles über 'Agenten' gelernt, aber mit Rolling Thunders Bemerkungen über das Wasserglas setzte dieser lange Lernprozess ein: "Damit können Sie jetzt anfangen. Sie können eine Medizin herstellen, wenn Sie wollen und wenn Sie sie auch wirklich benötigen."

Wenn Rolling Thunder von Kräutern sprach, nannte er sie 'Helfer'. Dabei erinnerte ich mich daran, daß Pflanzen auf Grund ihrer biochemischen Zusammensetzung pharmakologisch verwendet werden können. Rolling Thunder jedoch bezog sich auf die Art, in der ein Mensch mit einer Pflanze spricht und wie er über sie denkt – die chemische Zusammensetzung hat in bestimmten Fällen keinerlei Bedeutung. In einem Forschungslabor wird das Wasser, das zu einer wirksamen Medizin gemacht werden kann, wahrscheinlich immer nur Wasser bleiben. Zweifellos würden alle Ärzte darauf bestehen, daß jegliche medizinische Wirkung, die in einem solchen Glas Wasser stecken mag, nur in der 'Einbildung' des Patienten existiere. Doch gerade darin sehe ich einen Teil der Wahrheit über Agenten. Ich fange an umzudenken, zu glauben, daß alles, was uns betrifft, unseren Körper und unsere Umwelt, auch ein Teil unseres Bewußtseins, unseres Geistes ist und daß äußerliche Veränderungen erst einmal in unseren Köpfen stattfinden müssen. Falls dies zutrifft, kann man die Agenten tatsächlich als Vermittler verstehen, die die geistigen Veränderungen nach außen übertragen. In den Monaten, die der Tagung in Council Grove folgten, wurde ich oft Zeuge davon, wie Rolling Thunder solche 'äußeren Veränderungen' zustande brachte – unter Zuhilfenahme von reinem Tabak in einer Pfeife, eines kleinen schwarzen Käfers und einer Vielzahl von anderen Dingen, die bei dieser ungewöhnlichen Veränderung eine wichtige Rolle spielten. Ich glaube, daß ich erst dann verstehen werde, was es mit diesen Dingen wirklich auf sich hat, wenn ich erkannt habe, in welcher Beziehung beispielsweise dieses Glas Wasser zur Sonne, zur Erde, zum menschlichen Geist, zum richtigen Ritual und zur Notwendigkeit dieser Medizin steht.

Vieles von dem, was Rolling Thunder an diesem Tag vortrug, würde dem westlichen Geist als völlig unglaublich und unglaubwürdig erscheinen. Doch dieser eingeborene Amerikaner vertrat hier nur Gedanken und Ideen, die seit Jahrhunderten bei seinem Volke allgemeine Gültigkeit und Anerkennung finden. Wie merwürdig und fremd diese Worte für den westlichen Forscher auch klingen mögen, so stehen sie keineswegs im Widerspruch zu Gedanken, die aus anderen Kulturen hervorgegangen sind. Während ich Rolling Thunder nun zum ersten Mal sprechen hörte, kam mir der Gedanke, daß im Bereich der Selbstkontrolle und im Verhältnis zwischen Mensch und Natur noch wertvolle Informationen liegen könnten, die das heutige Amerika in seinem einseitigen, rigoros institutionellen Streben übersehen hat.

Rolling Thunder beschloß seinen Vortrag mit den Worten: "Die spirituelle Kraft darf nur für gute Zwecke und um anderen zu helfen eingesetzt werden. Mit Helfen meine ich nicht nur bereits kranke Menschen heilen, sondern auch andere davor bewahren, krank zu werden. Man kann diese Kräfte dazu benutzen, Freundschaften aufzubauen, innerhalb der Familie und unter allen Menschen eine gute Atmosphäre zu verbreiten. Falls sich eines Tages genügend Menschen dieser Kräfte bewußt sind und sie richtig einsetzen, werden wir vielleicht sogar in der Lage sein, für eine bessere Regierung zu sorgen. Vielleicht können wir mit ihrer Hilfe sogar Einfluß auf das Büro für Indianische Angelegenheiten nehmen."

Er blieb noch einen Augenblick bewegungslos stehen und schaute in die Runde. "Ich danke Ihnen", sagte er. "Und jetzt können Sie mir Fragen stellen, wenn Sie wollen." Sofort schnellten etliche Hände hoch. Es gab Fragen, die Rolling Thunder nicht beantworten wollte, einige, die er nur mit einem kurzen Kommentar versah, viele, die er jedoch bereitwillig und in voller Ausführlichkeit beantwortete.

Er wurde gefragt, wie ein Mensch zu seiner Lebensbestimmung, seiner Identität vordringen könne.

"Sobald unsere Jugendlichen 12 oder 13 werden, verlassen sie das Dorf, besteigen einen hohen Berg, der sich an einem heiligen Ort befindet, und beten. Am Fuß des Berges wartet ein älterer Dorfbewohner. Die Jungen lassen all ihre Kleider, jegliche Nahrung und Wasser zurück und harren, mit einer Wolldecke bekleidet, 3 volle Tage aus. Wenn sie in Schlaf verfallen, wachen sie betend wieder auf. Im Laufe der 3 Tage haben sie eine Vision, die als Wegweiser für ihr weiteres Leben dient. Meistens erkennen sie die Bedeutung ihrer Vision nicht selbst und steigen zum Fuß des Berges hinab, um ihre Vision dem älteren Dorfbewohner zu schildern. Beide gehen gemeinsam zum Medizinmann, der sich in den nächsten Tagen eingehendst mit der Vision beschäftigt und versucht, in sie hineinzuschauten. Als nächstes folgt die Zeremonie der Namensgebung, wobei über den Sinn des Traumes und wie er verstanden werden sollte, entschieden wird. Dann wird dem Jugendlichen ein neuer Name und ein neues Lebensgefühl gegeben. Von da an weiß er um seine Bestimmung im Leben."

Jemand fragte ihn, ob er einen Nachfolger, einen Lehrling ausbilde.

"Wer meinen Platz einnehmen wird? Eine gute Frage! Vor Jahren hat man versucht, alle Medizinmänner auszurotten. Ich übertreibe nicht, auch wenn davon nichts in den Geschichtsbüchern steht. Dasselbe Schicksal ereilte auch meinen Großvater. Aber der Samen wird weitergegeben, vom Sohn zum Enkel, er bleibt über 7 Generationen hin erhalten. Die Indianer hatten aus langjähriger Erfahrung gelernt, diese Kinder zu verstecken, wenn ihr Leben wieder einmal durch die Weißen gefährdet war. Auch heute noch werden Kinder versteckt, damit sie nicht entführt und in das weiße Schulsystem gesteckt werden können. So kann es also geschehen, daß in der nächsten und übernächsten Generation nichts geschieht und der Same, aus dem ein neuer Medizinmann hervorgeht, erst in der dritten oder vierten Generation aufgeht. Man müßte also alle Indianer sieben Generationen lang vernichten, um sicherzugehen, daß man auch alle Medizinmänner ausgelöscht hat. Ich habe einen Sohn, der Medizinmann werden wird und es lernen auch die Söhne anderer bei mir. Sie sind selbst zu mir gekommen, um meine Söhne zu werden und mit mir zu arbeiten. Sie werden alle einmal Medizinmänner sein. Es ist wie eine Schule, nur daß wir eine sehr begrenzte Anzahl von Schülern aufnehmen und auch nicht jeden nehmen, denn in erster Linie richtet sich die Ausbildung speziell nach dem Schüler und nicht umgekehrt.

Vor nicht allzu langer Zeit kam ein Fremder, ein Nicht-Indianer zu mir und wollte sich behandeln lassen. Wenn die Leute unsere Bräuche nicht kennen, bringen sie sich selbst und uns nur in Schwierigkeiten. Mit solchen Leuten muß man äußerst vorsichtig sein. Er brachte mir nicht einmal Tabak mit, obwohl das sehr wichtig ist. Aber er tat mir leid, weil er noch sehr jung war und dringend Hilfe brauchte. Deshalb behandelte ich ihn. Er war psychisch ziemlich krank, aber er wurde gesund.

Daraufhin wollte er unbedingt Medizinmann werden. Ich glaube, daß das der Wunschtraum von vielen ist. Ich sagte ihm, daß ich mir drei Tage Zeit nehmen würde, um darüber zu entscheiden. Wir nehmen uns immer diese drei Tage, wenn wir eine wichtige Entscheidung treffen sollen. Es liegt ganz bei uns, diese drei Tage einzuhalten oder nicht. Ich hatte den Wunsch, diesem Mann zu helfen und nahm mir deshalb die drei Tage, um zu einem Entschluß zu kommen. Nach etwa eineinhalb Tagen rief er mich bereits an und wollte wissen, ob ich ihn in die indianische Medizin einweihen würde: Er war äußerst ungeduldig. Vermutlich haben es heutzutage alle sehr eilig. Ich sprach mit ihm – ich kann mich gar nicht mehr daran erinnern, wie das Gespräch eigentlich ablief, nur daß mir plötzlich herausrutschte: "Nein, ich werde dich nicht ausbilden. Wenn ich es täte, würde aus dir nur ein Schwarzmagier werden, und zwar ein bösartiger, und du würdest dir selbst und vielen anderen nur schaden." Der junge Mann wurde sehr wütend. Er hatte sich nun einmal in den Kopf gesetzt, Medizinmann zu werden, aber er ging dabei mit Mitteln vor, die wir nicht gebrauchen. Alles war gegen ihn gerichtet, selbst seine eigene Wut, auch sprach er nicht davon, sich erst einmal vorzubereiten. Er verließ mein Haus und begab sich zu einer anderen Familie. Er versuchte dort den Mann so zu behandeln, wie er es bei mir gesehen hatte – er versuchte einfach, meine Methoden nachzuahmen, denn niemand kann meine Medizin stehlen. Seine Augenbrauen und seine Haare gerieten, während er versuchte, den Mann zu behandeln, in Brand, und das hätte ihm eine Warnung sein sollen. Schließlich hat man ihn in ein Flugzeug gesetzt, bevor er noch mehr anstellen konnte. Zuhause verlor er seine Arbeit, die Band, mit der er arbeitete, flog auseinander – die Schwierigkeiten folgten Schlag auf Schlag. Ich bin ziemlich sicher, daß er denselben Fehler kein zweites Mal begeht."

Die Leute begannen, ihn über Krankheiten und Heilzeremonien auszufragen. "Jetzt ist nicht der richtige Moment für diese Fragen. Warten Sie bis heute Abend nach der Heilungszeremonie, vielleicht werde ich Ihnen dann mehr erzählen."

Rolling Thunder hatte angeboten, eine Heilungszeremonie für einen jungen Teilnehmer der Tagung abzuhalten, der, kurz bevor er nach Kansas gekommen war, bei einem Fußballspiel verletzt worden war. Dabei hatte er sich am Bein eine tiefe Wunde zugezogen, die sich, nachdem sie zugeheilt war, unter der Haut entzündet hatte. Bei der Tagung waren zwar viele Ärzte anwesend, aber keiner von ihnen war medizinisch so ausgerüstet, daß er ihn hätte behandeln können, und man hielt es für das Beste, ihn schleunigst ins Krankenhaus zu schaffen. Rolling Thunder hatte sich die Wunde angeschaut und in den drei Tagen, in denen er sich entschieden hatte, vor der Versammlung zu sprechen, ebenso beschlossen, das Bein des jungen Mannes zu heilen. Er hatte die indianische Heilungszeremonie für 19 Uhr im gleichen Saal angesetzt.

Als der Vortrag und die Fragestunde beendet waren, blieben uns noch zwei Stunden bis zur Zeremonie. Das Abendessen sollte im großen Speisesaal ausgegeben werden.

"Könnte wohl jemand etwas rohes Fleisch aus der Küche besorgen?" fragte Rolling Thunder, als die ersten den Speisesaal verließen. "Ich brauche etwa ein Pfund Fleisch und eine große Schüssel, deren Boden mit Wasser bedeckt ist. Könnte jemand diese Sachen bis um 19 Uhr besorgen?"

KAPITEL 2
HEILUNGSZEREMONIE IN COUNCIL GROVE

UM 19 UHR waren fast alle, die Rolling Thunder am Nachmittag gehört hatten, im Vortragssaal versammelt. Der Verletzte, ein junger Mann mit langen Haaren und Bart, saß im vorderen Teil des Raums. Sein rechtes Hosenbein war bis zum Knie hochgerollt, so daß ich die schmerzhaft aussehende Wunde sehen konnte. Ich hatte schon während der Fragestunde mit Rolling Thunder ständig nach dem jungen Mann Ausschau gehalten, ihn jedoch nicht entdecken können. Man sagte mir später, daß er während des Vortrags im Bett gelegen sei, da der Schmerz so stark geworden war, daß er auf seinem verwundeten Bein weder stehen noch gehen konnte.

Im Saal herrschte völlige Ruhe. Die Kameras und Tonbänder, die im Raum aufgebaut gewesen waren, waren hinausgeschafft worden. Neben dem Stuhl, auf dem der junge Mann saß, stand eine große Schüssel mit Wasser und eine zweite Schüssel mit dem leuchtend roten Fleisch. Rolling Thunder kam von hinten in den Saal und ging durch den Mittelgang nach vorne. Er trug den alten Koffer, den er als Medizintasche benutzte und, wie üblich, seinen alten braunen Hut mit der Adlerfeder.

Einführende Worte waren überflüssig, wir wußten alle, daß der junge Mann, der vor uns saß, ein stark entzündetes Bein hatte und daß Rolling Thunder eine indianische Heilungszeremonie für ihn abhalten wollte. Rolling Thunder hatte uns in seinem Vortrag erklärt, daß es früher viele Medizinmänner in allen Teilen Amerikas gegeben habe, während es heute kaum noch Indianer in unserer nächsten Umgebung gäbe. "In dieser Gegend gibt es keinen einzigen Häuptling oder Medizinmann mehr. Das mußte ich überprüfen, bevor ich hierher kam. Dabei war dies einmal ein wichtiger Ort, wo Indianer Ratsversammlungen abhielten; daher auch der Name, 'Council Grove'. Und jetzt muß ich feststellen, daß es hier weder einen Häuptling noch einen Medizinmann mehr gibt."

Wäre es anders gewesen, hätte Rolling Thunder sich zuerst einmal mit ihnen in Verbindung setzen müssen, denn die Tradition verlangt, daß man, bevor man im Einflußgebiet eines anderen Medizinmannes eine Heilungszeremonie abhält, erst dessen Erlaubnis einholt.

Rolling Thunder ging zu dem Stuhl des jungen Patienten und stellte seinen Koffer ab. Er schaute sich den Verletzten zunächst einmal schweigend an und flüsterte ihm dann etwas zu. Der junge Mann fing an, sich die Schuhe auszuziehen. Rolling Thunder kniete sich auf den Boden und öffnete seinen Koffer. Er nahm die verschiedensten Gegenstände heraus, von denen ich nur eine große Feder mit einem Stiel und eine ganz gewöhnliche Pfeife erkennen konnte. Dann nahm er zum ersten Mal seinen Hut ab, und ich sah, daß er leicht gewelltes, graues Haar hatte. Er stopfte die Pfeife und nahm sie in den Mund. Er wendete sich uns zu – die Pfeife zwischen den Zähnen –, erhob sich und betrachtete uns eine ganze Weile. Mit einem Mal berührte es mich äußerst unangenehm, daß hier so viele Zuschauer versammelt waren und auf etwas warteten, doch als Rolling Thunder zu sprechen anfing, legte sich dieses merkwürdige Gefühl.

"Wenn ich zuhause bei meinem Volk bin, übernehmen Gehilfen die Vorbereitungsarbeiten. Sie zünden mir sogar die Pfeife an!" Er zündete ein Streichholz an und schaute, während er es zwischen den Fingern hielt, nochmals kurz in die Runde. "Aber hier muß ich das wohl alles alleine erledigen." Er zündete die Pfeife an, kleine Rauchschwaden stiegen auf. Wie er so vor mir stand, versuchte ich mir vorzustellen, daß ich an seiner Seite stünde und ihm Feuer reichte. In dem Moment hätte ich es gerne getan. In diesem Augenblick hörten wir auf, passive Zuschauer zu sein, wir waren Patient, Arzt und besorgte Beobachter. Im Saal herrschte eine Atmosphäre von ausgesprocherner Harmonie.

Ich erinnerte mich plötzlich an einen Nachmittag im Oktober 1970, als Swami Rama in unserem Forschungslabor in Topeka eine psychokinetische Vorführung machte. Man hatte ein paar lange Aluminium-Stricknadeln übereinander gekreuzt und auf einer Achse so angebracht, daß sie sich bei dem leistesten Stoß in einer horizontalen Ebene zu drehen anfingen. Dieser Aufbau stand auf einem Tisch, etwas mehr als einen Meter vor dem Swami, der im Lotussitz auf einer Couch saß. Ein Winkelmesser wurde so angebracht, daß jede Bewegung der Nadeln genauestens festgestellt und aufgezeichnet werden konnte. Swami Rama sollte mit Hilfe eines besonderen Gesangs und Kraft seines Blickes die Nadeln in Bewegung versetzen. Im Raum befanden sich sieben Wissenschaftler, die die Vorführung beobachteten. Ich saß auf der Couch neben ihm und hatte die Aufgabe, ihn mit einem Holzstab zu stützen, falls er durch die intensive Konzentration oder eine besondere Krafteinwirkung aus dem Gleichgewicht geriete. Die Nadeln bewegten sich zweimal auf ihrer Drehachse. Beide Male genau dann, wenn der Swami seinen Laut ausstieß, der einem sehr hohen nasalen 'iii' gleichkam und mit dem er seinen Befehl ausdrückte. Was mir aber noch stärker in Erinnerung blieb als die offensichtlich ungewöhnliche Art und Weise, einen Gegenstand in Bewegung zu versetzen, war das intensive Gefühl von Mitverantwortung, das mir als Teilnehmer der Vorführung plötzlich bewußt wurde. Ich erinnere mich noch an die Gedanken, die mir draußen vor dem Zimmer durch den Kopf gingen, während sich der Swami durch Meditation auf das Experiment vorbereitete. Ich hatte mich gefragt, ob es nicht angebracht sei, selbst zu meditieren. Wenn Swami Rama mit Hilfe seiner Gedanken, seiner Gefühle etwas durchführte, bei dem auch das Vertrauen und Bewußtsein eine wichtige Rolle spielten, würden dann nicht unsere Gefühle und unsere Bewußtseinshaltung das Ergebnis beeinflussen? Wie stand es dabei mit den sieben Beobachtern?

Als Rolling Thunder so weit war, daß er mit der Zeremonie beginnen konnte, zog er noch einmal lange und tief an seiner Pfeife und ließ den Rauch langsam aufsteigen. Wieder empfand ich ein starkes Gefühl der Mitverantwortung. Ich wußte plötzlich, daß wir, die wir zusahen, wesentlich am Ausgang der Zeremonie beteiligt waren, und ich bemerkte, daß Rolling Thunder die Pfeife, das Streichholz und seine Bemerkungen über die Rolle der Gehilfen nur deswegen eingebracht hatte, um uns in die Rolle von aktiven Teilnehmern zu versetzen. Ich dachte an ähnliche Situationen, in denen eine bestimmte Haltung auf die allgemeine Stimmung ausstrahlt. So kann z. B. eine erfahrene Lehrkraft in einem Klassenraum eine spürbare Atmosphäre des Vertrauens erzeugen, indem sie ihre eigene Ruhe und Klarheit bewußt nach außen projiziert. Oder ein Student kann die ganze aufklärende Wirkung einer Vorlesung zunichte machen, indem er seine eigene Verwirrung nach außen trägt. Jetzt, wo ich Rolling Thunder noch besser kenne, kann ich mich wieder genau an seine Worte erinnern, als er an jenem Aprilabend während der Zeremonie seine Pfeife anzündete. Aus seiner bewußten Wahrnehmungsgabe, aus seiner ungewöhnlichen Kommunikationsfähigkeit und seiner offenen, geradlinigen Art heraus fand er immer die richtigen Worte und Gesten, um ein intensives Gefühl des Vertrauens und die Bereitschaft zusammenzuarbeiten wachzurufen.

Rolling Thunder zog viermal an seiner Pfeife, einmal zum Osten hin, einmal gegen Norden, einmal gegen Süden und einmal gegen Westen.

Gen Osten, wo die Sonne aufgeht
Gen Norden, wo die Kälte herkommt
Gen Süden, wo das Licht herströmt
Gen Westen, wo die Sonne untergeht
Für Vater Sonne und Mutter Erde

Rolling Thunder überreichte seinem Patienten die Pfeife. Dieser nahm ebenso vier Züge und inhalierte den Rauch tief. Rolling Thunder sprach in einem sehr sachlichen Ton mit ihm. "Warum möchtest du gerne von diesem Zustand befreit werden? Weil du dich einfach wieder besser fühlen möchtest? Gibt es etwas, was du noch sagen willst? Alles, was du jetzt sagst, wird genauso eintreffen!"

Der junge Mann fing ohne Zögern an zu sprechen. Er

war in keiner Weise verlegen. Seine Stimme war klar und ernst. Er beschrieb seinen Zustand und sagte, daß er sich wünsche, wieder gesund zu sein. Dann schwieg er. Rolling Thunder war offensichtlich noch nicht zufrieden. Er fragte ihn nach seinen Plänen und warum er es für wichtig halte, von der schmerzhaften Infektion befreit zu werden. Der Mann sagte, daß es für ihn noch viel zu tun gäbe und die Verletzung ihn daran hindere, wichtige soziale Projekte durchzuführen.

Rolling Thunder drehte sich dem Mann voll zu und setzte zu einem schrillen, heulenden Gesang an. Ich konnte sein Gesicht nicht sehen. Einen Augenblick lang hatte ich das Gefühl, daß seine Augen und sein Mund geschlossen seien und die Töne aus seinem Kopf herauskämen. Sie klangen sehr ungewöhnlich. Ich bildete mir wirklich ein – obwohl es eigentlich unmöglich war –, daß die Töne von einem Punkt über seinem Kopf ausgingen.

Dann legte er den jungen Mann auf den Rücken. Er veränderte dabei selbst nicht seine Körperhaltung und doch hatte sich etwas wesentlich in seiner Ausstrahlung verändert. Plötzlich beugte er sich über die Wunde und fing an, mit dem Mund daran zu saugen. Dies dauerte etliche Minuten. Es sah höchst merkwürdig aus – der Patient, der auf dem Rücken lag, der Medizinmann über ihn gebeugt, das Perlenmedaillon, das von seiem Hals baumelte, sein Mund auf das Bein des Patienten gepreßt. Doch noch merkwürdiger waren die Geräusche, die zu hören waren. Rolling Thunder stieß schnüffelnde, heulende und klagende Töne aus, die nichts Menschliches an sich hatten.

Plötzlich ließ er von dem Bein des Patienten ab, preßte die Lippen fest zusammen, drehte sich, immer noch nach vorne gebeugt, um und machte ein paar Schritte. Er lehnte sich, mit dem Rücken zu den Zuschauern, über die Schüssel und erbrach sich heftig. Diese Prozedur – das Schnüffeln, das Saugen, Heulen und Erbrechen – wiederholte sich mehrmals. Dann legte er seine Hände auf die Wunde. Zweimal spuckte er dabei in die eine Handfläche, rieb beide Hände fest aneinander und legte sie dann gleichzeitig auf die wunde Stelle.

Der Patient setzte sich wieder in seinen Stuhl. Rolling

Thunder kniete nieder, um die große Feder aufzuheben. Mit dieser tastete er in schwingenden Bewegungen den ganzen Körper des Patienten ab – Kopf, Arme, Brust und Rükken, die Beine hinunter bis zu den Füßen. Die Feder berührte dabei kaum den Körper oder auch nur die Kleidung des Mannes. Rolling Thunder hielt die Augen halb geschlossen. Es schien, als sähe er etwas, das für mich unsichtbar war. Mehrmals hielt er in seinen Bewegungen inne, drehte sich zur Seite und schüttelte die Feder mit einer schnellen, energischen Bewegung seines Armes über dem rohen Fleisch aus.

Dann legte er all seine Utensilien in den Koffer zurück und verschloß ihn. Er hatte am Nachmittag versprochen, daß er nach der Zeremonie Fragen beantworten würde, aber jetzt nahm er seinen Koffer und sagte, daß er momentan nicht imstande sei, Fragen zu beantworten und daß er sich nicht gut fühle. Er zeigte auf den Patienten: "Mit dem können Sie sprechen." Er bahnte sich einen Weg durch den Mittelgang – in der einen Hand den Koffer, in der anderen den Hut. Am Ausgang drehte er sich noch einmal um. "Das Fleisch sollte man jetzt verbrennen, und gebt acht, daß niemand damit in Berührung kommt!"

Als er den Raum verlassen hatte, untersuchten mehrere Ärzte das Bein des Patienten. Man war sich einig, daß die normale Färbung zurückgekehrt, die Schwellung zurückgegangen und das Fleisch um die Wunde wieder weich und geschmeidig geworden war. Der junge Mann bestätigte auch, daß er keinerlei Schmerzen mehr habe.

In den gefüllten Saal kam Bewegung, man stellte zwei große Tische zusammen und der Patient, der noch kurz zuvor mit unerträglichen Schmerzen im Bett gelegen war, fing an, Tischtennis zu spielen.

Während ich das Spiel beobachtete, ging mir immer wieder der Ablauf der Zeremonie durch den Kopf. Ich wußte, daß ich bei weitem nicht alles gesehen hatte, was sich vorne abgespielt hatte. Ich hatte das Gefühl, daß etwas sehr Positives erreicht worden war und daß ich mehr darüber erfahren wollte, um das Ganze besser zu verstehen. Ich dachte an die zahllosen Indianer, die seit Jahrhunderten solche Heilzeremonien abhielten – sich aber keine abstrakten Gedanken über die Ergebnisse machten, sie einfach durchlebten. Zweifellos wirken die Naturgewalten und -kräfte auf viele uns unbekannte Arten und Weisen, Rolling Thunder hatte uns jedoch erklärt, daß diese Kräfte alle ein Teil des Großen Geistes seien. Dies schien mir eine durchaus passende Erklärung zu sein – in Anbetracht der Tatsache, daß der Große Geist nur ein Name ist, falls man schon einen braucht – für die allumfassende Willenskraft des Universums und daß jemand, der sich genügend vorbereitet und gereinigt hat, ein offener Kanal sein kann, durch den diese Kraft hindurchfließt.

Ich ging, während das Tischtennisspiel fortgesetzt wurde, hinaus. Ich wollte Rolling Thunder gerne noch einmal sehen und entschloß mich, ihn zu suchen. Ich fand ihn im Speisesaal, wo er mit Dr. Elmer Green von der Menninger Klinik sprach. Ich ging ohne zu überlegen zu ihm hin und hörte einen Augenblick lang dem Gespräch zu, doch plötzlich überkam mich eine Angst, voreilig gehandelt zu haben.

Rolling Thunder blickte zu mir auf und lächelte mich an. "Hallo!" Ich blieb an seiner Seite stehen bis jemand kam und mir mitteilte, daß man im Auto auf mich wartete, um nach Topeka zurückzufahren.

Auf der Heimfahrt ließ ich die Heilungszeremonie noch viele Male in Gedanken vor mir ablaufen. Die geheimnisvollen Geräusche und Bewegungen hatten mich tief beeindruckt. Ich hatte das Gefühl, daß jedes Geräusch, jeder Handgriff einen ganz bestimmten Sinn und Zweck erfüllt hatte, ich war mir jedoch nicht im klaren, welchen. Ich war entschlossen, mir Klarheit darüber zu verschaffen.

Noch Wochen später dachte ich immer wieder an Rolling Thunder. Oft sah ich sein Gesicht vor mir oder erinnerte mich an die einzelnen Worte seines Vortrags, an die merkwürdigen Geräusche und Bewegungen der Zeremonie. Das Projekt mit Swami Rama, oder zumindest mein Anteil daran, war abgeschlossen. Es bestand eine große Wahrscheinlichkeit, daß ich im Zuge des Forschungsprogramms nach Korea geschickt werden würde. Wir hatten erfahren, daß es in Korea buddhistische Mönche gibt, die ähnliche Fähigkeiten und Arbeitstechniken besaßen wie Swami Rama. Ich hatte schon einmal acht Jahre in Korea gelebt und freute mich darauf, wieder hinzukommen.

Wochenlang, während ich in meinen Erinnerungen noch Rolling Thunder nachhing, unterdrückte ich jeden Wunsch in mir, mich über einen längeren Zeitraum hin mit ihm zu befassen. Ich fing an, Vorbereitungen für meine Koreareise zu treffen, wo ich die Techniken und Übungen der koreanischen Mönche, psychophysiologische Abläufe selbst zu steuern, untersuchen wollte. Eines Tages hörte ich mich jedoch in einem Gespräch mit Dr. Green plötzlich sagen: "Im Augenblick würde ich eigentlich am liebsten mit Rolling Thunder zusammenkommen."

KAPITEL 3
BUFFALO HORSE UND SPOTTED FAWN

DEN LETZTEN TEIL meiner Reise nach Carlin, Nevada, mußte ich mit dem Bus von Salt Lake City aus zurücklegen. Ich hatte keinerlei Ahnung, wo ich Rolling Thunder finden würde und was ich ihm eigentlich sagen wollte, falls ich ihn tatsächlich treffen würde. Ich wollte diese Reise weder planen noch vorbereiten. Rolling Thunder hatte Elmer und Alyce Green seine Postanschrift, ein Postfach in Carlin, Nevada, gegeben. Ob er tatsächlich auch in Carlin wohnte, wußte ich nicht.

Nach der Tagung in Council Grove hatte ich der Menninger Foundation angeboten, eine Außenstudie zu machen, um mehr über Rolling Thunder zu erfahren. Dr. Green, der Leiter des psycho-physiologischen Labors und der erste Direktor des Voluntary Controls Reseach Program (1), nahm meinen Vorschlag mit Interesse auf. Man erteilte mir einen dreiwöchigen Auftrag, mich mit Rolling Thunder zu treffen und herauszufinden, ob es Übereinstimmungspunkte mit dem, was wir von Swami Rama erfahren hatten, gäbe – vielleicht im Bereich der Selbststeuerung und Kontrolle psychischer und physischer Abläufe, das Unerforschte in der Leib-Seele-Beziehung, das wir zu ergründen suchten.

Am 9. Juli 1971 machte ich mich auf den Weg. Ich fuhr mit den Greens durch Kansas und Oklahoma. Von Flagstaff aus nahm ich bis Salt Lake City ein Flugzeug und stieg am Nachmittag des 12. Juli in den ersten Bus, der nach Westen fuhr. Während der Bus durch Nevada rauschte, kamen et-

(1) Programm zur Erforschung des selbständigen Kontrollvermögens

liche Befürchtungen in mir hoch. Dieses Treffen mit Rolling Thunder war äußerst wichtig für mich. Ich wollte Berichte zurückbringen, die unserem Forschungsprojekt nützlich sein sollten, aber zugleich hatte ich auch den Wunsch, nicht nur unseren, sondern auch Rolling Thunders Interessen und Zielen zu dienen. Es erschien mir wichtig, mir genau zu überlegen, wie ich ihm begegnen und was ich ihm sagen sollte. Andrerseits hatte ich das sichere Gefühl, daß alles seinen natürlichen Weg ginge. Der Zeitpunkt war genau richtig.

Der Bus fuhr an den Straßenrand und hielt. Ich wurde dabei aus meinen Gedanken gerissen und sah, während sich die Tür öffnete, die Augen des Fahrers im Innenspiegel.

"Carlin!" rief er aus.

Ich traute meinen Augen kaum, es war hier weit und breit nichts zu sehen, nur eine Standard Tankstelle neben uns und zwei weitere Tankstellen, eine Texaco und eine Shell auf der anderen Seite der Straße.

Der Fahrer wiederholte: "Das ist Carlin!"

Ich wühlte mich mit meinen zwei Koffern durch den engen Gang nach vorne und stieg aus. Die Abendluft war klar und kühl. Ich blieb am Straßenrand stehen und sah dem Bus so lange nach, bis er nicht einmal mehr zu hören war.

Ich befand mich im völligen Niemandsland. Rolling Thunder hielt sich wahrscheinlich irgendwo in den weit entfernten Bergen auf, die gerade in der Dämmerung der schnell hereinbrechenden Nacht verschwanden, während ich ratlos mit meinen zwei Koffern an einer völlig verlassenen Straße stand.

Ich ging zur Standard Tankstelle, um mir aus dem Automaten ein kühles Getränk herauszulassen. "Ist das Carlin?" fragte ich etwas ungläubig den Tankwart. Natürlich war es Carlin, ich wollte nur nochmal sichergehen. Von hier aus konnte ich auf der anderen Straßenseite ein Motel sehen, das sich gleich hinter der Texaco Tankstelle befand.

Ich überquerte die Straße und läutete an der Bürotüre. Nichts rührte sich. An der Türe hing ein Zettel: "Bitte klingeln!" Als ich nochmals läuten wollte, hörte ich eine

Stimme: “Schon gut, schon gut, ich hab’s gehört!” Eine ältere Frau in einem weißen, gestärkten, uniformähnlichen Kleid erschien. Sie schlurfte in alten, ausgetretenen Hausschuhen auf mich zu.

“Haben Sie ein Zimmer für mich?” fragte ich sie, als sie in Hörweite war. Sie sah mich an, als wäre ich total verrückt, schlurfte weiter zur Bürotür und fummelte an einem Schlüsselbund herum.

“Ein Einzelzimmer kostet 6 Dollar und 30 Cent pro Tag.”

Als ich in meinem Zimmer war, dachte ich über meine weiteren Pläne nach. Im Augenblick bestand kein Grund zur Eile. Ich würde mich am nächsten Morgen darum kümmern, Rolling Thunder ausfindig zu machen. Vielleicht konnte mir die alte Frau weiterhelfen. Ich würde sie wahrscheinlich ohnehin nebenan im Cafe treffen, wenn ich zum Abendessen ginge.

Das Restaurant war geschlossen, und als ich durch das Fenster hineinschaute, hatte ich den Eindruck, daß es dies schon seit Jahren gewesen sei. Die Alte kam heraus und zeigte zur Shell Tankstelle. “Dort drüben kann man essen.” “Dort drüben” war ein kleiner Raum mit ein paar Tischen, einer Theke mit 6 Barhockern und einigen Spielautomaten.

Nach einer warmen Mahlzeit und mehreren Tassen Kaffee ging ich wieder auf mein Zimmer zurück. Wieder mußte ich an mein bevorstehendes Zusammentreffen mit Rolling Thunder denken. Ich versuchte in Selbstgesprächen unsere erste Begegnung durchzuspielen, kam mir aber bald etwas albern dabei vor. Da ich weder Bücher noch Zeitschriften mitgebracht hatte, beschloß ich, mich zu duschen und anschließend ins Bett zu gehen.

Plötzlich wurde mir bewußt, in welcher Einsamkeit ich mich befand und was für eine einmalige Gelegenheit das war. Es gab hier weder Telefon, noch Termine, noch Verabredungen, die man einhalten oder abwarten mußte. Absolut niemand wußte, wo ich mich aufhielt. Es konnte niemand anrufen und sich mit Zimmer Nr. 3 des State Inn Motels verbinden lassen. Während der Monate, die wir mit Swami Rama verbracht hatten, hatte ich mich oft nach einer solchen Situation gesehnt. Der Swami hatte uns immer ein ruhiges Eck im Haus zur täglichen Meditation empfohlen. Mit viel Übung sollte man sich von den Ablenkungen des Alltags freimachen. Aber wie entfliehen vor einem ewig läutenden Telefon, vor Türklingeln und tausend Verabredungen und Terminen, die man einzuhalten hat? Ich mußte an die vielen Sitzungen mit Swami Rama und an die Stunden, die ich völlig alleine in meiner stillen Ecke in Topeka verbracht hatte, denken. Ebenso an die unzähligen Stunden im psycho-physiologischen Labor, wo ich mit Elektroden am Kopf versucht hatte, einen Zustand der tiefen Entspannung und Versenkung bewußt herbeizuführen, der sich auf dem Electroencephalogramm in theta-Gehirnwellen aufzeichnen ließe. Ich beschloß, die einmalige Gelegenheit, die sich in diesem Zimmer bot, zu nützen und zwei Tage und Nächte nur an mir selbst zu arbeiten – in der Hoffnung, daß dies eine sinnvolle Vorbereitung für meine erste Begegnung mit Rolling Thunder sein würde.

Eine ähnliche Situation hat sich seitdem nie wieder eingestellt, aber ich habe diese zwei Tage nie aus dem Gedächtnis verloren. Ich nützte die 48 Stunden Einsamkeit für Entspannungs- und Atemübungen und zur Konzentration und Meditation. Nur selten verließ ich das Zimmer, um etwas zu essen oder ein wenig frische Luft zu schnappen. Ich schlief kaum. Die meiste Zeit befand ich mich in einem Zustand der 'stillen Wachsamkeit'. Ich wollte Klarheit über meinen weiteren Weg gewinnen, mich, mit meinem ganzen Ich und meiner Willenskraft auf meine gegenwärtige Aufgabe gerichtet, in einem größeren Zusammenhang sehen. Ich wollte mir derer bewußt werden, mit denen ich tagtäglich zu tun hatte und die Teil meines Lebens und meiner Arbeit waren. Dies gelang mir zwar nicht völlig, was ich jedoch erreichte, war eine Veränderung meiner Gedanken und Gefühle. Ich fühlte mich plötzlich völlig frei. Alle Ängste und Befürchtungen waren mit einem Mal verschwunden. Ich verlor mein Gefühl von 'Wichtigkeit'. Ich sorgte mich plötzlich nicht mehr darum, was sich zwischen mir und Rolling Thunder wohl abspielen würde. Es gab nichts mehr, worüber ich mir den Kopf zerbrechen, nichts, worin ich mich bewähren mußte oder was ich unbedingt zu erledigen hatte. Heute, nachdem ich schon seit zwei Jahren in engerem

Kontakt mit Rolling Thunder stehe, bin ich überzeugt, daß diese zwei Tage der Vorbereitung es mir ermöglichten, mich auf einen wichtigen Ausgangspunkt zu begeben. Ich glaube, daß ich nur auf Grund dieser Vorbereitung imstande war, etwas von Rolling Thunder zu lernen – von da an bis heute –, ohne mich dazu verpflichtet zu fühlen, etwas zu erkennen oder meine eigenen Bedürfnisse und Fragen ständig einzubringen. Die Begegnung wäre sicherlich gescheitert, wenn ich Rolling Thunder in irgendeiner Weise bedrängt hätte. Auf diese Weise hatte ich weder Erfolge noch Fehlschläge.

Carlin erwies sich zu meiner Überraschung als eine richtige Stadt. Von meinem Fenster aus entdeckte ich Straßen und Häuser, die man von der Straße aus nicht sehen konnte. Auf einem kurzen Spaziergang kam ich am Postamt von Carlin vorbei und beschloß hineinzugehen, um nach Rolling Thunder zu fragen. Von den Greens hatte ich erfahren, daß Rolling Thunder in Carlin unter dem Namen John Pope bekannt sei und daß er für die Southern Pacific Eisenbahngesellschaft arbeite.

"Ja, er lebt hier in der Stadt", sagte die Frau im Postamt.

"Können Sie mir sagen, wo?"

"Ist nicht schwer zu finden." Sie deutete durch die Wand. "Geradeaus in diese Richtung über die Gleise, und dann können sie ja nochmal fragen."

Ich ging auf mein Zimmer zurück und holte den Tabak, den ich für Rolling Thunder mitgebracht hatte. Bevor ich wegging, läutete ich nochmals am Büro des Motels und wartete auf die alte Frau in ihren ausgetretenen Hausschuhen. Ich wollte gleich für die 3. Übernachtung bezahlen, da es möglich war, daß ich sehr spät zurückkäme. "Hier hab ich unterschrieben" sagte sie, als sie mir die Quittung reichte. "Ich bin eine alte Witwe. Mein Mann ist schon vor vielen Jahren gestorben und hat mich mit diesem ganzen Zeugs alleine zurückgelassen." Sie machte eine Armbewegung, der zu entnehmen war, daß ihr mindestens das Motel, die Bar, die Texaco Tankstelle und das geschlossene Cafe gehörten.

"Kennen Sie die Popes?" fragte ich.

"Natürlich kenn' ich die. Helen und John Pope." Sie

sah mich über ihren Brillenrand hinweg an. "Kennen Sie sie?"

"Ja, ich kenne Ro... John Pope. Ich will ihn gerade besuchen und dachte, Sie könnten mir vielleicht den Weg sagen."

"Sie brauchen nur geradeaus durch die Stadt gehen. Sie sind doch zu Fuß, oder?"

"Ja, das bin ich."

"Erst kommen Sie zum Bahnübergang. Wenn Sie rübergehen, sehen Sie gleich auf der anderen Seite einige Bars, aber das ist nicht Ihre Richtung, sondern genau entgegengesetzt. Sie biegen dann in die nächste Straße ein und gehen so weit, bis die befestigte Straße zu Ende ist. Es ist ein altes, kleines Haus, das mit Büschen und Unkraut so zugewachsen ist, daß man es von der Straße aus kaum sieht."

Ich ging durch die kleine Stadt und überquerte die Bahnlinie. Den Tabak trug ich in meiner Schultertasche. Ich erkannte das Haus gleich an den wild wuchernden Pflanzen und Gewächsen. Ich erinnerte mich an Rolling Thunders Vortrag über Pflanzen und Kräuter, in dem er betont hatte, daß es auf der Erde keinerlei 'Unkraut' gäbe. Es war ein graues, einfaches Holzhaus mit einem schrägen Dach. Genau in der Mitte war eine Tür, rechts und links davon je ein Fenster. Es sah aus wie das reinste Bilderbuchhäuschen. Das 'Unkraut' und die Pflanzen wuchsen in einer Art Vorgarten, der durch einige Büsche und Hecken zur Straße hin begrenzt wurde und durch dessen Mitte ein kleiner Weg zur Haustüre führte. Vor der Türe lag ein riesiger Bernhardiner mit heraushängender Zunge auf einer Art Vorplatz, der aus Brettern und Holzlatten zusammengesetzt war. An der einen Seite des Hauses bemerkte ich einen jungen Mann. Er hatte lange Haare und sah wie ein Indianer aus. Er stand mit dem Rücken zu mir und konnte mich nicht sehen. Aus Angst vor dem Bernhardiner blieb ich ein gutes Stück vor dem Garten stehen und wartete. Ich hatte viel von der inneren Ruhe der letzten zwei Tage in mir zurückbehalten und hätte ewig so stehenbleiben und vor mich hinschauen können. Doch der junge Mann drehte sich um.

"Wohnt Rolling Thunder hier?" fragte ich.

"Schon, aber er ist gerade unterwegs. Wollen Sie mit

ihm sprechen?"

"Ja, ich hätte ihn ganz gern getroffen. Wissen Sie, wann er zurückkommt?"

"Augenblick, ich werd mal meine Mutter holen."

Als er in das Haus ging, ließ er die Türe offen stehen, aber ich konnte von dort, wo ich stand, nicht hineinsehen. Offensichtlich hatte ich gerade Rolling Thunders Sohn kennengelernt. Später erfuhr ich, daß er Buffalo Horse hieß und noch einen jüngeren Bruder, Spotted Eagle, hatte. Obwohl ich im Augenblick noch nicht einmal seinen Namen wußte, hatte ich das Gefühl, diesen Mann schon zu kennen. Während ich schweigend dagestanden war, hatte ich einige intensive Eindrücke von ihm gesammelt, die in dem Moment, als wir miteinander sprachen, an die Oberfläche gekommen waren und ihn mir vertraut werden ließen.

Rolling Thunders Frau war groß und kräftig und hatte ein sehr schönes Gesicht. Sie trug lange, schwarze Zöpfe und einen auffallenden Halsschmuck. Als sie zur Tür herauskam, mußte sie um den Bernhardiner herumgehen. Sie ging einige Schritte auf mich zu, musterte mich einen Moment lang und setzte sich dann auf ein altes Sofa neben der Türe. Eine schneeweiße Katze kletterte auf ihren Schoß, sah mich an und sprang durch das offene Fenster ins Haus. Ich versuchte der Frau zu erklären, wer ich sei und was ich wollte. Sie beobachtete mich und hörte mir schweigend zu. Ich schielte immer wieder zum Bernhardiner und zum Fenster hinüber, durch das die Katze verschwunden war. Ich bemerkte plötzlich, daß sich ein paar Meter hinter mir ein zweiter Hund befand, ein Schäferhund an einer langen Kette. Ich hatte das Gefühl, daß ich viel zu viel redete, daß es vielleicht besser wäre aufzuhören. Ich hätte lieber zugehört. Helen Pope faszinierte mich. Ich hatte das Gefühl, daß sie schrecklich wichtig sei, daß sie von weither gekommen war, von einem Ort, den man durch die Haustür erreichen konnte, nur um sich auf das Sofa zu setzen und mir zuzuhören. Ich stellte mir vor, wie sie durch eine ganze Reihe von Türen in dieses Haus hineinging und vorne wieder herauskam, wo ich wartete. Ich bildete mir ein, sie sei verzaubert und könne hingehen, wo sie wolle, was sie jedoch hier hielte, sei ihre Familie, die Tiere und Menschen, mit denen sie gerne zusammenkam.

"Er arbeitet an der Eisenbahn und ist gerade unterwegs. Aber wenn Sie Rolling Thunder in Council Grove kennengelernt haben, wird er sich bestimmt freuen, Sie zu sprechen. Er kommt irgendwann heute nacht zurück und wird morgen vormittag wahrscheinlich ausschlafen wollen. Vielleicht können Sie am Nachmittag, etwa zur gleichen Zeit, nochmal vorbeikommen – dann wird er bestimmt Zeit haben."

Ihr Sohn saß neben ihr auf einer wackeligen Holzkiste und versuchte sich im Gleichgewicht zu halten. "Wo wohnen Sie?" fragte er mich.

"In dem Motel an der Straße."

"Im State Inn?"

"Ja."

"Wenn Sie mir Ihren Namen und die Zimmernummer dalassen, könnte ich Sie mit dem Auto abholen, wenn mein Vater so weit ist. Bei ihm kann man nämlich nie sicher sagen, wann er Zeit und Lust haben wird, und es wäre mir unangenehm, wenn Sie den ganzen Weg wieder umsonst herkämen."

Ich wiederholte meinen Namen und versicherte, daß es mir nichts ausmache, wieder herzulaufen.

Ich wäre aber gern noch eine Weile geblieben, um mich mit Rolling Thunders Familie zu unterhalten, aber ich hatte den Eindruck, daß das Gespräch von ihrer Seite aus beendet war. Ich ging den gleichen Weg, den ich gekommen war, wieder zurück – den Tabak hatte ich immer noch in meiner Umhängetasche. Rolling Thunders Frau und Sohn hatten großen Eindruck auf mich gemacht. Sie erinnerten mich an die Leute, die ich in ländlichen Gegenden von Korea kennengelernt hatte. Sie waren äußerst gelassen und entspannt, ungezwungen und bescheiden. Es ging eine natürliche Wärme von ihnen aus. Sie erschienen mir genauso 'exotisch' wie die Koreaner. Buffalo Horse hatte etwas Ruhiges und zugleich Kraftvolles an sich, wie eine zusammengerollte Schlange, eine unberechenbare, gefährliche Kraft, die in Ruhe abwartete, jedoch jederzeit zuschlagen kann. Vielleicht sollte ich meinen Assoziationen und Gedanken etwas weniger freien Lauf lassen. Würde ich bei jedem Indianer, den ich traf, gleich auf solche Ideen kommen?

Plötzlich überkam mich der Wunsch, wieder zurückzugehen, um noch einmal mit Buffalo Horse zu reden. Es war vielleicht ein Fehler, vor der verabredeten Zeit noch einmal aufzutauchen, aber war es denn gleich unverschämt? Rolling Thunders Frau und Sohn waren freundlich zu mir gewesen und hatten genau in die Stimmung und Erwartung hineingepaßt, die sich in den vergangenen zwei Tagen in mir aufgebaut hatten. Ich könnte ihnen erklären, daß ich nichts zu tun hätte. Ich kehrte also um.

Meine Unterhaltung mit Buffalo Horse gestaltete sich äußerst kurz. "Ich hab' jetzt wirklich keine Zeit, ich muß dringend nach Elko. Aber ich kann Sie dem Typen, der dort in dem Wohnwagen lebt, vorstellen, mit dem können Sie 'n bißchen quatschen."

Jetzt, wo ich den ganzen Weg wieder zurückgelaufen war, blieb mir nichts anderes übrig, als mich mit dem 'Typen im Wohnwagen' zu unterhalten. Ich bin froh, daß ich es tat. Lynn Carlson war der Sohn eines Ladeninhabers von Carlin. Seine Familie war mit Rolling Thunders Familie befreundet; so ziemlich die einzigen nicht-indianischen Freunde, die sie hatten, wie ich später erfuhr. Ich erzählte Lynn, wie ich Rolling Thunder kennengelernt hatte und warum ich hergekommen war.

"Glauben Sie, daß er sich noch an Sie erinnern wird?" fragte er mich.

"Ich weiß es nicht. Er wird sich wohl eher an die anderen Tagungsteilnehmer erinnern als an mich. Ich war nur einen Tag dort."

"Ich denke, Sie sollten sich erst mit Buffalo Horse oder jemand anderem aus der Familie unterhalten", sagte er. "Rolling Thunder ist, ja er ist ziemlich... Sie könnten ihn einfach über seine Familie ganz gut kennenlernen, und mit denen kann man gut reden."

Gegen Abend verließ ich den Wohnwagen und ging durch die Stadt zurück. Ich ging in eine der Bars an den Bahngleisen, die Zeitschriften verkaufte. Der Zeitungsständer war mit Groschenheften und Filmzeitschriften gefüllt. Ich fand eine Ausgabe des Playboy, ein ganz guter Ausgleich für die vielen vorangegangenen Stunden der Meditation. Ich aß zu Abend, und als ich auf mein Zimmer kam, war es bereits dunkel. Es klopfte an meiner Tür – die alte Frau in ihren Hausschuhen.

"Ich habe drüben in der Bar einen Anruf für Sie erhalten, es war Helen Pope, und Sie sollen sie zurückrufen. Sie müssen von der Bar aus anrufen, dort steht das Telefon." Ich ging ihr nach und versuchte mich ihrem schlurfenden Gang anzupassen. Sie gab mir die Nummer.

"Ach, guten Abend, hier ist Spotted Fawn. Wir haben heute morgen miteinander gesprochen, und ich sagte, daß Sie morgen wiederkommen sollen?"

Spotted Fawn – ich mußte nachdenken. Ach ja, Spotted Fawn ist Helen Pope.

"Rolling Thunder ist vor ein paar Minuten zurückgekommen. Es sind noch andere Gäste da, und er wird sicher lange aufbleiben. Ich habe ihm von Ihnen erzählt, und er meinte, daß Sie heute Abend ruhig dazukommen könnten."

KAPITEL 4
DAS ENTSCHEIDENDE GESPRÄCH

WIEDER NAHM ICH meine Umhängetasche und ging in der Dunkelheit durch die Stadt zurück. Ich beschloß, Rolling Thunder um ein Gespräch unter vier Augen zu bitten. Ich wünschte mir, daß unsere erste Begegnung sehr offen und persönlich ablaufen würde, daß Rolling Thunder sich frei genug fühlen würde, alles offen auszusprechen.

Ich habe Rolling Thunder im Laufe unserer Bekanntschaft als einen umgänglichen und mitfühlenden Heilkundigen kennengelernt, als geübten Redner, besorgten und liebevollen Vater, sorglosen und geselligen Menschen, und als jemanden, der sich sowohl in der Natur, wie auch im Umgang mit menschlichen und gesellschaftlichen Problemen gut zurechtfindet. Er kann der ernste und stoische Indianer sein, aber zugleich auch ein erfrischender Komiker. Er ist spiritueller Lehrer, faszinierender Erzähler, ein zäher, hart arbeitender Bremser bei der Eisenbahn und, für den oberflächlichen Betrachter, ein ganz einfacher, normaler Mensch. Ich habe ihn im Laufe der Zeit in allen möglichen Situationen erlebt, aber ich könnte keine Eigenschaft nennen, die ihn in der Nacht unserer ersten Begegnung ausreichend charakterisiert hätte. Trotz meiner anfänglichen Bedenken, mich alleine und ungeladen in ein fremdes Haus zu begeben, um einen Medizinmann in seiner gewohnten Umgebung zu treffen, lief es so locker und ungezwungen ab, wie ich es noch nie bei einer Begegnung erlebt habe. Ich mußte mich in keiner Weise anstrengen. Rolling Thunder öffnete mir selbst die Türe. Er verhielt sich völlig neutral.

"Wie geht's? Wie heißen Sie?"

"Vielleicht können Sie sich noch an mich erinnern. Wir haben uns in Council Grove kennengelernt." Ich warf einen flüchtigen Blick in das Innere des Hauses. Es strahlte eine fremde, jedoch freundliche und angenehme Atmosphäre aus. An den Wänden hingen Geweihe und handgewebte Teppiche, unter einer Wand stand eine Glasvitrine, in der sich allerlei Anhänger und Amulette befanden. Darüber hing ein riesiger ausgestopfter Adler mit ausgebreiteten Schwingen. Das ganze Zimmer roch nach Zedern- und Weihrauch. Ich mußte an die koreanischen Mudangs, die Shinto Medien, denken. Sie wären einem Ort wie diesem mit Achtung begegnet.

"Kommen Sie doch rein."

Rolling Thunder stellte mich zwei Gästen vor. Sie hiessen Anne Haberton und Richard Clemmer. Anne war Malerin und Richard Anthropologe an der Universität von Illinois. Sie hatten Rolling Thunder im vergangenen Sommer kennengelernt. Beide waren mir auf Anhieb sympathisch. Wir sollten noch das ganze folgende Jahr miteinander verbringen, und vieles von dem, was ich von Rolling Thunder gelernt habe, habe ich ihnen zu verdanken.

Ich bat Rolling Thunder sogleich um eine Möglichkeit, mit ihm alleine zu sprechen, aber er verlegte ein solches Gespräch unter vier Augen auf einen späteren Zeitpunkt, um zunächst einfach zu entspannen und etwas zu plaudern. Er schien mehrmals während der Unterhaltung einzunikken. Sein Kopf fiel plötzlich zur Seite und dann nach hinten, dabei schaute er jedesmal mit zusammengekniffenen Augen in meine Richtung, als ob er jemanden neben mir sähe. Ich war mehrmals versucht, mich zur Seite zu drehen und nachzuschauen, aber ich wußte eigentlich genau, daß da niemand sein konnte. Dann hob er seinen Kopf wieder und beteiligte sich weiter am Gespräch, als ob nichts Ungewöhnliches geschehen wäre. Sein Benehmen war zwar etwas merkwürdig, aber ihn schien dieses Blinzeln zu befriedigen, und so fühlte ich mich dabei keinesweg unwohl. Im Gegenteil, ich fing sogar an, mich äußerst wohl zu fühlen, doch da stand Rolling Thunder plötzlich auf und winkte mich hinaus. "Wir zwei könnten jetzt ein bißchen rausgehen und etwas frische Luft schnappen und reden." Als wir im Freien waren, sagte er: "Setzen wir uns doch in das Auto dort drüben."

Es war der 14. Juli und fast schon Mitternacht. Die Nacht war kühl und ruhig, ich fühlte mich gut. Wir setzten uns auf den Vordersitz eines alten Autos und unterhielten uns mehr als eine ganze Stunde. Rolling Thunder spielte dabei am Lenkrad herum, als ob er mich auf einen ersten symbolischen Ausflug mitnähme. Irgendwie streiften wir all die Themen, die wir im Laufe der nächsten Monate zusammen genauer erforschen würden. Ich kann mich noch an alles, was in jener Nacht geschah und gesprochen wurde, genau erinnern, nur nicht daran, in was für einem Auto wir uns befanden. Rolling Thunder hatte etwa ein halbes Dutzend alter Autos im Hof herumstehen, einige davon noch fahrtüchtig, andere, die größere Reparaturen benötigten. Darunter gab es auch einen Kombi, einen Jeep und sogar einen Armee-Laster mit einer Seilwinde an der Kühlerfront. Ich habe mir diese alten Autos schon oft angesehen und versucht, mich daran zu erinnern, in welchem wir an jenem Abend gesessen haben, aber entweder habe ich es vergessen, oder jenes Auto hat sich völlig verändert oder ist schon längst nicht mehr da.

Ich war mir bewußt, daß ich Rolling Thunder erzählen mußte, warum ich gekommen war. Vielleicht hatte er es schon längst erahnt, ich empfand es dennoch als meine Aufgabe, offen und deutlich zu sein. Während ich mir meine genauen Worte überlegte, geriet ich in Versuchung, ihm gleich den mitgebrachten Tabak zu geben, aber er würde sicherlich erst einmal wissen wollen, von wem er kam und warum.

Ich erzählte ihm also, daß ich Mitarbeiter einer Forschungsgruppe sei, die sich mit der Untersuchung bestimmter Bewußtseinszustände, der menschlichen Willenskraft, Selbstkontrolle und Kreativität befasse, und daß die Greens und ich bei der Tagung in Council Grove das Gefühl gewonnen hätten, daß er, Rolling Thunder, einen wesentlichen Beitrag zu diesem Forschungsprojekt leisten könne; natürlich nur, wenn er dazu bereit sei. Mein Kommen war mit der Hoffnung auf einen solchen Beitrag verbunden, da ich glaubte, daß er über ein Wissen verfügte, das nicht nur uns und unserer Forschunsarbeit nützlich sein würde, sondern auch anderen Menschen. Ich glaubte, daß er vieles von dem, was er wußte, bereitwillig anderen vermitteln würde. Dann sagte ich: "Ich habe das Gefühl, daß alles nur von Ihnen abhängt, ich bin nur ein Vermittler in dieser Sache."

Ich wartete, während Rolling Thunder schweigend und nachdenklich dasaß. Er war vollkommen bewegungslos. Dann atmete er tief ein und sprach in einem ruhigen Ton, ohne jegliche Endgültigkeit oder Unsicherheit.

"Ich glaube, daß ich ganz gut verstanden habe, um was es geht. Ganz schön schwerwiegende Sachen, die Sie da ansprechen. Sie werden vielleicht jetzt enttäuscht sein, aber ein solches Wissen kann man nicht einfach mir nichts, dir nichts, unters Volk streuen. Man kann sich nicht einfach hinsetzen und über die Wahrheit reden. So läuft's nicht. Man muß sie leben und ein Teil von ihr werden. Dann erst hat man – vielleicht – die Chance, ihr wirklich auf den Grund zu kommen. Ich sage 'vielleicht'! Es ist ein sehr langsames Vorwärtskommen, Schritt für Schritt, und kein sehr leichtes dazu. Warten wir einfach mal ab, was kommt."

Seine Worte prägten sich tief in meinem Gedächtnis ein. Später wiederholte ich sie auf Band. Erst heute weiß ich ihre Einfachheit und Ehrlichkeit zu schätzen. Sie würden, egal was kommt, immer zutreffend sein. Obwohl ich mich nur als 'Instrument', als Vermittler, verstand, mußte ich mit der Zeit erkennen, daß mich die ganze Angelegenheit emotional doch sehr stark vereinnahmte. Während meiner Arbeit mit Rolling Thunder habe ich so ziemlich alle Höhen und Tiefen durchlebt, von bitterer Enttäuschung bis hin zur Ekstase.

Ich erwiderte nichts, worauf mich Rolling Thunder fragte: "Was ist die 'Menninger Foundation'?" Jetzt war es noch stiller als zuvor. Wie sollte ich die Menninger Foundation in ein oder zwei Sätzen beschreiben? Ich wollte eine nichtssagende Definition vermeiden und wollte ihn gleichzeitig wissen lassen, daß ich, obwohl ich als Vertreter der Menninger Foundation gekommen war, nicht unbedingt alle Ziele und Vorstellungen sämtlicher Abteilungen und der Belegschaft vertrat.

Ich erklärte ihm, daß die Menninger Foundation eine Organisation ist, der Krankenhäuser und Kliniken angeschlossen sind, die größte Ausbildungsstätte der Welt für

Psychiater und ein Forschungsinstitut, deren Einrichtungen sich alle mit den Problemen und Lösungen im Bereich der psychischen Gesundheit befassen. Ich erzählte ihm, daß nur wenige Mitarbeiter etwas von ihm oder von meiner Arbeit mit ihm wüßten.

"Ich arbeite zwar direkt für das Forschunsinstitut, aber innerhalb dessen gibt es unzählige Unterabteilungen. Unser Projekt nennt sich 'voluntary controls project' (1). Meine Arbeit mit Ihnen ist auch nur ein Teil des Projektes."

"Ich glaube, ich weiß von Council Grove her ein bißchen über das Projekt Bescheid. Was ist eigentlich der Grundgedanke, der hinter diesen Forschungsarbeiten steckt?"

"Die Selbststeuerung, die Vorstellung, daß jeder Mensch sein eigener Herr ist."

Ich erzählte ihm von den Versuchen, die wir mit Swami Rama und anderen Versuchspersonen im Labor durchgeführt hatten. Ich erklärte kurz, wie man gewisse Techniken – Biofeedback und autogenes Training – bei diesen Forschungsarbeiten einsetzen könne, um die Möglichkeiten zu erforschen, wie Menschen lernen können, 'automatisch' ablaufende Körperfunktionen, wie Herzschlag, Blutdruck und Körpertemperatur bewußt zu beeinflussen oder zu regulieren. Indem man lernte, ein gewisses Maß der Kontrolle über diese normalerweise 'automatisch' ablaufenden Funktionen zu erreichen, könne man auch Erfolge in der Steuerung von anderen inneren Zuständen und Abläufen, wie die der Konzentrations- und Entspannungsfähigkeit, der Aufmerksamkeit und der Kreativität, erzielen.

"Sie haben in Council Grove über Identitäts- und Bestimmungssuche gesprochen", sagte ich zu ihm, "darüber, wie ein Mensch sich selbst kennenlernen und sich seiner Bedürfnisse, Ziele und natürlichen Kräfte bewußt werden sollte. Mir scheint, daß die Chance, unseres eigenen Ichs und unserer persönlichen Bestimmung bewußter zu werden, bei guter Gesundheit zu bleiben und unsere Bestimmung

(1) Projekt zur Erforschung der freiwilligen Selbstkontrolle

zu verwirklichen, weitaus größer wäre, wenn wir wüßten, wie weit psychische und physische Zustände bewußt und selbständig zu steuern sind."

"Was Sie da von 'bewußt und selbständig' sagen, gefällt mir. Das reicht sogar bis in die Regierung, in die Gesetzgebung und in all das, was man als 'System' bezeichnen kann, hinein. Jeder Mensch hat eine Eigenidentität und eine Bestimmung auf dieser Welt, und er hat die Möglichkeit, zu dieser Identität vorzudringen und seine Bestimmung zu verwirklichen. Und niemand hat das Recht, sich darin einzumischen."

Er sprach über Regierungsformen und Gesellschaftssysteme, über Naturgesetze, Ökologie, Heilungsmethoden, Rassen, Kriege, Selbststeuerung und Karma; und er sprach über deren Beziehung zu den Begriffen 'bewußt und selbständig'. Was er dazu zu sagen hatte, ähnelte den Worten Thomas Jeffersons (1): 'Die beste Regierung ist die, die am wenigsten regiert.' Rolling Thunder glaubt, daß jeder Mensch sein eigenes Schicksal, seine eigene Bestimmung hat und sein eigenes Karma, mit dem er umzugehen lernen muß. Jede Regierung hat aber eine natürliche Tendenz, Menschen zu gängeln. Das führt zu einer immer größer werdenden Ausweitung des Macht- und Kontrollapparates bis hin zur Massenmanipulation und völligen Anpassung der Menschen und läuft dem eigentlichen Wesen des Menschen zuwider.

Er erklärte mir, daß sich die Indianer von allen Stämmen Amerikas in zwei größere Gruppen unterteilen lassen: Traditionelle Indianer und Indianer des BIA (2). BIA-Indianer haben sich der Verachtung des BIA für die Indianer im allgemeinen und dessen Glauben an deren völlige Unfähigkeit untergeordnet. Viele Indianer sind auch tatsächlich 'unfähig' geworden, denn ohne Selbstbestimmung ist jeder Mensch verloren. Viele sind inzwischen Alkoholiker. Unter den Idianern herrscht die größte Selbstmordrate der USA. Diese Zustände begünstigen natürlich die wei-

(1) Präsident der USA

(2) 'Bureau of Indian Affairs' – Büro für indianische Angelegenheiten

tere Ausbeutbarkeit der Indianer. Die traditionellen Indianer hingegen leben immer noch nach den Sitten und Regeln, die sie sich über die ganze geschichtliche Entwicklung hinweg erhalten haben. Diese Regeln beziehen sich im wesentlichen auf gegenseitige Achtung und sind dadurch Garanten der Freiheit. Die strikte Gewährleistung der Selbstbestimmung und der individuellen Verfolgung der eigenen Lebensbestimmung sind ebenso wesentliche Inhalte dieser Regeln. Traditionelle Indianer erkennen keine Form der 'Regierung' an. Sie lassen sich in kein politisches System miteinbeziehen.

"Als die Weißen unser Land überschwemmten, war das ein Akt der Unterdrückung. Heute dehnt sich die Unterdrückung auch immer mehr auf Nicht-Indianer aus, auf die Minderheiten, auf die Menschen in 'unterentwickelten' Ländern, auf die Vertreter der neuen Generation mit ihren neuen, andersartigen Lebensvorstellungen, auf alle Menschen, die außerhalb der Regierung stehen.

Wir traditionellen Indianer wollen mit diesem System nichts zu tun haben. Wir werden von dem System unterdrückt und versuchen nicht, uns mit ihm zu identifizieren. Man kann sich doch nicht einfach das Land, das anderen gehört, aneignen, versuchen, diese Menschen, die nicht einmal wissen, wo sie sonst hingehen sollen, zu vertreiben, die meisten von ihnen im Verlaufe dieses Prozesses zu töten und dann herkommen und den Rest auffordern, sich gefälligst seinem Verein anzuschließen. Wir mögen diesen Verein nicht, und wir werden ihm nicht beitreten. Wenn es ein guter Verein wäre, würde er nicht von uns verlangen, daß wir uns ihm anschließen, und er würde unseren Verein in Ruhe lassen. Er würde auch andere Völker in fremden Ländern in Frieden lassen. Jeder hat seinen eigenen Verein, und wenn es ein schlechter Verein ist, dann geht das niemand etwas an. Die Leute werden es schon selbst auf ihre eigene Weise begreifen. Ein gutes System versucht sich nicht auszubreiten. Es ist in Ordnung, jemandem zu helfen, aber es ist falsch, Systeme zu verbreiten. Es ist auch falsch, Glaubenslehren zu verbreiten, egal, ob das nun das Christentum oder sonstwas ist, egal, ob es in deinen Augen das beste System der Welt ist –

abgesehen davon, daß es so etwas nicht gibt, nicht geben kann. Man sollte nur die etwas lehren, die danach fragen. Es ist auch falsch, Ideologien durch Einschüchterungsmethoden zu verbreiten, das gilt für das Christentum, den Kommunismus, den Kapitalismus, die Demokratie, was auch immer.

Und übrigens, wir sind kein besiegtes, unterworfenes Volk. Wir haben mit den Weißen viele gegenseitige Verträge abgeschlossen, von denen die Weißen die meisten gebrochen haben, aber wir haben nie kapituliert."

Der Zustand, in dem sich die Umwelt des modernen Menschen befindet, war für Rolling Thunder ein weiteres Beispiel der Unterdrückung: "Der moderne Mensch spricht von der Nutzbarmachung, der Unterwerfung der Natur, davon, sich die Natur untertan zu machen. Das allein beweist, daß der moderne Mensch nicht die leiseste Ahnung von der Natur und den natürlichen Vorgängen hat. Und der Zustand unserer Umwelt beweist diese Tatsache nur allzu deutlich. Jetzt plötzlich haben alle Angst – Angst vor der Luftverschmutzung, der Radioaktivität, dem verseuchten Wasser. Die Erde wird mehr und mehr verseucht und vergiftet, die natürlichen Resourcen gehen zur Neige oder werden unbrauchbar, und plötzlich fragt man sich, ob es schon zu spät sei. Man kann keine Gesetze erlassen oder Systeme erfinden, mit denen man die Natur oder die innere Natur des Menschen – seine Art zu denken und zu fühlen – kontrollieren kann. Diese Dinge können nicht von außen gesteuert werden. Kein Individuum und keine Gruppe von Menschen kann den Weg eines anderen Individuums oder einer anderen Gruppe versperren oder gegen seine Natur und Bestimmung ändern. Das mag eine Zeitlang wohl gehen, aber im Endeffekt wird es scheitern. Es wird nur Angst und Gefahr für jeden einzelnen hervorrufen. Selbst beim Heilen berücksichtigen wir diesen Punkt. Ein guter Heilkundiger verliert nie das Karma und die Bestimmung eines Menschen aus den Augen. Er besitzt die Fähigkeit, das zu erkennen und zu verstehen, was unweigerlich zur persönlichen Entwicklung und Entfaltung eines jeden Menschen gehört. Auf diese Weise erspart man allen Schwierigkeiten, alles spielt sich auf einer realistischeren Ebene ab. Die Natur ist unabhängig und frei, das Innere Wesen des Menschen ebenso. Man muß die Natur achten, man muß jeglichem Leben, jedem einzelnen Lebewesen mit Achtung begegnen. Darin liegt die einzige Lösung."

Wenn ich Rolling Thunder so sprechen hörte, sehnte ich mich danach, mein akademisches Schubladendenken, das man mir anerzogen hatte, zu überwinden und die Fähigkeit zu erlangen, die Beziehung von Politik, Gesundheit und Umwelt untereinander und zur Erde zu erkennen. Der tiefere Sinn all dessen, was Rolling Thunder sagte, liegt in seiner einheitlichen Vorstellung, daß die Gesetze des Karma, die Gesetze von Aktion und Reaktion, die Beziehung Mensch/Natur und alle Naturgesetze, die Grundlagen menschlicher Gesundheit und der Heilungsprozesse, der Selbstkontrolle und des menschlichen Zusammenlebens nur dann verstanden werden können, wenn man sie als Ganzes betrachtet. Nach Rolling Thunders Ansicht rühren z. B. die immer häufiger werdenden Erlasse von komplizierten und unterdrückenden Gesetzen, die die menschliche Individualität überdecken und die Selbstbestimmung verhindern, von der zunehmenden Nachlässigkeit gegenüber den Gesetzen der Natur und der menschlichen Seele her. Das Ganze bildet einen Teufelskreis: die vom Menschen aufgestellten Gesetze mißachten die Gesetze der Natur und leisten somit Vorschub für noch größere Unwissenheit, was wiederum zu einem noch größeren Chaos führt und somit zu der scheinbaren Notwendigkeit nach weiterer Unterdrückung von oben.

Irgendwann inmitten dieses langen Gespräches trat eine kurze Pause ein, in der ich Rolling Thunder den Tabaksbeutel und die Dose mit 'Sir-Walter-Raleigh'-Tabak, die ich nun schon dreimal mitgebracht hatte, überreichte.

"Ach, ich hab' meine Pfeife im Haus gelassen, Moment mal." Er ging ins Haus, und als er ans Steuerrad zurückkam, hatte er eine langstielige Pfeife bei sich, an der einige Schnüre oder Kordeln hingen. Ich konnte in der Dunkelheit nicht viel erkennen. Er stopfte die Pfeife, zündete sie an und begann mit fast feierlichem Gesicht, den Rauch einzuziehen. Dann reichte er sie an mich weiter.

"Willst du auch mal ziehen?" Ja, das wollte ich.

KAPITEL 5
EIN LAGER WIRD AUFGESCHLAGEN

ROLLING THUNDER REDETE jetzt schon länger als eine volle Stunde über Regierungsformen und Gesundheit, Krieg und Gesundheit, Umwelt und Gesundheit und über Evolution und Gesundheit.

"Und was du noch wissen solltest – ich habe es, glaube ich, schon damals in Council Grove erwähnt –, jeder Indianer vom Stamm der Shoshone weiß über indianische Medizin Bescheid. Natürlich muß ich mehr darüber wissen, denn das ist ja meine Aufgabe, aber man wird in diesem Land keinen einzigen traditionellen Shoshone finden, der nicht wenigstens in Ansätzen über indianische Medizin Bescheid wüßte. Und das ist das erste, was du dir merken sollst."

Einen Augenblick lang schwieg er. Dann drehte er sich mir plötzlich voll zu und fragte: "Hast du eine Campingausrüstung dabei?" Das hatte ich nicht. Ich hatte meinen Kassettenrekorder, meine Bänder, Kamera, Filme, Schreibzeug und Kleidung für jedes Wetter dabei, nur keine Campingausrüstung.

"Ich kann dir ja meinen Schlafsack leihen. Mal sehen, was wir morgen noch alles für dich auftreiben können. Einige Leute vom 'Committee of Concern for the Traditional Indian' werden aus San Francisco kommen, um sich anzusehen, wie die Pinyon-Wälder hier abgeholzt werden. Wir dachten, daß es das Beste wäre, einfach zu zelten. Ich hatte vor, morgen mit Anne und Richard rauszufahren und in den Palisades ein Lager aufzuschlagen. Es gibt dort oben in einem Canyon einen sehr schönen Platz, der sich gut dafür eignet. Du könntest doch mitkommen. Auf diese Weise kämst du aus dem Motel heraus und könntest 'ne Weile hier in der Gegend bleiben. Es kann einen nämlich ganz schön schaffen, dauernd in Motels zu wohnen. Du kannst ja morgen mal mit rauffahren und dir das Ganze anschauen. Wir müssen jetzt noch nichts Festes ausmachen. Mal sehen, wie es kommt. Kannst du morgen früh um acht Uhr zum Frühstück kommen?"

Ich sagte zu.

"Du hast dir eine gute Zeit ausgesucht, um hier aufzutauchen", sagte er. "Du wirst sicherlich 'ne Menge mitkriegen. Bist gerade zur richtigen Zeit hergekommen, das ist bestimmt kein Zufall."

Ich lief in der Dunkelheit mit meiner leeren Umhängetasche zum Motel zurück und grübelte unterwegs über all das nach, was ich gerade gehört hatte. Rolling Thunder hatte mir bewußt einen Weg gewiesen, auf dem ich vieles lernen konnte. Ich war sehr zuversichtlich.

Offensichtlich bestand meine erste Lektion darin, die Zerstörung der Pinyon- und Wacholderwälder auf Shoshone-Land zu sehen. Während der Frage- und Antwort-Stunde nach seinem Vortrag in Council Grove, hatte Rolling Thunder von der Zerstörung dieser Wälder berichtet. Das Bureau of Land Management (1) ließ unter dem Druck der Großrancher Tausende von Hektar Wald auf indianischem Vertragsland und öffentlichem Grund abroden, um Weideland zu gewinnen. In den Augen Rolling Thunders zerstörte damit der Mensch mutwillig seine eigene Umwelt. "In wenigen Jahren wird das ganze Gebiet abgeschwemmt sein und es wird hier weder Gras noch Salbeibüsche noch Bäume oder sonstiges Wachstum mehr geben. Es wird hier alles eine einzige Staubwüste sein, und das, um für ein paar Jahre ein bißchen mehr Gras zu haben. Dafür gehen sie das Risiko ein, das ganze Land in eine Wüste zu verwandeln und zerstören alle Bäume hier in den Bergen, Pinyon-Bäume, die seit Tausenden von Jahren eine Hauptenährungsquelle der Indianer darstellen." Für Rolling Thunder war das eine Frage des gesunden Verstandes. Schon jetzt glaubte ich seinen Gedankengängen und Vorstellungen folgen zu kön-

(1) Büro für Landverwaltung

nen und hatte das Gefühl, daß es meine Hauptaufgabe sein würde zu versuchen, diese auch zu leben.

Am nächsten Morgen packte ich meine Kamera, meinen Kassettenrekorder und mein Notizbuch ein und ging wieder quer durch die Stadt, um Anne Haberton und Richard Clemmer zu treffen, mit denen ich zum Zeltplatz fahren wollte.

Am frühen Nachmittag hatten wir das Lager, das für den Rest des Sommers unsere Heimat sein würde, fertig aufgebaut. Ich erfuhr, daß Anne und Richard nur wenige Stunden vor meinem ersten Zusammenkommen mit Rolling Thunder ganz überraschend bei ihm zuhause eingetroffen waren. In gewisser Hinsicht kamen all diese 'Zufälle' genau den Wünschen und Vorstellungen Rolling Thunders entgegen. Zu dritt verwirklichten wir, zusammen mit seinen Ideen, Plänen und seiner Campingausrüstung, das Drehbuch, das er geschrieben hatte. Mitglieder des Komitees würden morgen ankommen.

Ein Grundgedanke traditionellen indianischen Denkens besagt, daß es für alles den richtigen Zeitpunkt und Hinweise, die diesen richtigen Zeitpunkt anzeigen, gibt. Erst vor wenigen Jahren hielten die traditionellen Indianer den richtigen Zeitpunkt für gekommen, sich um eine dauerhafte Freundschaft und Achtung von Seiten der neuen weißen Generation zu bemühen. Schon lange hatte es für eine solche Entwicklung Anzeichen gegeben. So z. B. die altüberlieferte Hopi-Prophezeiung:

'Es wird der Tag kommen, an dem die Kinder des weissen Mannes sich wie Indianer kleiden werden, lange Haare, Perlenschmuck und Stirnbänder tragen werden. Aus dieser Generation werden unsere ersten wahren nicht-indianischen Freunde hervorgehen.'

Die spontane Gründung des Committee of Concern for The Traditional Indian in San Francisco war eine Bestätigung dieser Vorhersage, dieser Anzeichen und auch ein neues Zeichen in sich. Für die Indianer bedeutet dies einen weiteren Schritt zur Verwirklichung eines langfristigen Planes. Nach den Vorstellungen Rolling Thunders war dieser Sommer der richtige Zeitpunkt, um auf Shoshone-Land ein Treffen zwischen Indianern und Nicht-Indianern abzuhalten. Der Sinn dieses Zusammentreffens lag darin, die Zerstörung der Pinyon- und Wacholderwälder zu untersuchen und dagegen zu protestieren. Zugleich wurde allen Beteiligten die Möglichkeit geboten, sich ein eigenes Bild von der Sache zu machen und selbständig zu einer Lösung beizutragen.

Das alles war Bestandteil einer wachsenden Bewegung, die neue und dauerhafte Aktivitäten unter den Indianern einleitete. Die Alcatraz-Bewegung, die Besetzung der ehemaligen Gefangeneninsel durch traditionelle Indianer, war gerade zu Ende gegangen, aber die Bedeutung und Folgen der Besetzung waren noch nicht voll erkannt worden. Zur gleichen Zeit waren Kämpfe im Black Mesa (1), als Folge der schrecklichen Zwischenfälle im Verlauf der Strip-mining (2) Arbeiten auf Navajo- und Hopi-Land in Arizona und im Four-Corners-Gebiet, im Gange. In Kalifornien zog sich der gerichtliche Streit der Pajute-Indianer, die dagegen ankämpften, daß der Pyramid-See verlegt wurde, nur damit weiße Rancher ihr Land bewässern konnten. Die Pit-River-Indianer kämpften ebenso um ihren legalen Anspruch auf etwa 1,4 Millionen Hektar Stammesland, und nördlich von San Francisco forderten Indianer die Rückgabe des verlassenen Abschußgeländes für Marine-Nike-Raketen, auf dem sie die Deganawidah Quetzalcoatl Universität errichten wollten.

Manchmal hielten sich bis zu 15 Leute in unserem Lager auf, und Rolling Thunder war über dieses Bild der Gemeinsamkeit ausgesprochen glücklich. Diese kurze, aber fruchtbare Zeit des Zusammenlebens paßte in seinen weitreichenden Traum von freien Schulen und Kommunen, von traditionellen indianischen Gemeinden; Orte, an denen Menschen, die frei von imperialistischen Denk- und Verhaltensweisen sind, im Erfahrungsprozess lernen könnten. Rolling Thunder meinte auch, daß es ein guter Zeitpunkt sei, um Alice Floto herzuholen. Zwischen Alice Floto und der restlichen Gruppe gab es von den politischen Anschauun-

(1) Tafelberg in Arizona, heilige Stätte der Hopi

(2) Kohlegewinnung im Bergbau

gen her größere Meinungsverschiedenheiten. Sie war eine Frau mittleren Alters aus Salt Lake City, Mormonin und politisch eher rechtsgerichtet, wofür sie ab und zu von Rolling Thunders Seite einiges einstecken mußte. Aber sie war außerdem auch Chemikerin und eine erfahrene Kräuterkennerin, die für Rolling Thunder von großer Hilfe sein konnte. Zunächst einmal war sie langhaarigen Jugendlichen gegenüber sehr mißtrauisch und voller Vorurteile; sie verband mit ihnen die Vorstellung von abgerissener, schmutziger Kleidung und fragwürdigen Waschgewohnheiten. Trotz alledem konnte sie im Laufe unseres Zusammenseins nicht umhin, uns alle in ihr Herz zu schließen, und gestand uns sogar ihre anfänglichen Vorurteile, wobei sie völlig überrascht war, daß niemand etwas davon gemerkt hatte.

Auf unserem ersten Ausflug besuchten wir das Lee-Indian-Reservat und entdeckten einen schönen Fluß, in dem wir herumwaten konnten. Zum Mittagessen ließen wir uns auf einer Wiese mit dicht wachsendem Gras nieder, die von hohen Bäumen überschattet war. Eine gerissene kleine Stechmücke wählte mich zu ihrem besonderen Opfer aus und hinterließ mir eine riesige rote Beule mitten auf der Stirn. Während ich in dem eisigen Fluß herumwatete, versuchte ich, mit kaltem Wasser gegen den unangenehmen Juckreiz anzukämpfen. Alice bemerkte das und kam zu mir herüber, um sich die Schwellung anzusehen. Dann streifte sie suchend durch die Wiesen und kam bald mit einer kleinen Pflanze zurück, von der sie einige pelzig aussehende Blätter abzupfte und zerkaute. Die zerkaute, feuchte Masse spuckte sie in ihre Hände und beschmierte meine Beule damit. Das Ganze wurde ein zweites Mal wiederholt. Dabei bemerkte sie, daß dies alles mit Erlaubnis von Rolling Thunder, dem zuständigen Medizinmann dieses Gebiets geschähe. "Es wäre anmaßend von mir, in seiner Gegenwart auch nur eine geringfügige Behandlung wie diese durchzuführen, ohne ihn vorher um Erlaubnis zu bitten. Wenn er in meiner Gegend jemand behandelt, kommt er auch erst zu mir und erhält jedesmal meine Erlaubnis. Er ist so höflich."

Ich saß lange mit Alice auf einem großen Fels in der Mitte des Flußes und erfuhr aus ihren Erzählungen, daß sie sich schon seit vielen Jahren mit dem Studium und der Ausübung verschiedener Methoden der Diagnostik und Heilkunst beschäftigte. Sie erzählte mir, daß sie oft schon mit Rolling Thunder zusammengearbeitet hatte. Rolling Thunder hatte schon mehr als einmal ihre chemischen Kenntnisse zu Rate gezogen, wenn es darum ging, aus einem Heilkraut ein Tonikum oder eine Salbe herzustellen. Aber Alice war mehr als nur eine Kräuterspezialistin. Sie war eine Frau, die unendlich viel Wärme und Ruhe ausstrahlte. Diese mütterliche Ausstrahlung war selbst die Verkörperung einer heilenden Kraft, einer selbstlosen lebenden Kraft, die nicht eingesetzt wurde, um sich persönliches Prestige zu sichern, wozu die Heilkunst heutzutage nur allzu oft mißbraucht wird.

Später erfuhr ich, daß Alice nicht nur als Heilkundige galt, sondern, daß auch viele Indianer seit Jahren zu ihr eine freundschaftliche Beziehung hatten. Die meisten traditionellen Indianer betrachten die freundliche Umwerbung durch die Mormonen als bloße Bekehrungsversuche, gegen die sie einen beträchtlichen Widerwillen haben. Obwohl Alice politisch sehr konservativ eingestellt war, war sie doch in religiösen Dingen erstaunlich liberal und versuchte nicht, die Indianer zu missionieren.

"Sie besitzt viele besondere Fähigkeiten und eine erstaunliche Wahrnehmungsgabe", sagte mir Rolling Thunder. "Sie hat schon oft, trotz ihrer rechten Einstellung, gute Arbeit geleistet." Rolling Thunder bezeichnete politisch rechtsstehende Gruppierungen jeglicher Art oft als Faschisten. Er sprach mit großer Ernsthaftigkeit über den Faschismus und benutzte diesen Begriff zwar nicht unbedacht, aber doch relativ häufig; weniger in Bezug auf einzelne Menschen, wie auf Auffassungen und Verhalten. Er war sich der wachsenden Gefahr des Faschismus in Amerika bewußt. In meinen Aufzeichnungen hatte ich festgehalten, daß er den Faschismus als das 'Werkzeug dunkler Mächte' bezeichnete. Er war mehr um die Anzeichen eines heranschleichenden Faschismus besorgt, als um irgendwelche Umtriebe von Seiten der Kommunisten oder Kapitalisten. Er bezeichnete das neue 'no-knock'-Gesetz (1) als Anzeichen dafür, daß Leute mit politischer Macht anfingen, sich selbst Privilegien zu sichern, sich Sonderrechte herausnehmen und die Grundprinzipien von Recht und Ehrlichkeit für sich selbst nicht anzuerkennen.

Bevor Rolling Thunder mit Anne, Richard und mir hinausgefahren war, um das Lager aufzuschlagen, hatte er Alice in Salt Lake City, das etwa sechs oder sieben Stunden von Carlin entfernt war, angerufen. Er sagte ihr, daß sie die einmalige Chance hätte, im Canyon mit einem Haufen langhaariger Hippies zu zelten und daß sie sich sofort mit einem Zelt und was immer sie noch an Campingausrüstung auftreiben könnte, auf den Weg machen sollte. Alice lehnte natürlich dieses 'Angebot' ab. Sie machte klar, daß es ihr völlig unmöglich sei zu kommen und daß es überhaupt keinen Sinn habe, auf sie weiter einzureden. Rolling Thunder erinnerte sie, daß man nie im Voraus wissen könne, welche Möglichkeiten sich auftun würden, etwas zu lernen, und daß sie unbedingt kommen müsse. Nein, die Umstände ließen es nicht zu. Ihr Mann ginge mit dem Zelt zum Fischen, das Auto sei kaputt und sie hätte niemand, der auf ihren jüngsten Sohn aufpassen könne. Außerdem ginge es ihr gerade nicht sehr gut, und selbst wenn sich das bessern würde, hätte sie längst schon andere Pläne. Rolling Thunder ließ nicht locker. Das Auto könne man reparieren und auch alles andere ließe sich regeln, ihr würde es sehr bald wieder besser gehen und so würde sich noch alles sehr gut einrichten lassen.

"Mir ist es egal wie, aber komm her! Es soll so sein und es wird auch so sein. Also bis morgen!"

Am nächsten Tag war Alice da.

(1) 'No-knock'-Gesetz: besagt, daß Sicherheitsbeamte der Polizei bei einer Hausdurchsuchung nicht mehr anklopfen müssen, ohne Vorwarnung in eine Wohnung eindringen können.

KAPITEL 6
DIE ERDE IST EIN LEBENDES WESEN

KURZ NACHDEM WIR das Lager aufgebaut hatten, hatte ich ein zweites intensives Gespräch mit Rolling Thunder. Als wir von den 'Palisades' zum Mittagessen nach Carlin zurückfuhren, herrschte eine angenehme, unbeschwerte Stimmung. Nach dem Essen wollten wir nach Elko, Nevada, fahren, um Vorräte einzukaufen. Ich hatte Rolling Thunder als einen angenehmen Begleiter und Gefährten bei Spaziergängen, Autofahrten, beim Wasser holen, Zelt aufschlagen oder bei einer einfachen Mahlzeit erlebt. Manchmal war er regelrecht witzig und die Witze anderer kamen bei ihm auch bestens an. Obwohl ich bei ihm niemals auch nur die leiseste Andeutung von Angst oder Verzweiflung entdeckt habe, er in keinster Weise depressiv ist und sich jederzeit in der Hand hat, kann er dennoch Müdigkeit und Ärger zeigen, wenn er es für wichtig hält, diesen Gefühlen Ausdruck zu verleihen. Ich bin überzeugt, daß jede Mimik, jede Stimmung und Reaktion, die er zeigt, irgendeinen Zweck erfüllt. Mit jedem Tag wurde mir klarer, daß Rolling Thunder ein Lehrer war, der mir Einsichten vermitteln konnte, die ich mir niemals im Labor hätte erarbeiten oder in einer Bibliothek hätte entdecken können.

In Rolling Thunders Haus war es angenehm kühl. Auf dem Tisch stand neben Fleisch und Gemüse ein großer Krug Limonade, und im angrenzenden Zimmer surrte eine altmodische Klimaanlage im Fenster. Im Canyon war es für die Jahreszeit schon sehr heiß, die Sonne brannte herunter und in den Zelten herrschten Temperaturen wie in einem Backofen. Die einzige Erleichterung bot der Aufenthalt im Schatten der Bäume, und das war nicht sehr oft möglich. Eine nahegelegene Bademöglichkeit wäre ein Geschenk des Himmels gewesen. Es gab nicht allzu weit vom Lager entfernt wohl einen Fluß, aber ich war noch nicht dazu gekommen, ihn ausfindig zu machen. Auf alle Fälle hatte ich, als wir aus den Bergen herausfuhren, einen einladend aussehenden Fluß bemerkt und Rolling Thunder danach gefragt: "Kann man in den Flüssen dort oben baden?"

"Also, ich hab es nicht gern, wenn meine Kinder in einem der Flüsse hier in der Gegend baden", sagte Rolling Thunder. "Andere Kinder tun es und meine haben es schon getan, davon bin ich überzeugt, aber der Gedanke daran behagt mir gar nicht. Die Flüsse hier sind total verschmutzt, und das Wasser ist ziemlich gefährlich, besonders wenn man aus Versehen was davon schluckt. Die Indianer haben ein Sprichwort: 'Traue nie dem Wasser, das flußabwärts von einem weißen Mann kommt.' Dieses Land war einmal vollkommen sauber. Die Erde war rein, die Luft, das Wasser, alles. Heute findet man kaum noch unverschmutzte Gewässer. Wo auch immer, vom größten Fluß bis hin zum kleinsten Bach, wenn der weiße Mann einmal dagewesen ist, ist das Wasser schon verseucht. Und das schafft er immer sehr schnell, wirklich erstaunlich schnell."

Seine Worte gingen mir nicht aus dem Kopf. Der Gedanke an ein kühles Bad in einem sich in Reichweite befindenden See wollte mich nicht loslassen. Ich erinnerte mich, daß jemand einen kleinen See erwähnt hatte, wo das Wasser über eine kleine Staumauer lief. Ich fragte mich, ob Rolling Thunder wohl auch über diesen See Bescheid wüßte. Vielleicht könnte er mir sagen, ob er in Ordnung sei und wo er zu finden wäre.

Er sprach immer noch; ich hatte ihm eigentlich nicht mehr richtig zugehört und doch wurde ich plötzlich auf etwas, was er gesagt hatte, aufmerksam. Er hatte soeben die Erde einen Organismus genannt, ein Vergleich, den ich noch nie gehört hatte. Nachdem ich mich mehrere Jahre in Asien aufgehalten hatte, hatte ich angefangen, die Welt als eine Einheit zu erkennen. Ich konnte sie mir in gewisser Hinsicht als einheitliche Existenz vorstellen, in der ich alle Nationen, Rassen und Probleme zusammengefaßt sah. Ich wußte, daß Menschen aus allen Teilen der Erde und auch Vertreter der Vereinten Nationen von einem 'Weltbewußtsein' sprachen. Viele drängten darauf, daß man endlich erkenne, daß die Erde ein Planet sei, den man nicht unbedacht in einzelne Teile aufspalten könne, und daß sich nichts auf dieser Erde – weder Wasser und Luft noch Völker und ihre Kulturen – einfach in die von Menschen gesetzten Grenzen einzwängen ließe. Rolling Thunder war plötzlich von den Flüssen auf menschliche Venen, in denen das Blut pulsiert, zu sprechen gekommen. Der Sand, das Erdreich, die Pflanzen, Flüsse, Ströme und Luft bildeten auf eine bestimmte Weise einen Körper. Ich kann mich nicht mehr an seine genauen Worte erinnern, aber es gelang ihm, in mir neuartige Vorstellungen wachzurufen, die mir neue Möglichkeiten der Wahrnehmung eröffneten: Die Erde als ein Körper, der gigantische Körper eines bewußten, kämpfenden Lebewesens. Dieser Körper gehört zu einem Wesen, einem Individuum mit einer Eigenidentität und Bestimmung. Dieses Wesen existiert hier und jetzt. Wir müssen – wie Zellen – ein Teil von ihm sein.

Wenn ich mit meiner ganzen intellektuellen und analytischen Denkweise seinen Worten zugehört hätte, hätte mich niemals ein solches Gefühl überkommen können. Ich hätte alles viel zu wörtlich genommen und mich in den Vergleichen völlig verloren. Aber so hatte mein Unterbewußtsein die Worte in sich aufgenommen, mein Verstand war ausgeschaltet gewesen. Rolling Thunder hatte sich zu einfach und zu spontan ausgedrückt. Normalerweise würde man eine solche Wahrnehmung unter einem stürmischen Himmel oder von einem Flugzeug aus, unter dem die Erde wie im Traum vorbeizieht, erwarten oder aber in einer üppigen Wiese liegend. Aber sie war mir von Rolling Thunder während dem Mittagessen vermittelt worden. Auf alle Fälle hat sich diese zeitlich sehr begrenzte Wahrnehmungfähigkeit nie wieder in der Intensität eingestellt, nur die Erinnerung daran ist mir ganz deutlich geblieben. Ich habe mir seitdem oft überlegt, ob ich Rolling Thunder bitten sollte, die ganze Sache nochmals von Anfang an mit mir durchzugehen, denn es war eine Form der Bewußtheit, die ich gerne nochmals erfahren würde.

Ich habe seitdem einiges von der indianischen Prophezeiung, die hauptsächlich von dem Volk der Hopi bewahrt wird, aber auch einen festen Bestandteil des Bewußtseins aller traditionellen indianischen Sprecher im Land bildet, kennengelernt. Der momentan bedeutungsvollste Teil jener Prophezeiung weist auf eine nahende Übergangszeit hin, die oft als 'Tag der Reinigung' bezeichnet wird. Diese Prophezeiung stimmt überein mit den Behauptungen der Ökologen und Wissenschaftler, daß das Gleichgewicht der Natur schon unwiderruflich zerstört sei. Doch die traditionellen Indianer erwarten keine Art ökologischen 'Jüngsten Tag', sondern sind voller Hoffnung und sehen dem Höhepunkt der momentanen Entwicklung gefaßt entgegen. Während dem Mittagessen sagte Rolling Thunder: "Wenn ein Teil der Erde verschmutzt ist, breitet sich dieser Zustand überallhin aus, wie eine Arthritis oder der Krebs, der sich durch den menschlichen Körper frißt. Die Erde ist jetzt krank, weil sie mißhandelt worden ist, und viele der Probleme, die auf uns zukommen werden, sind nur ganz natürliche Reaktionen, um die Krankheit abzuwenden und zu bewältigen. In diesem Land gibt es vieles, das gar nicht hergehört, Fremdkörper, wie Viren oder Bazillen. Wir werden diese Tatsache wohl im Moment des Geschehens nicht gleich erkennen, aber eine ganze Menge von dem, was in nächster Zeit auf uns zukommt, wird in Wirklichkeit eine natürliche Abwehrreaktion der Erde sein. So etwas wie Fieber oder Erbrechen. Die Erde ist ein lebendiger Organismus, der Körper eines höheren Individuums, das einen eigenen Willen und das Verlangen, gesund zu sein, besitzt, das sich manchmal mehr und manchmal weniger gesund fühlt, sowohl körperlich wie auch psychisch. Der Mensch sollte seinen eigenen Körper mit Respekt behandeln, das gleiche gilt auch für die Erde. Allzu viele Menschen haben noch nicht begriffen, daß sie nur sich selbst schaden, wenn sie der Erde schaden, daß sie der Erde Schmerz zufügen, wenn sie sich selbst Schmerz zufügen. Manche, die sich für Ökologie interessieren, versuchen die Erde zu schützen, gleichzeitig aber stopfen sie selbst alles in sich hinein, was sie auf Trip schicken oder ausflippen lassen könnte – und verwenden dazu sogar einige unserer heiligsten Helfer. Ich nenne einige dieser Mittel Helfer, und sie sind auch gut, wenn man sie sehr, sehr ernsthaft und bewußt nimmt, aber man muß sie unbedingt richtig anwenden, sonst sind sie unwirksam oder sogar gefährlich, und das wissen die meisten nicht. Mit all diesen Dingen muß man umgehen können und sie begreifen."

"Es ist gewiß nicht leicht für euch, das alles zu verstehen, denn 'wirklich verstehen' heißt nicht, all die Fakten zu kennen, mit denen euch eure Schulbücher und Lehrer ständig überschütten. 'Verstehen' fängt bei Liebe und Achtung an, Achtung vor dem Großen Geist; und der Große Geist wiederum ist das Leben, das in allen Dingen steckt – in allen Lebewesen und Pflanzen, ja selbst in Steinen und Mineralien. Alle Dinge, und ich unterstreiche 'alle', haben ihren eigenen Willen, ihren eigenen Weg und ihre eigene Bestimmung, und das sollten wir endlich respektieren.

Eine solche Achtung beschränkt sich nicht auf ein vages Gefühl oder eine Einstellung: sie ist eine Art zu leben, sie muß gelebt werden. Eine solche Achtung heißt auch, daß wir niemals aufhören dürfen, unsere Verpflichtung uns und unserer Umwelt gegenüber wahrzunehmen und auszuführen."

Von all den Lehren, die ich bisher kennengelernt habe, sind diese Worte die wichtigsten und wertvollsten für den, der heute auf dem Pfad des Karma Yoga, dem Pfad des Handelns, wandelt. Keine Lehre könnte für den Pfad des Handelns wichtiger und wesentlicher sein, als diese Thesen der Liebe und Achtung für sich selbst, für seine Umwelt und für den Großen Geist, das allumfassende Leben. Wer auf diesem Pfad wandelt, wird sich und seiner Umwelt keinen besseren Dienst erweisen können, als sich darum zu bemühen, daß all seine Handlungen, sogar seine Gedanken und Worte, ein fester Bestandteil seiner Welt werden.

Die Worte und Gedanken, die mir Rolling Thunder an jenem Tag zukommen ließ, sind heute zu einem festen Bestandteil meines Bewußtseins geworden. Sie öffneten in mir einen Kanal, durch den weitere Einsichten und Erkenntnisse dringen konnten. Wo immer ich auch bin, was immer ich auch mache, ich werde immer im Geiste an jenem Tisch mit Rolling Thunder sitzen.

KAPITEL 7
UNTERHÄUPTLING OSCAR JOHNNY

EINES ABENDS, BEI Sonnenuntergang, gesellte sich Oscar Johnny zu uns ins Lager. Er kam in seinem neuen, glänzend grünen Ford-Pick-up (1) angefahren, ließ ihn am Straßenrand stehen und setzte sich zu uns ans Feuer – gerade rechtzeitig zum Abendessen. Die frische Luft regte unseren Appetit ungeheuer an, so daß wir immer riesige Mengen kochten. An diesem Abend gab es gebackenes Hähnchen, einen großen Gemüseeintopf und Kartoffeln, die wir in der Glut garwerden ließen. Oscar Johnny aß mit und blieb mit einer Tasse Kaffee in der Hand bis weit in die Dunkelheit hinein am Feuer sitzen.

Rolling Thunder hatte mir schon oft von ihm erzählt: "Er ist ein traditioneller Unterhäuptling der Western Shoshone, ein Mann, der 'ne ganze Menge weiß. Man sieht es ihm vielleicht nicht gleich an, aber er weiß wirklich sehr viel. Wenn du ihn jedoch nach etwas frägst, erzählt er nichts."

Auf mich machte er den Eindruck eines finsteren, rauhbeinigen Lastwagen- oder Bulldozerfahrers. Erst später erfuhr ich, daß er beides war. Er hatte ein Haus in der Ruby Valley Reservation und war oft wegen Stammesangelegenheiten zwischen den einzelnen Reservaten des Shoshone-Gebietes unterwegs. Zugleich lebte er zeitweilig in Elko, wo er ganztägig bei einer Straßenbaufirma arbeitete. Seine Stellung als Unterhäuptling war vererbt, schon sein Vater und seine Vorväter waren Unterhäuptlinge der Shoshone gewesen. Er kannte das weite Land

(1) Kombi mit offener Ladefläche

der Shoshone gut, jeden Berg und jedes Tal, jeden Bach und Fluß, jeden Platz, wo bestimmte Pflanzen und Bäume wuchsen, von denen die Ernährung seines Volkes abhing. Ebenso waren ihm die alten Überlieferungen seines Volkes wohl vertraut, aber im Gegensatz zur unermeßlichen Wüste Nevadas, gab es auf diesem Gebiet – im Bereich des Psychischen und der Jahrhunderte alten mündlichen Überlieferungen – Orte, die nicht so leicht zugänglich waren. Oscar Johnny achtete darauf, nichts zu erzählen, was gefährlich oder irreführend wäre, wenn man es aus seinem Zusammenhang gerissen, Menschen die außerhalb der Tradition stehen, vermittelte. Wie Rolling Thunder war auch er nicht bereit, irgendwelche platten Erklärungen abzugeben. Er war aber durchaus willens, an der wachsenden Kommunikation zwischen traditionellen Indianern und ihren jungen Freunden einer neuen Generation teilzunehmen, in der Hoffnung, ihr neu erwachtes Interesse zu befriedigen und anzuregen.

Oscar Johnny sprach über die Eßgewohnheiten der Shoshone, ihre traditionelle Kleidung und ihre Heirats- und Hochzeitsbräuche. Er sprach über die Stellung der Eltern und Großeltern und von den Geschichten, die die Alten erzählten. Es wurden ihm im Laufe seiner Erzählungen immer wieder Fragen gestellt, denen ich mich gerne angeschlossen hätte, aber, da ich mich noch rechtzeitig an die Worte Rolling Thunders erinnerte: "Wenn man ihn etwas fragt, antwortet er nicht!", hielt ich mich damit zurück.

"Gewöhnlich finden die Großeltern eines jungen Mannes die richtige Frau für ihn. Sie nähen ihm schon während seiner Kindheit aus Hirschleder einen Anzug, den er zur Hochzeit tragen wird und der bis dahin aufbewahrt wird. Sie fertigen ihn in der richtigen Größe an und legen ihn bis zur Hochzeit weg."

"Woher wissen sie die richtige Größe?"

"Sie wissen es einfach. Sie müssen es wissen. Sie wissen im voraus genau den Tag der Hochzeit und die richtige Größe des Anzugs. Es muß stimmen, deshalb müssen sie es wissen. Sie kennen auch das Mädchen, das er heiraten wird, und nähen ihr ein Hochzeitskleid aus weißem Hirschleder, und auch dieses Kleid hat die richtige Größe. Es wird bis zum Hochzeitstag aufbewahrt."

"Heißt das, daß die Großeltern immer die Frau für ihren Enkel aussuchen?"

"Sie finden die Frau, sie finden das richtige Mädchen."

"Was ist mit den Großeltern des Mädchens, stimmen die der Wahl zu?"

"Natürlich tun sie das. Sie sagen: 'Ja, das ist der richtige Mann'."

"Haben die Großeltern des Mädchens auch manchmal die Möglichkeit, die Auswahl zu treffen?"

"Ja, aber das kommt aufs gleiche hinaus. Wenn sie den Richtigen aussuchen, ist es genau derselbe."

"Woher wissen sie denn, daß diese beiden Menschen zusammenpassen?"

"Weil sie sich intensiv damit beschäftigen. Sie können das schon vorher herausfinden."

"Warum überlassen sie es dann nicht der betreffenden Person, sich selbst den Partner zu suchen?"

"Das ist ja genau der, den auch er sich selbst aussucht. Das meine ich ja mit dem 'Richtigen', sie suchen sich denselben aus. Aber die Großeltern müssen ihn eben im voraus schon wissen, weil sie ja das Hochzeitsgewand anfertigen müssen."

"Heißt das, man läßt die Kinder selbst den richtigen Partner finden, aber die Großeltern wissen schon im voraus, wer es sein wird? Wissen sie es und sagen es ihnen nur nicht?"

"Das ist eigentlich kein Unterschied. Die Jungen wissen es auch und fragen dann die Großeltern. Nehmen wir z. B. einen jungen Kerl, der nach Wyoming geht und dort das Mädchen sieht, das die Großeltern bereits ausgesucht haben und für das sie schon das Kleid genäht haben. Er würde sie doch damit selbst ausgesucht haben. Vielleicht ist er aber noch nicht ganz sicher, hat nur so ein vages Gefühl, dann geht er am nächsten Tag zu seinen Großeltern und sagt: 'Ist schon für mich entschieden worden? Kennt ihr meine Frau? Wißt ihr, wer sie ist? Habt ihr das Kleid?' Natürlich wissen sie es und haben auch das Kleid. Er frägt also weiter: 'Wer ist sie?' Sie sagen es ihm nicht, und er stellt noch mehr Fragen: 'Lebt sie in Wyoming, wie sieht sie aus?...' Auf diese Weise findet er es dann nach und nach heraus."

"Wie machen das die Großeltern nur, wie können sie den richtigen Partner kennen?"

"Wer weiß? Wie wär's mit noch 'ner Tasse Kaffee? Ziemlich guter Kaffee, den ihr hier oben macht."

Jemand schenkte ihm Kaffee nach, offensichtlich in der Hoffnung, daß er dann fortfahren würde. Alle sahen erwartungsvoll zu ihm hinüber, aber er schien sich der Tatsache, daß er sich im Mittelpunkt der allgemeinen Aufmerksamkeit befand, nicht bewußt. Ich mußte wieder an Rolling Thunders Worte denken, und ich fragte mich, ob er noch weiter gesprochen hätte, wenn ihm keine Fragen gestellt worden wären. Es herrschte eine Zeitlang tiefes Schweigen, und ich hoffte, daß ihn das ermutigen würde, fortzufahren.

"Früher war es so, daß die Großeltern ihren Enkeln in vielem weiterhelfen konnten. Sie setzten sich einfach mit der Sache auseinander und erzählten ihnen dann davon. Manchmal redeten sie auch nur mit den Eltern darüber. Sie untersuchten die anfallenden Probleme – woher sie kamen, wie sie sich lösen ließen und was der Enkel alles durchmachen würde –, und manchmal konnten sie dann auch etwas verändern oder verhindern. Sie würden darüber reden, und dann ließe sich vielleicht etwas abwenden. Manchmal aber, wenn es sinnlos war, sagten sie nichts. Sie kannten ihren Enkel genau, kannten seinen Geschmack und wie dieser sich im Laufe seiner Entwicklung verändern würde. Sie konnten voraussagen, was dem Jungen im nächsten Jahr gefallen würde und was nicht mehr, aber das brauchte er nicht im voraus zu wissen. Er würde selbst darüber entscheiden, und er würde es weitaus mehr genießen können, wenn er nicht schon im voraus wußte, daß sein Interesse für eine Sache nachlassen würde. Vielleicht würden die Großeltern nur seine Eltern warnen: 'Besorgt dem Jungen nicht so viel Leder, er wird sich nächstes Jahr nicht mehr dafür interessieren. Nächstes Jahr wird er an Perlen Gefallen finden. Wartet nur ab.' "

"Sagen sie denn die Zukunft voraus?"

"Hmm. Das ist eine gute Frage, was machen sie eigentlich?"

Wieder trat eine lange Stille ein, und da niemand etwas fragte, fuhr er wieder fort.

"All das gehört schon mehr der Vergangenheit an. Vieles wird heute nicht mehr gemacht. Vieles wissen die Leute gar nicht mehr. Nehmen wir mal diese alten Pfeilspitzen, ihr wißt schon, die, die man in der Wüste finden kann. Man kann sie eigentlich überall finden, auch in Kalifornien, und auch sehr alte. Diese alten Pfeilspitzen sind auf bestimmte Weise behandelt worden, das kann man heute noch feststellen."

"Wie denn?"

"Sie können z. B. eine Infektion hervorrufen, wenn man sich damit verletzt. Irgend etwas ist in ihnen zurückgeblieben, man kann es zwar nicht chemisch analysieren, aber es läßt sich trotzdem feststellen. Nimm z. B. irgend einen alten Stein, vielleicht sogar eine Pfeilspitze, er wird keinerlei Wirkung haben, wenn er nicht auf eine besondere Weise behandelt worden ist. Sie können das selbst einmal ausprobieren und sich die Haut mit einer solchen Pfeilspitze aufritzen, dann werden sie es wissen. Früher haben die jungen Kerle, bevor sie auf die Jagd gingen, ihre neuen Pfeilspitzen zum Medizinmann gebracht – auch sie folgten seinen Weisungen –, dieser präparierte sie für den nächsten Tag."

"Was hat er mit den Spitzen gemacht?"

"Er hat sie behandelt!"

"Und wie?"

"Er hatte seine Methoden. Ich nehme an, daß er seine bestimmten Mittel dazu hatte, das waren aber keine physischen Mittel. Er machte es nachts, wenn die Jungen schliefen. Am nächsten Morgen waren dann die Pfeilspitzen bereit. Die Alten wußten, was mit den Pfeilspitzen geschah, aber sie schauten weder zu, noch sprachen sie darüber. Auf die gleiche Weise konnte ein Medizinmann einen Verletzten behandeln. Wenn sich jemand eine Wunde, eine Infektion oder eine Vergiftung zugezogen hatte, konnte ihn der Medizinmann heilen. Er konnte die Gifte im Körper des Patienten umsetzen. Gifte und Chemikalien können umgesetzt, umgewandelt werden."

"Wie?"

"Zuerst einmal im Kopf. Die Medizinmänner wissen, wie. Sie machen es auf indianische Weise, aber sie müssen schon über gewisse Kenntnisse verfügen und genaue Kontrolle über den Ablauf haben. Nehmen wir z. B. diese Zigaretten. Sie enthalten lauter chemische Stoffe, Teer usw. Vielleicht wißt ihr gar nicht, wie viele chemische Giftstoffe in einer Zigarette enthalten sind. Diese Stoffe sind nicht natürlich, und die alten Indianer wehren sich gegen sie und gegen das Rauchen. Die Indianer waren die ersten, die Tabak rauchten, und der ist durchaus gut für den Menschen. Aber diese ganze Chemie macht krank. Wenn man einem indianischen Medizinmann oder einem alten Häuptling eine Zigarette anbietet, wird er sie aus Höflichkeit annehmen. Er raucht sie, aber sein Körper nimmt die chemischen Stoffe nicht auf. Sie würden ihn krank machen, und das spürt er, deswegen wandelt er sie in seinem Körper um."

"Wie will er das machen? Wie kann jemand chemische Stoffe in seinem Körper umwandeln?"

Oscar Johnny schaute zu dem Mann hinüber, der diese Frage gestellt hatte. Dann zuckte er völlig desinteressiert mit den Schultern. "Sie haben mich schon richtig verstanden!"

Er trank schweigend seinen Kaffee aus, während ich gedankenverloren in die Glut starrte. Wenn solche Dinge wirklich möglich wären, käme es uns allen zugute. Wenn er die Antworten auf diese Fragen wußte, warum teilte er sie uns dann nicht mit? Ich konnte Rolling Thunder verstehen, wenn er sich dagegen wehrte, Wahrheiten dort zu verbreiten, wo sie gar nicht gehört werden wollten. Soweit ich informiert war, gaben weder Swamis noch Medizinmänner Ratschläge oder führten Heilungen durch, ohne danach gefragt worden zu sein. Es schien ein ungeschriebenes Gesetz von Frage und Antwort zu geben: Es kann einem nicht geholfen werden, wenn man nicht selbst um Hilfe bittet; es kann einen nichts gelehrt werden, wenn man selbst nicht lernen will; es kann keine Antwort gegeben werden, wenn man nicht frägt. Warum aber erhielten wir nur ein Schulterzucken oder Schweigen auf unsere Fragen? Ich war überzeugt, daß Oscar Johnny weit mehr wußte, als er uns freiwillig enthüllte, daß er noch bis in die Morgendämmerung hinein hätte erzählen können, daß wir ihm zugehört hätten und vieles hätten lernen können. Und doch hatte ich das Gefühl, daß es Oscar Johnny fernlag, sich als jemand Privilegierten zu sehen und zu verhalten, der anderen Informationen und Kenntnisse voraushatte. Solche Überheblichkeit war sowohl ihm als auch seinem Volk im allgemeinen völlig fremd.

Seit die ersten Weißen ihren Fuß auf amerikanischen Boden gesetzt haben, haben die Indianer alles mit ihnen geteilt. Hätten sie das nicht getan, wäre die Geschichte wohl bis heute etwas anders verlaufen. Sie waren ebenso bereit, ihre Kenntnisse im Bereich der Psyche und der Medizin zu teilen, wie auch auf dem Gebiet der Bodenbearbeitung, der Jagd und des Anbaus. Aber die Neuankömmlinge erwiesen sich als Invasoren, die von den Indianern nichts anderes wollten, als deren Land, und die zu allem bereit waren, um es auch zu bekommen. Indianische Traditionen wurden geheimgehalten, nur um sie zu schützen und zu erhalten. Dann kam das technische Zeitalter. In den Augen der Indianer interessierten sich die weißen Amerikaner nur noch für den bloßen Schatten aller Dinge und bemühten sich sogar, die Realität, die dahinterlag, zu ignorieren und zu leugnen. Viele Forscher und Historiker haben Berichte über eindrucksvolle Leistungen und Heilkenntnisse der amerikanischen Indianer veröffentlicht, aber zeitgenössische Fachleute scheinen zu befürchten, daß solche Berichte die 'moderne Wissenschaft' widerlegen könnten. Die vorherrschende Meinung war, daß moderne Methoden und Analysen den althergebrachten überlegen seien, und die Indianer wurden daher wegen ihrer Methoden, ihrer Heilungszermonien, ihrer religiösen Rituale und heiligen Tänze verfolgt. Das moderne Amerika hat neue religiöse Vorstellungen – allgemein beliebte sonntägliche Pflichtleistungen, die eine bequeme Quelle sozialer Tugenden sind –, aber wenn sich die Religion sichtbar mit den Fragen des Universums auseinandersetzte, wurde sie gleich zu einer Bedrohung für die moderne Wissenschaft.

Wir saßen schweigend um das Feuer und tranken unseren Kaffee. Ich erinnerte mich an etwas, was Rolling

Thunder beim Mittagessen gesagt hatte: "Heutzutage wollen die Leute alles möglichst schnell und ohne Anstrengung erreichen. Aus diesem Grund verstehen sie auch viele Zusammenhänge nicht, weil sie nichts dafür tun wollen. Sie wollen alle Antworten schnell und griffbereit serviert bekommen."

Oscar Johnny hatte sich vielleicht gedacht, daß eine Nacht nicht ausreichen würde, um in uns auch nur den Grundstein für eine neue Lernweise zu setzen. Vielleicht hatte er das Gefühl, daß die unermüdlichen Frager nur Interesse an einer Diskussion mit ihm hatten. Vielleicht wäre er ihnen mehr entgegengekommen, wenn sie bescheidener gefragt hätten: "Wie sind Sie zu diesem Wissen gelangt, und wie kann ich anfangen zu lernen?" Aber wie auch immer, ich hatte das Gefühl, daß wir die Antworten noch beizeiten erhalten würden, selbst von Oscar Johnny Ich mußte an die alte Prophezeiung denken, die von dem Tag spricht, an dem "die Kinder des Weißen Mannes anfangen werden, lange Haare, Perlen und Stirnbänder zu tragen", der Tag, "an dem die Indianer neue Freunde unter neuen Menschen finden werden!". Es wird neue Menschen geben, Menschen, die bereit sind, zuzuhören und zu verstehen. Dann werden die alten Traditionen mit allen Menschen geteilt werden.

Oscar Johnny lehnte sich nach vorne und stellte seine leere Tasse auf die Erde. "Schaut so aus, als ob wir alle zusammen morgen nach Ruby Valley fahren."

"Fahren Sie auch mit?"

"Ich werd's zumindest versuchen. Rolling Thunder sagte mir, daß ihr morgen früh bei mir vorbeikommt. Ich mach' mich jetzt mal auf den Weg, die Sonne steht zur Zeit schon ziemlich früh auf."

Er ging zur Straße, wo er seinen Pick-up abgestellt hatte und fuhr weg, genauso selbstverständlich und einfach, wie er mit uns gesprochen hatte. Nie war mir klarer, wie falsch wir ein solches Wissen und eine solche Weisheit und die, die sie besitzen, einschätzen.

KAPITEL 8
AUSFLUG NACH RUBY VALLEY

WIR VERLIESSEN DAS Lager schon am frühen Morgen und machten uns auf die lange Fahrt in Richtung Süden nach Ruby Valley. Ich fuhr im roten Ford von Alice mit, Rolling Thunder saß am Steuer. Der rote Valiant, der 'Komitee-Wagen', und ein großer Citroen, der einem anderen Mitglied des Komitees gehörte, folgten uns. Mit den anderen Mitgliedern, Rolling Thunder, Alice, Anne, Richard und mir waren wir fünfzehn Leute auf drei Autos verteilt. Für einige war es nicht der erste Ausflug nach Ruby Valley. Anne, Richard und einige andere Mitglieder des Komitees hatten das Reservat schon im letzten Sommer besucht und hatten Frank Temoke, den Häuptling der Western Shoshone, bei der Gelegenheit kennengelernt.

Kurz nach unserer Abfahrt hielten wir am Straßenrand und betrachteten die Hügelkette, die sich weit unter uns erstreckte und die vom 'Bureau of Land Management' bereits abgeholzt worden war. Das 'chaining' (1) war schon vor längerer Zeit durchgeführt worden, und die toten Bäume waren bereits weggeschafft worden. Es war völlig unmöglich, sich noch vorzustellen, wie diese Gegend ursprünglich einmal ausgesehen hatte. Rolling Thunder meinte, daß es noch weit eindrucksvoller sei, sich die Gegenden anzusehen, die gerade erst 'gechaint' worden waren. Es gab auf der Strecke nach Ruby Valley mehrere solche Ge-

(1) Besonders 'effektive' Methode, in möglichst kurzer Zeit ein möglichst großes Gebiet abzuholzen: Eine riesige Ankerkette, die zwischen zwei Raupenschleppern gespannt ist, wird über den Waldboden gezogen.

biete, aber ohne Oscar Johnny hätten wir uns schwergetan, sie zu finden.

Oscar Johnny hatte uns ausrichten lassen, daß ihn dringende Geschäfte in Elko zurückhielten, und so waren wir ohne ihn aufgebrochen. Rolling Thunder beschloß, ohne Umwege direkt nach Ruby Valley und wieder zurück zu fahren. Es würde ohnehin schon sehr spät werden, bis wir wieder im Lager zurück wären. Wie immer fuhr er sehr schnell. Er war bei guter Laune und sehr zum Lachen aufgelegt. An jeder Gabelung und Einmündung mußte er anhalten, um auf die anderen zu warten. Die Straße war so kurvig, daß die hinteren Autos uns immer wieder aus dem Blickfeld verloren. Als wir uns einer Kurve auf einer Bergkuppe näherten, machte Rolling Thunder uns auf etwas aufmerksam: "Paßt auf das Reh auf, wenn wir da oben um die Kurve kommen. Es ist ein kleines Kitz, das noch weiße Flecken auf dem Rücken hat.

Hier oben gibt es eine Menge schöner Rehe. Weiße Jäger kommen immer wieder hierher, machen nicht einmal vor der Reservatsgrenze halt – sie sind gierig, unachtsam und zerstörerisch. Im Grunde sind sie Kopfjäger, sie jagen nur einer Trophäe, einem Preis nach, und es kümmert sie überhaupt nicht, was sie eigentlich dafür töten. Manchmal lassen sie die Tierkadaver einfach neben dem Weg zurück, oder wir finden sie auf den Müllabladeplätzen. Der Indianer macht so etwas nicht, das kann ich euch versichern. Wir nehmen der Natur nur das, was wir brauchen, und nicht mehr. Es wird nichts verschwendet. Und wir gehen dabei auf die richtige Weise und mit Achtung für das Tier vor. Wenn ich auf die Jagd gehe, erlege ich nur ein einziges Reh, und dieses wird vorher schon gesucht. Ich mach' mich nie auf den Weg und laufe so lange rum, bis ich irgendein Reh aufgescheucht habe, dem ich nachjage. Ich gehe einfach zu ihm hin. Ich gehe beispielsweise über einen Berg, und auf der anderen Seite steht ein Reh und wartet auf mich. Es ist so eingerichtet worden, und das Reh weiß es genauso gut wie ich." Plötzlich zeigt er nach vorne: "Schaut nur, dort steht es!"

Ich verpaßte es. Offensichtlich war ich der einzige, der das gefleckte Kitz nicht in den Büschen neben der Straße liegen sah. Nach Aussage der anderen stand es, als wir vorbeifuhren, auf, lief jedoch nicht davon. Ich hatte in die falsche Richtung geschaut, viel zu weit von der Straße weg. Ich schwor mir, das nächste Mal nicht mehr so übereifrig zu sein. Eine ähnliche Situation sollte sich in den nächsten Monaten oft einstellen. Immer wieder gab es Hinweise wie: 'Da oben sammelt sich ein Rudel Koyoten. Wir werden sie heut' nacht zu hören bekommen." Oder: "Gleich hinter der Biegung sitzt ein Vogel auf der Straße. Ich weiß nicht mehr, wie ihr ihn nennt, aber bei uns heißt er ..."

Kurz nachdem wir an dem Reh vorbeigekommen waren, fing es an zu regnen und hielt während der ganzen Fahrt nach Ruby Valley an. Der leichte Regen war von dramatischen Donnerschlägen begleitet, die den Autos nachzurollen schienen. Wir fuhren auf ungeteerten Straßen entlang, die durch den Regen schwer zu befahren waren. Offensichtlich genoß Rolling Thunder den Regen. Die Jahreszeit war hier besonders heiß und trocken, und der Regen war eine unerwartete Wohltat.

"Hört den rollenden Donner", sagte er, "er rollt richtig den Himmel entlang!"

Entweder hatte der Regen bis wir nach Ruby Valley kamen aufgehört, oder es hatte dort überhaupt nicht geregnet. Es war wieder trocken und heiß. Als wir durch das Reservat fuhren, hielt Rolling Thunder mehrmals an, stieg aus und ging alleine zu einigen der kleinen und einfachen Häuser seiner Shoshone-Freunde hin. Bei manchen blieb er mehrere Minuten lang stehen und redete, bei anderen schien niemand zu Hause zu sein. "Sie arbeiten alle auf den umliegenden Farmen", erklärte er uns. "Es ist wahrscheinlich eine ungünstige Zeit, Besuche zu machen, sie werden alle auf dem Feld sein, um das Heu einzubringen." Dann bogen wir in eine Straße ein, die ins Vorgebirge führte. Als wir an ihrem Ende angekommen waren, stiegen wir aus, um uns die Füße zu vertreten. Wir befanden uns an einem ruhigen Platz. Es war ein Uhr und alle waren hungrig. Wir packten unsere mitgebrachte Brotzeit aus: Karotten, Selleriestangen, belegte Brote, gekochte Eier und Kartoffeln. Rolling Thunder ging einen breiten Pfad hinunter und entschwand in der Ferne. Wir aßen unser Mittagessen, während wir zwischen den Autos umherspazierten und in der Sonne herumsaßen.

Ich fing an, ein Gefühl für die ungeheure Weite des Shoshone-Landes zu bekommen, für die Zerrissenheit der Reservate und die daraus resultierende Isolation der Bewohner. Von unserem Lager in den Palisades sind es etwa 50 Meilen bis zur Lee Reservation und etwa 90 Meilen südlich nach Ruby Valley, wo der traditionelle Häuptling lebt. Das Duck Valley Reservat liegt über hundert Meilen nördlich von Carlin entfernt und erstreckt sich bis nach Idaho hinein. Es gibt einige kleine Dörfer oder Städte, die überwiegend von Indianern bewohnt werden. Diese Gemeinden unterliegen aber alle der Aufsicht des BIA, das seinen nicht zu übersehenden Einfluß auf Land und Leben der Bewohner ausübt. Die meisten leben in völliger Isolation, ohne irgendwelche Kommunikationsmöglichkeiten.

"Ich habe mich dort unten mit ein paar Freunden unterhalten", sagte Rolling Thunder, als er zurückkam, "und ich dachte mir, daß ihr vielleicht Lust hättet, auch ein bißchen mit ihnen zu reden. Sie sind Traditionalisten und sprechen nicht besonders gut englisch, aber ihr werdet euch schon mit ihnen verständigen können. Ihr wißt vermutlich, daß ihr diesmal eure Fotoapparate hierlassen müßt."

Zwei alte Männer saßen vor einer Holzhütte, in der sie vermutlich wohnten, auf einer Bank. Ihre Haut war dunkel und ledern und im Gesicht mit vielen Furchen durchzogen. Ihre Augen waren meistens auf den Boden gerichtet, aber wenn sie einmal aufsahen, war ihr Blick scharf und durchdringend. Sie saßen schweigend da. Es war ein etwas merkwürdiges Treffen. Es schien wenig zu sagen zu geben und kaum eine Möglichkeit, das wenige auszusprechen. Ich wußte zwar, daß es in Wirklichkeit keineswegs so war, aber im Moment zumindest machte es den Anschein. Einer von den Männern war der jüngere Bruder von Frank Temoke, dem Häuptling der Western Shoshone. Der andere, ältere Mann führte die karge Unterhaltung, die zustande kam, alleine mit uns. Es war ein sehr kurzer Besuch. Wir versuchten, mit ihnen über die Pinyon-Bäume und die Jäger zu reden, doch ihre Reaktion beschränkte sich auf ein

Kopfnicken und ein leichtes Lächeln. Wir verabschiedeten uns bald und gingen.

"Vermutlich können wir zu diesem Zeitpunkt nicht mehr erwarten", sagte Rolling Thunder, als wir zu den Autos zurückgingen. "Ihr dürft nicht vergessen, daß die meisten Reservats-Indianer noch nie mit Weißen zu tun gehabt haben, die ihnen wohlwollend gesonnen waren. Aber ich habe euch nicht nur hierhergebracht, damit ihr diese Leute trefft, sondern damit sie die Möglichkeit haben, euch zu treffen. Nun, es ist nur ein Anfang."

Unweit von der alten Hütte lag ein freier Platz, auf dem traditionelle Feste und Versammlungen abgehalten wurden. An der einen Seite der Lichtung entdeckten wir die Hütte von Unterhäuptling Oscar Johnny. Während mein Blick in einem weiten Bogen über die Bäume und Schluchten bis hin zu den fernen Hügelketten schweifte, versuchte ich, mir all die Dinge, die ich über dieses Land gehört hatte, ins Gedächtnis zu rufen. Es fiel mir nicht schwer. Rolling Thunder hatte mir die Legende von der Unterzeichnung eines Vertrags mit indianischem Blut erzählt. Jetzt erinnerte ich mich wieder ganz deutlich daran:

Unser Vertrag, der die Gebiete umfaßt, die zur Western Shoshone Indian Nation gehören, wurde in Ruby Valley, Nevada, 1863 abgeschlossen. Er wurde von unseren obersten Häuptlingen und Führern unterzeichnet und vom Kongress der Vereinigten Staaten ratifiziert. Für diesen Vertrag mußten wir mit Blut bezahlen.

Damals waren die Weißen noch schwach und uns zahlenmäßig unterlegen. Sie traten mit ihrer Regierung an uns heran und baten um einen Friedensvertrag. Die Weissen befanden sich selbst untereinander im Krieg. Man nannte diesen Krieg den 'Bürgerkrieg'. Präsident Lincoln wollte aus Kalifornien Gold herbeischaffen, um den Krieg zu finanzieren. Die Regierung des Weißen Mannes verfügte aber nicht über genügend Soldaten, um alle Postkutschen, die das Gold durch Nevada transportierten, ausreichend zu bewachen. Aus diesem Grund bemühten sie sich um einen Friedensvertrag mit dem Volk, durch dessen Land sie das Gold befördern mußten. Dieses Volk waren wir, die Western Shoshone, und das Land gehörte uns.

Die Weißen und die Vertreter der Regierung der Vereinigten Staaten schickten also Nachricht, daß sie daran interessiert seien, sich mit den Häuptlingen und dem Volk der Western Shoshone zusammenzusetzen, um einen Friedensvertrag zu unterzeichnen. Man vereinbarte einen Termin, ließ durch Läufer und Reiter die Nachricht verbreiten, daß ein Fest stattfinden würde, zu dem alle Shoshone erscheinen sollten. Es sollte ein großes Fest werden mit den verschiedensten Speisen, und nach dem Essen sollte der Friedensvertrag von beiden Seiten unterzeichnet werden. Damit sollten die Feindseligkeiten endlich ein Ende finden. Die Indianer sollten unbewaffnet erscheinen, da sie ihre Waffen nicht benötigen würden.

Zum verabredeten Zeitpunkt versammelten sich also das Volk und alle Häuptlinge der Western Shoshone am vereinbarten Ort in Ruby Valley. Sie kamen völlig unbewaffnet. Auch die Soldaten kamen mit den Vertretern der Regierung, aber sie hatten Gewehre bei sich, die sie aneinander gelehnt aufstellten.

Als sich alle Indianer eingefunden hatten, griffen die Soldaten zu den Waffen und töteten einen indianischen Gefangenen, den sie mitgebracht hatten. Sie sagten, daß er eines Raubüberfalls auf eine Postkutsche angeklagt gewesen sei, und daß das eine abschreckende Warnung für alle Indianer sein sollte, die sich mit dem Gedanken trugen, die freie Durchfahrt des Weißen Mannes durch indianisches Land zu behindern. Dann zerstückelten sie den Leichnam, warfen die Leichenteile in einen riesigen schwarzen Eisentopf und kochten sie. Während die Soldaten mit ihren Gewehren auf die Köpfe der Indianer zielten, wurden diese gezwungen, etwas von dem Mann, den man hingerichtet hatte, zu essen. Männer, Frauen und Kinder wurden alle gezwungen, menschliches Fleisch zu essen, während die Soldaten ihre Gewehrmündungen an ihre Köpfe hielten.

Nach diesem schrecklichen Ereignis wurde der Vertrag im Jahre 1863 unterzeichnet.

Wir haben mit Blut für ihn bezahlt.

Wir werden dennoch zu unserem Vertrag stehen, genau wie zu unserem Land, und eines Tages wird auch der

Weiße Mann nach diesem Vertrag leben müssen und für seine Schuld bezahlen. Das ist das Gesetz der ausgleichenden Gerechtigkeit.

Hundert Jahre später, im Oktober 1968, legten Rolling Thunder und eine Gruppe von Shoshone-Kriegern, unter der Führung von Frank Temoke, Kriegsbemalung auf, um einigen betrunkenen weißen Jägern entgegenzutreten, die sich auf indianischem Land in Ruby Valley herumtrieben. Die Shoshone-Krieger überraschten die Weißen und trieben sie vom Reservat. Die Jäger sind niemals wieder aufgetaucht.

Ich dachte an den langjährigen Kampf der Shoshone mit dem BIA, dem Bureau of Land Management und den weißen Ranchern, die sich das Land anzueignen versuchten. Ich dachte über die Vertragsunterzeichnung und die Zeit vor dem Auftreten des Weißen Mannes nach, über die Jahrhunderte der Festlichkeiten und Zeremonien. Seit dem Kommen des Weißen Mannes war die harmonische Beziehung zwischen Land und Leuten gestört worden, und für die Shoshone hat sich alles verändert.

Auf der Rückfahrt machten wir einen Abstecher nach Ely, um zu vermeiden, daß wir unterwegs auf einer einsamen Reservatsstraße mit leerem Tank hängenblieben. In einem Restaurant in Ely aßen wir zu Abend. Es war schon ziemlich dunkel, als wir uns auf den Heimweg machten.

Rolling Thunder fuhr wieder voraus und zeigte den Weg durch die Berge und über den Paß. Wir konnten die Autos hinter uns nicht mehr sehen. Ich sah oft nach hinten durch die Heckscheibe, konnte jedoch nicht einmal die Scheinwerfer der nachfahrenden Autos in der Dunkelheit ausmachen. Rolling Thunder wußte aber, daß sie uns noch folgten. "Sie kommen schon nach", versicherte er alle Augenblicke. Als wir den Gipfel fast erreicht hatten, fuhr er plötzlich an die Seite und wendete. "Ich habe das Gefühl, daß sie gerade angehalten haben."

Ich fragte mich, woher er das wissen wollte. Wir fuhren einige Meilen zurück und stießen tatsächlich auf unsere zwei Begleitwagen: der Komitee-Wagen war mit einem Wagenheber hochgebockt worden und der grüne Citroen stand dicht hinter ihm.

Als wir uns den beiden Autos näherten, schrie Rolling Thunder plötzlich: "Vorsicht!" Alle, die um das Auto herumstanden, sprangen instinktiv zur Seite, während der Wagen plötzlich nach vorne vom Wagenheber herunterrollte. Rolling Thunder hatte eine spontane Vorhersage gemacht.

Der Reifen wurde gewechselt, und wir setzten unsere Fahrt ohne weitere Zwischenfälle fort. Der kurze Vorfall erschien mir jetzt wie ein flüchtiger Traum. Ich bin überzeugt, daß keiner von uns bewußt alles miterlebt hatte – niemand hatte sich Gedanken gemacht, was sich da eigentlich abgespielt hatte. Aber als wir wieder unterwegs waren, liefen die vergangenen Minuten wie ein Film vor meinen Augen ab, und mir wurde plötzlich bewußt, was geschehen war. Wir alle waren halb benommen in der Dunkelheit herumgestanden und hatten gezögert, uns dem Auto, das gerade heruntergesackt war, zu nähern. Innerhalb einer nahezu unmöglich kurzen Zeit hatte Rolling Thunder das Reserverad herausgeholt, den Wagen wieder in die Luft gehievt, die Radmuttern gelöst, das Rad abgenommen, es in den Kofferraum gelegt, das andere Rad anmontiert, das Auto wieder herabgelassen und das Werkzeug verstaut. Das alles, während wir zusahen, aber nichts davon bewußt aufnahmen.

Während wir so durch die Dunkelheit fuhren, fragte ich mich, ob die anderen sich dessen bewußt waren, was mir gerade erst aufgegangen war. Von dem Zeitpunkt an, als wir nach Ruby Valley aufgebrochen waren, schien der ganze Tag unter der Leitung von Rolling Thunder abzulaufen. Ich fragte mich jetzt, ob nicht auch unsere Anwesenheit hier – die von Alice, der gesagt worden war, daß es so sein müsse, die von Anne und Richard, die ihre Pläne, woanders hinzufahren, plötzlich ungeworfen hatten, mein eigenes Kommen von Council Grove, die Anwesenheit aller anderen aus den unterschiedlichsten Gründen –, ob nicht all das auf irgendeine Weise gelenkt worden war? Was Rolling Thunder getan hatte, schien diese Vermutung zu bestätigen. Es schien, als ob er sich für uns alle verantwortlich fühlte. Er hatte uns zusammengebracht, den Zeltplatz ausgesucht und für unsere Ausrüstung gesorgt. Nach den langen Gesprächen, nach den Ausflügen, die er geplant, vorbereitet und geführt hatte, lag jetzt sogar der Radwechsel in seiner Hand.

KAPITEL 9
SOMMERBLUMEN IM WINTERSCHNEE

"ICH MUSS ANFANGEN, meine Kräuter zusammenzuholen", kündigte Rolling Thunder eines Tages an. "Ich muß sehr viele Kräuter sammeln, und jetzt ist die richtige Zeit dafür." Es war ein heißer Sommertag, um die Mittagszeit herum, wir waren auf dem Weg in die Stadt und fuhren die kleine Straße entlang, die von unserem Canyon zur Hauptstraße führte. Rolling Thunder war die letzten Tage ziemlich beschäftigt gewesen, und ich hatte ihn länger nicht gesehen.

"Hast du deine bestimmten Tage dafür?" fragte ich ihn.

"Ja, im Sommer, wenn alle Kräuter schon groß und kräftig sind. Manche sammelt man etwas früher, mache später. Es dauert sehr lange und ist sehr viel Arbeit. Manche findet man gleich hier in der Umgebung, andere nur ziemlich weit weg. Manchmal muß ich sogar in die Berge hinaufsteigen. Ich muß sie abschneiden, aufsammeln und zurücktragen. Ich muß jede Gelegenheit wahrnehmen, sonst ist, eh ich mich umschau, der Sommer vorbei, und ich habe meine Kräuter noch nicht beisammen. Andererseits kann ich, wenn ich im Winter dringend ein Heilkraut brauche, das ich nicht dahabe, einfach rausgehen und es holen. Es ist schon vorgekommen, daß ich mitten im Winter einfach hinausgegangen bin und eine Sonnenblume aus dem Schnee herausgeholt habe, natürlich nur dann, wenn es unbedingt notwendig war, diese Blume zu haben, wenn ein wirklicher Bedarf bestand. Wir machen nichts ohne guten Grund."

In der kurzen Stille, die folgte, wurde mir die Bedeutung dieser Worte voll bewußt. Ich erinnerte mich wieder an das Heilungsritual in Council Grove, als Rolling Thunder seinen Patienten fragte: "Warum wollen Sie von Ihrer Krankheit befreit werden?" Das Vorhandensein eines wichtigen Grundes war für den Heilungserfolg unerläßlich.

"Wir behaupten, daß es eine richtige Zeit und einen richtigen Ort für alles gibt", fuhr Rolling Thunder fort, "das ist leicht gesagt, aber schwer zu verstehen. Man muß nach diesen Worten leben, um sie verstehen zu können. Wir leben mit dieser Einsicht, mit der Tatsache, daß es die richtige Zeit und den richtigen Ort für alles gibt, und wir leben in vollkommener Harmonie damit. Dadurch wissen wir auch, wann wir unsere Kräuter sammeln müssen und wo. Auf diese Weise bekommen wir sie, wenn wir sie brauchen."

An diesem Punkt war die Unterhaltung beendet. Für den Rest des Tages und auch noch an den folgenden Tagen ging mir dieses kurze Gespräch immer wieder durch den Kopf, bis ich erkannte, daß ich einen grundlegenden und wichtigen Schlüssel erhalten hatte. Rolling Thunder hatte mir keinen greifbaren Beweis dafür geliefert, daß man eine Sommerblume auch im Winter pflücken könne. Vielleicht hätte er es mir auch vorführen können, aber wie bedeutungslos wäre das gewesen. Er hätte es mehrmals vorführen können, um sicherzugehen, daß es mich auch überzeugte. Ich hätte auch Fotos machen können und sie anderen vorzeigen, als ob es wirklich darum ginge, ob Rolling Thunder die Blumen tatsächlich im Schnee gepflückt hatte oder nicht. Wenn ich mich auf diese hoffnungslosen Unterfangen versteift hätte, dann wäre ich wohl am Wesentlichen vorbeigegangen. "Wir machen nichts ohne Grund", hatte Rolling Thunder gesagt, und es ist sicherlich kein wichtiger Grund für ihn, es vorzuführen, nur um jemandem etwas zu beweisen.

Auf alle Fälle hätten ein oder zwei Vorführungen dieser ungewöhnlichen Leistung mir nur wenig genützt. Rolling Thunder hatte mir das Geheimnis anvertraut, *wie* man es machte. Die tatsächliche Ausführung ist, selbst mit gutem Grund, nicht von großer Bedeutung. Der wirkliche Wert liegt in dem Hinweis auf die zusammenhängenden Gesetze des Universums.

Rolling Thunder hatte schon in Council Grove erklärt, daß seine Ausbildung sich auf Erfahrungen aufbaute. In unserem ersten Gespräch hatte er betont, daß die Wahrheit nicht in Worten ausgedrückt werden könne, daß sie nur gelebt werden könne: "Man muß sie leben und ein Teil von ihr werden, dann erst kann man sie erfassen." Der erste Schritt, den ich in dieser Richtung machte, war, herauszufinden, was Rolling Thunder mit 'Begreifen, Verstehen' meinte. Es war sicherlich nicht das, was mir meine moderne Schulbildung zu 'verstehen' gegeben hatte. Für den 'etablierten Geist', wie ihn Rolling Thunder nannte, ist 'Verstehen' etwas, was sich auf einer niederen geistigen Ebene abspielt, ein Herumrühren von alten Ideen und Vorstellungen mit den neuen, bis alle irgendwie zusammenpassen. Dieses oberflächliche Zusammenpassen vermittelt dann ein Gefühl des Wissens, das allein den Geist zufriedenstellt. Man hat einfach das befriedigende Gefühl, daß all seine Annahmen zusammenpassen und kann sagen: "Ich weiß."

Für Rolling Thunder ist Wissen gleichbedeutend mit Sein. Seine einfache Umschreibung der Gesetze des Universums besagt, daß es für alles die rechte Zeit und den rechten Ort gibt. Das kann man nicht durch Worte oder Gedankengänge begreifen: "Es ist leicht zu sagen, aber schwer zu verstehen." Die wirkliche Bedeutung der Worte: "eine richtige Zeit und ein richtiger Ort für alles – man muß es leben, um es zu verstehen" liegt darin, daß man Teil dieser richtigen Zeit und des richtigen Ortes werden muß. Er erfaßt den richtigen Ort und die richtige Zeit und ist deshalb ein Teil davon.

Das heißt, daß die richtige Zeit und der richtige Ort für die Sommerblume zum Teil von seiner eigenen Entscheidung abhängt. Oder, um es anders auszudrücken: Erst erkennt man das Prinzip und dann wendet man es an. Man lernt schrittweise das zugrundeliegende Prinzip verstehen und verschmilzt mit ihm zu einer Einheit. Wenn man eins ist mit dem Prinzip, reagiert es auch auf den eigenen Willen. Es ist eine Sache, zu dieser Erkenntnis, daß es für alles die richtige Zeit und den richtigen Ort gibt, vorzustoßen, aber es ist etwas ganz anderes, diese Erkenntnis in die Tat, in Leben umzusetzen. Ich erkenne diese Wahrheit und ich spreche sie aus, ich behaupte, daß es so ist, aber ich lebe sie nicht und aus diesem Grund bin ich noch kein Teil von ihr. Rolling Thunder aber praktiziert sie. Er verwirklicht tagtäglich in allen seinen Handlungen, in seiner Beziehung zur Sonne, zur Erde, zu den Wolken, den Stechmücken, Pflanzen, Tieren und Menschen die Erkenntnis, daß es für alles eine richtige Zeit und einen richtigen Ort gibt. Er sammelt Kräuter nicht nach Sonnenuntergang und sammelt nur so viele, wie er wirklich braucht. Er nimmt nichts, ohne etwas zu geben. Er pflückt nie eine Pflanze, um sie anschließend wegzuwerfen. Er tötet niemals zum Vergnügen. Er macht nichts ohne guten Grund und hinterläßt nichts ungetan, was getan werden muß. Für ihn gibt es kein Unkraut, keine Mückenstiche, keinen unerwünschten Regen. Es gibt keine gefährlichen Pflanzen oder Tiere. Er kennt keine Furcht. Wind und Regen, Schlange und Mücke sind alle Teil seiner selbst. Sein erweitertes Bewußtsein schließt sie alle in sein eigenes Sein mit ein. Das Leben von Rolling Thunder ist ein Beweis dafür, daß man all die Dinge schaffen kann, von denen er immer wieder spricht, wenn man sich nicht mit seinem Selbstbildnis oder mit seinen eigenen Gedankengängen identifiziert, sondern mit den Blumen, dem Schnee und allen Erscheinungsformen der Lebenskraft.

Zu diesem Verständnis gelangte ich durch Rolling Thunders Handlungen und durch seine bloße Existenz. Zu wirklichem Begreifen und Verstehen bin ich noch nicht vorgedrungen: Ich weiß, daß ich nichts weiß, aber ich weiß, wie ich dieses Wissen erlangen kann. Wenn wirkliches Begreifen schwerer zu erlangen ist, als ich jemals angenommen habe, und wenn es auch ungeheure Kraft kostet, die Vorstellung von der richtigen Zeit und dem richtigen Ort in die Tat umzusetzen, so ist, durch meine Kenntnis um diese Voraussetzungen, das Vermögen, eine Sommerblume im Schnee zu pflücken, in den Bereich des Möglichen gerückt.

Die harmlosen Bermerkungen, die Rolling Thunder heute hatte fallen lassen – wie "Ich muß 'ne Menge Kräuter sammeln und jetzt ist die richtige Zeit dafür" –, sind ein gutes Beispiel dafür, wie ein erfahrener Lehrer die Grenzen, die einem der rationale und analytische Geist setzt, umgeht, indem er bewußt im Geist des Schülers einen Keim setzt, der so lange wächst, bis er oder sie nach einiger Zeit fast unmittelbar zu einem vollen Verstehen gelangt. Auch wenn der unwissende Schüler die Notwendigkeit nach greifbaren Beweisen, nach sofortigen Ergebnissen verspürt, so steht doch der allwissende Lehrer über jeder Notwendigkeit, seine Aussage beweisen zu müssen.

Als Alice später am Tag das Kräutersammeln erwähnte, verspürte ich den aufrichtigen Wunsch mitzuhelfen. Ich wußte bereits, daß Rolling Thunder und Alice häufig gemeinsam Kräuter sammelten, daß Außenstehende gewöhnlich nicht mitgehen dürfen, trotzdem beschloß ich, Alice zu fragen, ob ich sie begleiten könnte. Natürlich wußte ich, daß Rolling Thunder die endgültige Entscheidung darüber treffen würde. Alice versprach, Rolling Thunder darauf anzusprechen, und war überzeugt, daß er seine Zustimmung dazu geben würde. Ein oder zwei Tage später sprach sie jedoch wieder vom Kräutersammeln, ganz, als ob sie unser letztes Gespräch vergessen hätte. Wieder sprach ich sie an, und wieder versprach sie mir, Rolling Thunder zu fragen. Es vergingen noch etliche Tage, ohne daß weiter darüber gesprochen wurde. Ich hätte auch selbst mit Rolling Thunder reden können, nachdem er mich ja selbst auf das Thema gebracht hatte, aber ich glaubte zu wissen, wie die ganze Sache ablaufen müßte: Alice würde mit Rolling Thunder sprechen, und er wiederum würde, falls er einverstanden war, mit mir sprechen. So hatte ich die indianische Sitte verstanden. Man wendet sich erst an einen Gehilfen. Zweifellos würde alles in Einklang mit der rechten Zeit und dem rechten Ort verlaufen. Zumindest waren sie noch nicht ohne mich aufgebrochen.

Ich vergaß die ganze Angelegenheit vorübergehend.

KAPITEL 10
REGEN AUF DER VERLASSENEN RANCH

"ES GIBT HIER in der Nähe eine alte, verlassene Ranch, die man mit dem Auto bequem in ein paar Minuten erreichen kann", sagte Rolling Thunder eines Morgens im Lager. "Ich schau dort gern ab und zu vorbei und war jetzt schon länger nicht mehr dort. Ich hab mir gedacht, daß wir alle zusammen mal hinfahren könnten."

Eigentlich hatten wir an diesem Morgen vorgehabt, eine Waldfläche, die vor kurzem gerodet worden war, zu besichtigen. In ein paar Tagen würden die Mitglieder des 'Committee of Concern for the Traditional Indian' (1) wieder nach San Francisco zurückfahren müssen, und sie waren extra hergekommen, um sich die systematische Zerstörung der ohnehin sehr spärlichen Waldflächen Nevadas anzusehen, die vom 'Bureau of Land Management' eingeleitet worden war. Das Komitee sorgte sich um die Rodung der Pinyon-Bäume auf indianischem Vertragsland, zumal die Pinyon-Nüsse die Hauptproteinquelle der Indianer Nevadas darstellen und somit die Zerstörung der Bäume zugleich eine Bedrohung für die überlieferte Ernährungsweise und das körperliche Wohlergehen der Indianer darstellt. Aber uns schien eine solche Besichtigung keine sehr verlockende Aussicht an diesem Morgen; es war heiß und trocken, der Boden und die Luft glühten förmlich, und es war zudem äußerst schwierig, die Gebiete ausfindig zu machen, die bereits 'gechaint' worden waren. Die Bulldozer des Büros waren im Moment nicht im Einsatz, es war aber äußerst wichtig, sie während der Arbeit zu stel-

(1) Komitee zur Unterstützung traditioneller Indianer

len – wenn sie gerade ihre riesige Ankerkette über den Waldboden schleiften und etwa acht Hektar lebensspendender Bäume aus dem Erdreich herausrissen. Denn, wenn man Gebiete fotografierte, die bereits 'gechaint' worden waren, konnte man meinen, daß diese Abhänge schon immer kahl gewesen seien.

Rolling Thunder rief uns all diese Gesichtspunkte noch einmal ins Bewußtsein und hoffte, daß wir alle irgendwie zur Stelle sein könnten, wenn das 'Chaining' wieder aufgenommen würde. Er glaubte, daß es für den heutigen Tag sinnvoller wäre, die alte Ranch zu besuchen.

"Wir fahren los, sobald Spotted Eagle hier ist. Wir werden nur etwa eine halbe Stunde brauchen, um hinzukommen." Spotted Eagle war Rolling Thunders jüngster Sohn. Er war neunzehn und, soweit ich informiert war, bei seinem Vater in der Ausbildung. Er sollte, wie schon damals, als wir nach Ruby Valley gefahren waren, das Lager während unserer Abwesenheit bewachen.

Als er ankam, gab ihm Rolling Thunder folgende Anweisung: "Es treiben sich hier 'ne Menge Schnüffler herum. Sie haben sogar schon Schießübungen hier abgehalten, und du weißt ja selbst, daß es gewissen Leuten relativ egal ist, worauf sie schießen – und es handelt sich dabei bei weitem nicht nur um Jugendliche. Deshalb möchte ich nicht, daß du hier oben einschläfst oder vom Lager weggehst." Spotted Eagle machte es sich auf einem Campingstuhl im Schatten des großen Zeltes bequem. Wir anderen verteilten uns in den Valiant des Komitees und in Alices Ford und fuhren los.

Es sollte ein guter Tag werden. Rolling Thunder nahm an diesem Tag die Rolle des Schamanen und nachts am Lagerfeuer die unseres Lehrers ein.

Die alte Ranch war ein faszinierender Ort; auf den ersten Blick schien sie tot und gespenstisch, aber trotz des zusammengefallenen Wohnhauses und Schuppens, trotz des toten Grases und staubigen Bodens herrschte hier eine friedliche Atmosphäre. Diese verlassene Ranch lag am Fuß von sanft gewellten Hügeln, auf denen verstreut weitausladende, schattige Bäume wuchsen. Vor dem alten Haus lag ein riesiger Holzklotz, der mit der Zeit weiche Formen und einen seidigen Glanz angenommen hatte. Wenn man auf ihm saß, konnte man über die Straße zu einem hohen Berg hinsehen, über dem Falken mit weißen Schwingen ihre unendlichen Kreise zogen. Rolling Thunder deutete auf den Berg: "Genau dort hinten, wo die Straße am Rand des Abgrundes einen Bogen macht, liegt eine indianische Kultstätte. Weiße haben sie zerstört. Sie haben einfach den vorderen Teil weggesprengt, als sie die Straße dort oben bauten. Das ist noch gar nicht so lange her. Deswegen ist jetzt auch diese Ranch verlassen. Vor vielen Jahren lebten in diesen Bergen noch Indianer. Hier war ihre Heimat, und sie taten niemandem etwas zuleide. Sie wollten nur in Frieden gelassen werden. Aber die Rancher vertrieben sie, als sie kamen, um sich dieses Land anzueignen. Diese Indianer verschwanden spurlos, wurden nie wieder gesehen. Und wir wissen nur allzu gut, daß es durchaus üblich war, unsere Leute einfach abzuknallen, wenn man sie loshaben wollte. Teilweise wurde dieses Land auch von weißen Ranchern gekauft und für Millionenbeträge wieder verkauft; aber in Wirklichkeit gehört es immer noch den Menschen, die hier ursprünglich gelebt haben und denen sie die Heimat einfach gestohlen haben.

Jetzt ist die Zeit für uns gekommen, Anspruch auf einen Teil dieses gestohlenen Landes zu erheben; besonders auf die heiligen Gebiete und das Land, das mißbraucht und mißhandelt worden ist und wird und das von unserem Volk gehütet werden sollte. Wir behaupten nicht, daß wir dieses Land besitzen. Wenn ich sage, das Land gehört uns, dann meine ich, daß wir zu diesem Land gehören. Das Land, auf dem wir heute hier stehen, haben die Indianer wieder für sich zurückgefordert. Dies geschah, als die heilige Weihstätte in die Luft gesprengt wurde. Danach hatte ich hier in der Gegend einiges zu tun. Heute befindet es sich nicht mehr in den Händen der Weißen. Die Rancher, die hier lebten, mußten abwandern, weil das Gras plötzlich abstarb und sie kein Heu mehr machen konnten. Sogar die Pferde und Kühe wurden krank, und sie konnten einfach keine Ursache dafür finden. Ich werde bald mal wiederkommen müssen, um weiterzuarbeiten."

Rolling Thunder drehte sich grinsend weg. Der Gedanke,

dieses Land zurückgewonnen zu haben, schien ihn zu erheitern – der Gedanke, daß der geheiligte Platz gerettet worden war und daß die Tradition überleben würde. Als er so herumlief, sich bedächtig umsah, die verschiedenen Gerüche einsog und alles berührte, erinnerte er mich an jemand, der seinen Garten nach allzu langer Abwesenheit inspiziert und erleichtert feststellt, daß alles in bester Ordnung ist und daß ihn keine allzu große Arbeit erwartet. Sein Kontrollgang führte ihn in immer größer werdenden Kreisen von uns weg, und für wenige Augenblicke verschwand er sogar ganz aus unserem Blickfeld.

Wir fingen inzwischen an, uns in dem alten Haus umzusehen. Ich ging durch einen Schuppen, dessen Boden schon fast völlig durchgebrochen war, blieb auf der Türschwelle stehen und beobachtete die Falken. Ich fragte mich, was wohl geschehen würde, wenn ich einige Tage ganz allein auf dem Berg zubringen könnte. Mir fiel auf, daß sich in der Schluchtwand viele Löcher befanden, die Höhlen sein konnten. Ich musterte das größte, oberste Loch und überlegte, wie ich wohl einen Blick hineinwerfen könnte. Eine große Wolke zog sich über meinem Kopf zusammen, und ich merkte erst jetzt, wie unerbittlich heiß die Sonne niederbrannte. Während ich die Wolke beobachtete, fragte ich mich, woher sie wohl so plötzlich gekommen war. Es ging nicht die leiseste Brise, und doch wurde sie immer größer und schwärzer, wie eine Gewitterwolke. Das war das erste Mal, daß ich eine solche Wolke zu Gesicht bekam; es war erfrischend und belebend, in ihrem Schatten zu stehen. Ich ging zu den anderen zurück, während die Wolke immer schwärzer wurde.

Wir brachen bereits nach einer Stunde wieder auf. Rolling Thunder bemerkte beiläufig, daß ein bißchen Regen jetzt angenehm wäre. Der erste Donner rollte über unsere Köpfe hinweg. Irgend jemand in Carlsons Einkaufsmarkt hatte einmal behauptet, daß es hier im Sommer niemals regnete, trotzdem hatte es auf unserer Fahrt nach Ruby Valley geregnet, und Rolling Thunder hatte damals fröhlich aufgelacht: "Hört nur den rollenden Donner!" Rolling Thunder befand sich weit vor uns auf dem Rückweg. Als wir die Straße fast erreicht hatten, sah ich ihn plötzlich neben einem kleinen Salbeistrauch niederknien. Obwohl er sich offensichtlich sehr intensiv auf etwas konzentrierte, ging ich ohne zu zögern zu ihm hin und kniete mich neben ihn. Rolling Thunder hielt einen winzigen Stock in der Hand und stupfte damit einen ganz gewöhnlichen Stinkkäfer. Er sah mich an, und sein Gesicht entspannte sich für einen Augenblick.

"Der wird uns den ersehnten Regen bringen."

Er trieb den schwarzen Käfer umher, indem er ihm auf den Rücken tippte, um ihn zum Vorwärtsläufen zu bringen, oder aber auf den Kopf, damit er sich wieder umdrehte. "Jetzt schau her!"

Er machte mit dem Stock eine schnelle, geschickte Bewegung, so daß der Käfer auf dem Rücken landete und sich wieder aufzurichten versuchte, wobei er fast auf dem Kopf stand und sein Hinterteil senkrecht in die Luft ragte. Es gab einen lauten, scharfen Knall: ein Blitz, eine klar abgehobene Zickzacklinie.

"Siehst du, so entsteht der Blitz!"

Wieder und wieder machte er das gleiche, und immer wieder blitzte es aufs neue. Es war unglaublich. Niemals zuvor hatte ich einen solchen Blitz gesehen: laut und klar sichtbar, genau über uns und immer wieder an der gleichen Stelle zuckte er in rascher Aufeinanderfolge über den Himmel. Es schien genau auf die Bewegungen des Käfers abgestimmt zu sein, als würde jemand mit dem Schraubenzieher über die Pole einer Batterie fahren oder zwei Leitungen, die unter Strom stehen, zusammenhalten. Mir wurde nach und nach klar, daß dies ein ungewöhnliches, aber durchaus natürliches Phänomen war, das aufgrund des Wechselspiels von Ursache und Wirkung hervorgerufen wurde.

"Das erzeugt den Blitz. Man ärgert den Käfer, und diese Reizung bringt den Blitz hervor, dem wiederum der Regen folgt."

Ein Blitz nach dem anderen durchzuckte den Himmel. Rolling Thunder verlagerte sein Gewicht etwas nach hinten und fing an, in stark zusammengekrümmter Haltung umherzuhüpfen, wobei er seine Arme nach vorne ausgestreckt hielt, um den Käfer weiterhin mit dem Stock erreichen zu können. Er fuhr fort, ihn anzustupfen und auf den Rücken zu werfen und begleitete sich dabei mit einem gurgelnden Schrei: "Heagh, heagh.."

Die anderen hatten sich um den kleinen Strauch versammelt und beobachteten Rolling Thunder, der, noch immer in gebückter Haltung, erst ein Bein und dann das andere nach vorne schleuderte. Es schien eine Art Tanz zu sein. Er schaute fröhlich, fast schelmisch drein.

"Jetzt müssen wir uns aber aus dem Staub machen, schnell!"

"Ich wette, nach all dem wird's gleich ordentlich losgehen", sagte ich. Rolling Thunder lachte.

Ein ungeheurer Wolkenbruch folgte. Die Autos waren gerade in Sichtweite, als es losging, und wir stürzten wie wild auf sie zu. Der Regen kam in heftigen Güssen herunter und trommelte wild gegen das Autoblech. Es war fast unmöglich zu fahren. Die Scheibenwischer schafften nur einen kleinen Ausblick auf die überschwemmte Straße frei. Aber schon nach wenigen Minuten war alles wieder vorbei; die Sonne schien, als ob nichts gewesen wäre.

"Oh Gott, unsere Sachen im Lager", erinnerte sich jemand.

Wir hatten unsere Kleider, Handtücher, Schlafsäcke und fast ein halbes Dutzend Matratzen draußen in der Sonne liegen lassen. Ich fragte mich, ob Rolling Thunder das wohl bedacht hatte. Als wir am Lager ankamen, sahen wir, daß dort nicht ein einziger Tropfen gefallen war.

Ich war im letzten Auto, nach Rolling Thunder, im Lager angekommen. Als ich nach hinten zu den Zelten ging, stand Rolling Thunder bereits unter einem Baum und sah mir entgegen.

"Du erlebst gern metaphysische Ereignisse?"

Ich konnte mich nicht erinnern, jemals so etwas gesagt zu haben, ich war sogar absolut sicher. Ich vermeide es tunlichst, Wörter wie 'metaphysisch' überhaupt zu verwenden; außer vielleicht in ganz bestimmten Zusammenhängen, wo es sich nicht vermeiden läßt, denn ich bin mir nie ganz sicher, was solche Begriffe eigentlich bedeuten – zumindest für andere. Trotzdem wußte ich genau, was Rolling Thunder damit meinte. Vielleicht hatte er aus einem ganz bestimmten Grund gerade dieses Wort gewählt.

"Glaubst du, daß du heute irgend etwas von Bedeutung gesehen hast?"

Ich bejahte seine Frage.

Am späten Nachmittag traf ich Spotted Eagle, der am Fuße eines Hügels gleich hinter dem Lager saß. Ich fragte ihn nach dem Regen. Da er bei seinem Vater in der Lehre war, vermutete ich, daß er über die Methoden Bescheid wissen mußte.

"Weißt du, es kommt mir etwas merkwürdig vor, daß es hier überhaupt nicht geregnet hat. Hast du keine Wolken bemerkt?" Spotted Eagle betonte, daß er weder Wolken gesehen noch Donner gehört hatte. "Aber auf dieser verlassenen Ranch hatte es wirklich geschüttet", sagte ich. Immer noch keine Reaktion. "Er benützte dazu einen Käfer." Spotted Eagles Gesicht hellte sich auf. "Einen Stinkkäfer! Genau daran arbeite ich auch zur Zeit." "Du kannst mit Stinkkäfern Regen machen?" "Ich kann es nicht. Ich bring' ihn einfach nicht herunter." Spotted Eagle sagte das in einem Ton, als würde er sich mit jemand über Fußball unterhalten. Er war genauso ruhe- und sorglos wie jeder andere Neunzehnjährige auch. Ich konnte ihn mir nur schwer im Bereich des Schamanentums vorstellen. Ich spürte jedoch, daß seine Worte durchdacht waren und daß er nicht bereit war, mit jedem x-beliebigen über dieses Thema zu sprechen.

Vor wenigen Tagen hatte ich Spotted Eagle zum erstenmal gesehen. Man nannte ihn Mala, und niemand hatte mir gesagt, daß er Rolling Thunders Sohn sei. Spotted Eagle sah seinem älteren Bruder Buffalo Horse, den ich bei meinem ersten Besuch in Rolling Thunders Haus kennengelernt hatte, in keiner Weise ähnlich, aber ich begriff dennoch sehr schnell, wer er war. Bevor ich nach Carlin gekommen war, hatte ich Rolling Thunders Familie noch nicht gekannt, aber als ich zum erstenmal in sein Haus kam, erinnerte ich mich plötzlich wieder an ganz spezifische Vorstellungen, die ich mir während der zwei Tage, die ich alleine in meinem Motelzimmer verbrachte, gemacht hatte – Vorstellungen, die mir zu dem Zeitpunkt noch kaum bewußt gewesen waren. An etwas erinnerte ich mich sofort, nachdem ich mit

Buffalo Horse zum erstenmal gesprochen hatte: jemand hatte gesagt, daß Rolling Thunder zwei Söhne hat, "der eine verbreitet innere Energie, die darauf wartet, umgesetzt zu werden, und der andere trägt frohe Botschaften weiter, die Wohlwollen verbreiten". Es ist möglich, daß ich mir meine 'spontanen Eindrücke', als ich alleine in meinem Hotelzimmer saß, nur eingebildet hatte, aber als ich Spotted Eagle zum erstenmal sah, erkannte ich ihn wegen dieser Bemerkung.

"Vielleicht schaffe ich es doch noch eines Tages", fügte er hinzu. "Das soll nämlich eine der leichteren Methoden sein, Regen zu machen, zumindest, wenn man mal seine Wolke zusammen hat."

Später bemerkte ich, daß Rolling Thunder das Lager in der gleichen Weise überprüfte, wie schon vorher die verlassene Ranch. Er schaute mich an und grinste. "Findest du nicht auch, daß wir hier ein bißchen Regen brauchen könnten? Es wäre die beste Lösung, um den Staub loszuwerden, besonders hier um die Kochstelle."

Er veranlaßte, daß wir alle sofort die Matratzen, Handtücher, Schlafsäcke und Lebensmittel in das größte Zelt schafften. Dann verschwand er.

"Wetten, daß er eine Schlange sucht", sagte Alice. "Schau mal, wie klar der Himmel ist. Trotzdem kann er es regnen lassen. Du wirst schon sehen, es wird noch vor dem Abendessen regnen."

Es regnete nicht an jenem Abend. Rolling Thunder kehrte kurz vor dem Essen zurück. Wir hatten uns alle um die Töpfe, in denen das Essen dampfte, versammelt. Er gesellte sich zu uns und kündigte an, daß heute abend der richtige Zeitpunkt sei, um mit uns einige seiner Vorstellungen über die Ziele und Vorgehensweisen des Komitees in den kommenden Monaten durchzugehen.

Das Komitee war im Januar 1969 gegründet worden. Seine ersten Aktivitäten bestanden darin, einen traditionellen Navajo-Indianer zu unterstützen, der vor dem Bundesgericht angeklagt war, den Wehrdienst aus religiösen und rechtlichen Gründen, die sich an amerikanische Vertragsabmachungen anlehnten, zu verweigern. Ich fand die Vorstellungen des Komitees und auch den Grundsatz, nur dann einzugreifen, wenn es darum gebeten wurde, sehr gut. "Wir werden versuchen finanzielle, und rechtliche Hilfe dort zu leisten, wo sie gebraucht wird und die Aufgaben zu erfüllen, die an uns herangetragen werden", erklärte ein Mitglied, "statt uns einfach hinzusetzen und uns wieder etwas Neues auszudenken, 'was den Indianern ganz gut täte'. Wir wollen ihnen nicht wieder irgendwelche neuen Flausen des Weißen Mannes aufladen."

Wir nahmen unser kaltes Abendessen (hauptsächlich frisches Gemüse) in der Wärme der untergehenden Sonne zu uns. Später erstrahlte der ganze Himmel von zahllosen funkelnden Sternen. Da ließen wir uns alle um das Lagerfeuer herum nieder und beobachteten den Rauch, der sich wie durch einen Kamin in die Stille der Nacht zog. Rolling Thunder erzählte. Er saß in einem Campingstuhl, den alten Hut mit den Federn auf dem Kopf. Das flackernde Licht des Feuers tanzte auf seinem Gesicht. Er sprach, wie alle traditionellen Lehrer zu allen Zeiten und überall auf der Welt gesprochen haben, er sprach über Dinge, die anscheinend nur die Weißen nicht mitbekommen haben.

Das innere Wesen des Menschen ist identisch mit dem Wesen des Universums, und so lernt der Mensch von der Natur selbst seine eigene Natur kennen. Der technologische, materialistische Weg der heutigen westlichen Gesellschaft ist die unnatürlichste Lebensweise, die der Mensch jemals in der Geschichte geführt hat. Die Menschen dieser Gesellschaft haben sich am meisten von den Bäumen, Vögeln, Insekten, ja von allen Tieren und Pflanzen und selbst vom Wetter entfremdet. Deshalb sind sie auch von ihrem eigenen Ich so weit entfernt. Unnatürliche Dinge sind dem modernen Geist so vertraut, daß es einen wenig verwundert, wenn ihm die natürlichsten Dinge merkwürdig erscheinen und er sich nur schwer mit ihnen auseinandersetzen kann. Die grundlegendsten, ältesten Wahrheiten erscheinen den modernen Menschen als etwas ganz Neues, sie müssen diese jedoch erlernen, bevor sie fähig sein werden, nicht mehr als isolierte Individuen, sondern in Gruppen erfolgreich zu arbeiten und soziale Probleme – wie Umweltprobleme, die zu ihrer Bewältigung die Fähigkeit des Einzelnen, der Gesellschaft, der Nationen und des ganzen Planeten erfordern – anzugehen, um als eine Einheit zusammenzuwirken.

Als ich nachts in meinem Zelt noch wachlag, hätte ich es sehr begrüßt, wenn Rolling Thunder es noch einmal hätte regnen lassen. Zwei solche Demonstrationen hätten mich weit eher als eine davon überzeugen können, daß der Regen von seinem Zutun abgehangen hatte. Der erste Regen war auf unserer Fahrt nach Ruby Valley gefallen, aber Rolling Thunder hatte damals außer: "Hört den rollenden Donner" kein Wort darüber verloren. Ich hatte keinerlei Anhaltspunkte, daß er damit etwas zu tun gehabt hatte. Vielleicht war das Ganze nur ein Zufall gewesen, vielleicht hatte Rolling Thunder geahnt, daß es ohnehin gleich regnen würde, und uns nur etwas vorgemacht. Der Gedanke daran, wie viele Zufälle auf einmal nötig wären, um jeden einzelnen Blitz zu erklären, der genau am beabsichtigten Ort, zum beabsichtigten Zeitpunkt über den Himmel zuckte, amüsierte mich während ich einschlief. Ich könnte noch hinzufügen, daß ich niemals vor und nie wieder nach diesem ereignisreichen Tag einen Stinkkäfer in Nevada gesehen habe. Dieser besondere Agent, der, wie Spotted Eagle bestätigt hatte, eine Voraussetzung für das Ganze war, war zu rechten Zeit am rechten Ort gewesen.

Schon früh am nächsten Morgen kam Rolling Thunder im Lager an. Normalerweise fuhr er spät nachts nach Hause und kam erst am späten Vormittag wieder, aber heute war er durch einen frühmorgendlichen Telefonanruf besonders zeitig auf den Beinen. Während wir alle um ihn herumstanden, beklagte er sich lang und breit über jenen Anruf, obwohl er ihn auf der anderen Seite sehr lustig zu finden schien. Er war offenbar guter Laune.

"Ich wurde von diesem Ehepaar aus Salt Lake City angerufen, das erst neulich hier war, um mich als Handelsvertreter für 'Shakely'-Produkte anzuwerben. Mag sein, daß ihr 'Basic-H' ein gutes Waschpulver ist und daß sie auch ansonsten gute, natürliche Produkte führen, aber ich bin doch kein Hausierer, der von Tür zu Tür rennt! Und sie sollten auch nicht versuchen, bei uns Indianern herumzuhausieren. Sie hätten mit ihren Waren erst gar nicht ins Reservat kommen sollen. Stellt euch vor, sie haben mich heute um halb acht aus dem Bett geklingelt, nur um mich zu fragen, ob ich bereit wäre, 'Basic-H' für sie zu vertreiben! Ich versuchte, es ihnen so höflich wie möglich klarzumachen, daß man nicht versuchen sollte, den Indianern etwas anzudrehen, weder eine Religion noch eine politische Anschauung noch die moderne Wissenschaft oder sonst irgendeine Ware. Auf die Art und Weise verhandelt man nicht mit Indianern. Die Weißen müssen immerzu etwas verkaufen, immer nur hausieren, bekehren und propagieren. Vielleicht könnt ihr hier, gerade weil ihr nichts zu verkaufen habt, einiges lernen. Jetzt schaffen wir aber das Zeug in die Zelte zurück. Mal sehen, vielleicht können wir was gegen diesen ewigen Staub unternehmen."

Rolling Thunder entfernte sich vom Lager. Er ging zuerst auf den Hügel hinter dem Lager zu und dann die Bahngleise entlang, bis er außer Sichtweite war. Wir trugen inzwischen die Schlafsäcke und Vorratskisten in die Zelte. Dann betrachteten wir den klaren, heißen Himmel. Es waren nirgends Wolken zu sehen, aber nach ein oder zwei Minuten war in der Ferne ein Donner zu hören – darüber bestand gar kein Zweifel. Wir waren völlig aufgeregt. Der Himmel verdunkelte sich zunehmend. Rolling Thunder kam ins Lager zurückgeschlendert, neigte den Kopf etwas zur Seite und blinzelte uns in seiner vertrauten Art und Weise zu.

"Gehen wir doch ins große Zelt. Dort wird es jetzt nicht mehr so heiß sein, und wir können es hier 'ne Stunde oder zwei mal nieseln lassen."

Die Luft im Zelt wurde angenehm kühl und alle waren guter Dinge. Der sanfte und gleichmäßige Regen schien alles einzuhüllen und abzudämpfen. Es war anders als der Sturzregen des vergangenen Tages. Vom Inneren des Zeltes aus konnte ich nicht erkennen, ob es auch blitzte, aber der Donner rollte ohne Unterlaß. Er setzte irgendwo in der Ferne an und wurde, während er durch das Canyon auf uns zurollte, immer lauter. Ich vermutete, daß es nur in unserer nächsten Umgebung regnete, aber man würde sicher auch in Carlin oder zumindest im Steinbruch am Ausgang des Canyons den Donner hören können. Irgend jemandem würde es sicher merkwürdig erscheinen!

Ich lief zu meinem Zelt hinüber, holte meinen Kassettenrekorder aus dem Koffer, legte ihn auf den Schlafsack und stellte ihn an. Es donnerte weiter, und als ich zur Gruppe zurückkam, dachte ich immer wieder an den Rekorder, der jetzt im Moment diesen wunderbaren Donner aufnahm. Ich behielt diese Aufnahme mehr als eine Woche auf dem Band und hörte sie mir immer wieder an. Der Donner war zwar klar erkennbar, aber aus dem kleinen Lautsprecher heraus klang er eigentlich wenig beeindruckend. Als Beweismaterial war die Aufnahme auf alle Fälle von geringem Nutzen.

Ich hatte viel über den Sinn eines solchen Beweisstükkes nachgedacht, war jedoch zu dem Schluß gekommen, daß es zugleich sinnlos und unmöglich war, solche Dinge beweisen zu wollen. Ich erinnerte mich an Dr. Greens Worte, daß es auf dem Weg zur Erkenntnis nicht so sehr darauf ankäme, nach Beweisen zu suchen, sondern herauszufinden, wie die Dinge funktionieren, und sie dann richtig anzuwenden. Theoretische Erklärungen gehen der Bedeutung oder Nützlichkeit dessen, was wir über Schwerkraft, Dampfenergie, die Planeten oder die Elektrizität wissen, nicht voraus, sondern folgen ihr. Da ich die Kassetten brauchte, löschte ich schließlich den Donner, um das Band nochmals benützen zu können.

Bis jetzt hatte ich schon mehrmals erlebt, wie Rolling Thunder auf das Wetter Einfluß nahm. Zusätzlich zu dem Regen, der auf unserer Fahrt nach Ruby Valley, auf der verlassenen Ranch und im Lager gefallen war, hörten wir noch des öfteren abends den rollenden Donner, wenn Rolling Thunder sich gerade im Lager aufhielt und uns darauf aufmerksam machte. Es donnerte nie, wenn er nicht anwesend war. Der List von Zufällen (wenn es Zufälle waren) muß ich noch hinzufügen, daß – was immer es auch war, ob Blitz, Regen oder Donner – das Phänomen immer zur beabsichtigten Zeit am beabsichtigten Ort auftrat und für gewöhnlich vorher angekündigt wurde. Ich hatte das Gefühl, daß es müßig war, danach zu fragen, ob es Zufall war oder nicht. Was mich interessierte, war nicht, ob, sondern w i e diese Dinge zustande kamen.

KAPITEL 11
HEILUNGSRITUAL IM CANYON

IN EINER WARMEN Sommernacht hielt Rolling Thunder eine Heilungszeremonie ab. Es war ein schöner, friedlicher Tag gewesen; dicke Kumuluswolken, die Hasen oder Schafen glichen, trieben gemütlich auf einer sanften Brise über dem Canyon dahin. Die unablässig herunterbrennende Sonne tauchte langsam hinter den Bergen unter, die Dämmerung hielt lange an.

Als die Dunkelheit hereinbrach, wurde das zeremonielle Feuer angefacht. Wir rissen trockenes Gras aus der Erde und schafften mit Hilfe von Brettern und Schaufeln eine freie, kreisförmige Fläche nicht unweit von unseren Zelten. Das Feuer brannte in einer flachen Mulde in der Mitte dieser freien Fläche. Drei Campingstühle wurden Seite an Seite so aufgestelllt, daß sie über die Flammen hinweg gen Westen schauten. Auf diesen Stühlen nahmen drei Personen Platz, für die die Zeremonie stattfinden sollte. Rolling Thunder ging auf das Feuer zu, wandte sich gen Osten, das Ritual nahm seinen Anfang.

Spotted Eagle assistierte seinem Vater. Er zündete die Pfeife an, nahm einige glitzernde Kristalle aus dem Medizinbeutel und warf sie in das Feuer. Er malte mit weißem Puder, den er mit den Fingern aus einer Büchse herausholte, Muster auf Gesicht, Schultern und Brust all derer, die dem Ritual beiwohnten. Wir saßen nach indianischer Sitte in einem großen Halbkreis um das Feuer herum. Rolling Thunder setzte zum Sprechen an, seine Worte waren einfach, geradlinig und kraftvoll. Ich habe wohl selten jemanden mit solcher Klarheit und Deutlichkeit sprechen hören. Er begann mit der bekannten Einführung:

Gen Osten, wo die Sonne aufgeht

Gen Norden, wo die Kälte hereinbricht
Gen Süden, wo die Wärme herströmt
Gen Westen, wo die Sonne untergeht
Für Vater Sonne
Für Mutter Erde

Dann sprach er von der spirituellen Notlage, in der sich der Mensch befindet. Er sprach über die Zwangsadoption indianischer Kinder durch weiße Familien, über die Zerstörung der Wälder und die Erprobung chemischer und biologischer Waffen in Nevada. Er sprach über Krieg, Unterdrückung, Mißgunst, Haß und Gier. Dies alles war keine Protesterkärung oder politische Stellungnahme, sondern Teil der Heilungszeremonie. Rolling Thunder sprach zum Großen Geist über sich, über die drei Patienten und über uns alle, die wir zuhörten. Er sprach allgemein über Gesundheit und setzte dann an, die Situation der drei Patienten zu schildern, als sei ihr besonderer Zustand nur ein Teil des Allgemeinzustandes der ganzen Menschheit.

Die drei Patienten waren zwei Mitglieder des Komitees, John Welch und Ed O'Neill, und Alice Floto. Sie saßen auf der anderen Seite des Feuers, uns gegenüber, und wir konnten mit zunehmender Dunkelheit bald nur noch ihre schattenhaften Umrisse erkennen.

Rolling Thunder stand vor dem Feuer. Das Licht umflackerte sein Gesicht in roten und gelben Farben. Er bückte sich, um seine Opfergabe vom Rand des Feuers aufzuheben. Es war ein großes Stück rohes Fleisch aus unseren Vorräten. Er legte es in die Flammen. John, Ed und Alice rauchten die Pfeife und sprachen dann abwechselnd über ihre Gedanken, Vorstellungen und ihre persönliche Situation. Dabei strichen sie heraus, was sie mit Hilfe Rolling Thunders zu erreichen hofften. Rolling Thunder ging vom Feuer weg, um sich ihnen gegenüber zu stellen. Wir konnten jetzt durch das Feuer hindurch nur noch seinen Schatten sehen. Er blieb lange neben John stehen. John hatte zu Beginn der Zeremonie sein Ersuchen kurz und prägnant formuliert. Er wollte seine Fähigkeit, anderen zu helfen, steigern, einen tieferen Einblick in die spirituellen Hintergründe sozialer Probleme gewinnen, effektiver in Gruppensituationen mitarbeiten können und die üblichen Persönlichkeitsstrukturen, die von Selbstsucht und Konkurrenzdenken bestimmt sind, überwinden lernen. Rolling Thunder setzte mehrmals seine Medizinfeder ein und legte seine Hände auf Johns Kopf oder Schultern auf. Alles ging sehr leise, fast bewegungslos vor sich. John saß vollkommen ruhig da, und Rolling Thunder schien nur seine Arme zu bewegen. Es war völlig dunkel auf der anderen Seite des Feuers, und ich konnte nur wenig erkennen. Einmal spuckte Rolling Thunder in seine Hand und hielt sie hoch, dann rieb er beide Hände aneinander und legte sie auf den Körper seines Patienten auf. Wieder nahm er die Medizinfeder und schwenkte sie in kreisenden Bewegungen durch die Luft.

Er legte die Feder nieder, trat hinter Eds Stuhl, legte beide Hände auf Eds Schultern und sprach zum Großen Geist. Ed O'Neill war in Folge einer Kinderlähmung schwer behindert. Ich wußte, daß Rolling Thunder ihn schon mehrmals behandelt hatte. Er hatte ihn zwar nicht heilen können, aber offensichtlich die Einstellung Eds zu seinem Körper verändern können. Ich erinnerte mich, daß Ed einmal zu mir gesagt hatte: "Ohne Rolling Thunder könnte ich niemals so leben, wie ich es heute tue." Durch die Flammen hindurch sahen seine Umrisse irgendwie anders aus, eine fast unmerkliche Veränderung seiner Kopfhaltung oder vielleicht die Art, wie er sich bewegte, schien seine ganze äußere Erscheinung zu verändern. Einen Augenblick lang herrschte vollkommene Stille. Keiner bewegte sich, und im ganzen Canyon war außer dem sanften Knistern des Feuers kein Geräusch zu hören. Dann stieß Rolling Thunder plötzlich seinen Atem laut aus, lehnte sich nach vorne und fing an zu schnüffeln, rhythmisch und intensiv, eher die Laute eines Tieres, als die eines Menschen ausstoßend. Das laute Schnüffeln war durchsetzt von einem fast keuchenden Ausatmen. Ein- oder zweimal hielt er inne und stieß ein unheimliches Heulen und Klagen aus, ähnlich wie in Council Grove. Er trat auf die Seite zu einem Platz hin, der extra für ihn vorbereitet worden war und den der Schein des Feuers nicht erreichte, und erbrach sich laut und heftig. Es war ein eindrucksvolles Vorgehen, das weder ein Gefühl der Anspannung noch der Angst vermittelte, sondern nur der ungeheuren Ernsthaftigkeit und Verwunderung.

Wieder setzte Rolling Thunder seine Hände und seine Medizinfeder ein; offensichtlich verfuhr er nach einem bestimmten Schema. Ähnlich wie in Council Grove war das rohe Fleisch vor die Füße des Patienten gelegt worden. Die Feder wurde immer wieder über dem Fleisch ausgeschüttelt, als ob es irgendwelche negativen ätherischen Substanzen aufsaugen sollte, die dem Patienten entzogen worden waren.

Die Schwere, die in der Luft lag, schien sich langsam zu heben, und der Canyon wurde wieder von der vertrauten Stille erfüllt. Das Knistern des Feuers war wieder deutlich zu hören. Rolling Thunder stand nun vor Alice und betrachtete sie. Als sie zu Beginn der Zeremonie von ihrem Anliegen erzählt hatte, hatte sie den Wunsch geäußert, wieder singen zu können. Sie hatte betont, daß ihr das Singen sehr viel bedeutete, und hatte dabei zu weinen angefangen. Sie war eine ausgebildete, professionelle Sängerin gewesen und hatte ihre Stimme durch tumorartige Geschwülste am Kehlkopf, die ihr Arzt als kleine, ständig größer werdende Knötchen bezeichnete, nahezu verloren. Sie hatte sich sogar überlegt, sich einer schwierigen und riskanten Operation zu unterziehen, um diese Knötchen entfernen zu lassen.

Rolling Thunder sprach zum Großen Geist. Aus dem Zusammenhang gerissen würden seine Worte wie eine Kritik an Alices Lebensphilosophie, ihren persönlichen und politischen Überzeugungen klingen, hier war es jedoch offensichtlich, daß Rolling Thunder damit auf ihren gesundheitlichen Zustand anspielte. Seine Worte und sein Verhalten waren ruhig, geradeheraus und natürlich. Er beschloß seine Rede, indem er erst ins Feuer, dann gen Himmel blickte und die Boten der Furcht, des Vorurteils und des faschistischen Gedankenguts mit anhebender Stimme ermahnte, "diese Frau freizugeben". Jetzt herrschte eine noch tiefere Stille. Rolling Thunder sprach weiter: "Wir bitten den Großen Geist, diese Frau für die Aufgaben, die sie auf dieser Welt erfüllen soll, freizugeben." Keiner bewegte sich. Ich sah Alice an. Sie starrte wie gebannt ins Feuer, ihr Gesicht war wie versteinert. Ihr Kopf war leicht nach vorne geneigt, als säße sie in einer Kirche vor dem Altar.

"Und wir bitten den großen Geist, ihr die Stimme zurückzugeben, damit sie wieder singen und glücklich sein kann. Wir bitten, daß ihr Freude und Glückseligkeit gegeben werden und die Möglichkeit, diese Dinge an andere weiterzugeben, denn das bedeutet ihr sehr viel. Wir bitten darum, daß es so geschehe."

Er nahm die Medizinfeder, stellte sich vor Alice, beugte sich leicht nach vorne und deutete mit ausgestreckten Armen auf sie hin. Plötzlich hörten wir direkt hinter uns das schrille Rufen einer Eule. Es handelte sich dabei jedoch nicht um ein zufälliges Schreien, es war vielmehr auf unsere Zeremonie oder aber auf Rolling Thunder und Alice speziell gerichtet. Es klang so, als hätte ein kleiner Junge, der sich im Gestrüpp versteckt hielt, seine Hände vor den Mund gehalten und den Eulenschrei genau im passenden Moment ausgestoßen. Wenn ich in jener Nacht ein Außenstehender gewesen wäre, hätte ich sicher diesen Verdacht gehabt, denn etwas an diesem Schrei war zu eindringlich und zu sehr auf die Situation gerichtet. Aber ich wußte, daß dieser Schrei weder vorgeplant noch erwartet worden war, und falls es sich wirklich um bloße Einbildung handelte, die im Rahmen der geheimnisvollen Atmosphäre dieser Zeremonie hervorgerufen worden war, dann waren wir ihr doch alle im gleichen Moment erlegen. Jeder hatte es gehört. Ich fühlte, wie sich alle bewußt zurückhielten, sich umzudrehen und nachzuschauen. Bisher hatten wir keine einzige Eule innerhalb des Canyons gesehen oder gehört. Rolling Thunder schien nichts zu bemerken.

Er ging um den Stuhl herum und blieb hinter Alice stehen. Die Schreie wiederholten sich mehrmals. Plötzlich sah Rolling Thunder auf uns und starrte in die Richtung des unablässigen Geschreis. Es war ein lang anhaltender, eindringlicher Blick. Seine Augen spiegelten das Licht des Feuers wider. Das Schreien hörte augenblicklich auf und war nie wieder zu hören. Rolling Thunders Gesichtsausdruck war zu entnehmen, daß er die Eule hatte verstummen lassen. Sein Kopf war leicht zur Seite geneigt, sein Blick war ruhig und seine Stimme unglaublich sanft. “Du dort hinten bringst eine schlechte Botschaft!” Ich hatte den Eindruck, daß er weniger mit der Eule sprach, als mit dem, was sie verkörperte. Dann sprach er weiter, doch diesmal waren seine Worte an den Großen Geist gerichtet. “Und wir bitten dich, daß es nicht so komme, wie das Zeichen vorhergesagt hat.” Er wiederholte alles, was er bereits für Alice gesagt hatte und bat wieder: “Laß es so geschehen.” Seine Stimme und seine Worte klangen für mich so, als ob er sich einer bestimmten Übereinstimmung zwischen dem, was wünschenswert ist und dem, was “sein soll”, bewußt war.

Ich hatte geglaubt, daß ich ein objektiver Beobachter sei, aber das Phänomen, das sich zwischen Rolling Thunder und der Eule abgespielt hatte, rief in mir intensive Wahrnehmungsveränderungen hervor. Anfänglich war ich bestürzt und fühlte mich unwohl, da ich das Schreien der Eule als etwas Feindliches gegenüber Rolling Thunder und Alice empfunden hatte, aber als Rolling Thunder ruhig blieb und einfach seine Worte wiederholte, fühlte ich ein Prickeln auf Gesicht und Rücken. Ich fing an, Rolling Thunders Stimme, seinen Worten und seiner unglaublichen Standhaftigkeit ein Gefühl des Wohlseins zu entnehmen, und glaubte, mich wieder völlig in der Hand zu haben.

Als das Ritual beendet war, sagte Rolling Thunder einfach: “So, das war's!” Sein Gesichtsausdruck und seine Körperhaltung veränderten sich völlig, er blickte um sich, als wäre er gerade angekommen, um etwas zu erledigen. Wenn das Ritual irgendein ungewöhnliches Gefühl in uns hinterlassen hatte, so genügte ein Blick auf Rolling Thunder, um es auszulöschen. Alle standen hastig auf und entfernten sich.

Ich entschloß mich, mich für ein paar Minuten irgendwohin zurückzuziehen, um mir das Geschehen noch einmal durch den Kopf gehen zu lassen. Es schien mir wichtig, das Ganze in eine Art rationale Form zu bringen. Ich spazierte die Gleise, die sich durch den Canyon zogen, entlang. Sie hatten sich in der Dunkelheit der Nacht in leuchtende Striche verwandelt, die mir den Weg wiesen.

Ich ging nahe an Rolling Thunder vorbei und hörte, wie er zu Alice in einem sehr sachlichen Ton sagte: “Du weißt, daß sie nicht so schnell aufgeben." Ich ging weiter, bis ich auf einen alten, verlassenen Güterwagen stieß, in dem ich mich schon oft niedergelassen hatte, um meine Aufzeichnungen auf Band zu sprechen. Ich blieb stehen und warf einen kurzen Blick in das Innere des Waggons. Es war stockdunkel und etwas unheimlich. Für einen Augenblick dachte ich daran, daß eine Eule oder irgend etwas Böses in der Ecke auf mich lauern könnte, aber dieser Gedanke paßte eigentlich nicht zu meiner friedlichen Stimmung. Ich zog mich also durch das offenstehende Tor nach oben und betrachtete von dort aus den Himmel und die Sterne.

Ich versuchte, über all das hinweg, was ich in dieser Nacht gesehen hatte und was Rolling Thunder scheinbar getan hatte, zu dem vorzudringen, was sich wirklich abgespielt hatte. Es war nicht meine Aufgabe, die Verhaltensformeln seiner Heilkraft herauszufinden. Der Puder, die Federn, die Gesten und Gesänge waren nicht die wesentlichen Faktoren. Ich wußte, daß diese Dinge Agenten waren oder zumindest die physischen Träger von Agenten. Wie auch Mantren, Akupunktur, Meditiation, Hypnose, Psychotherapie und sogar Heilkräuter und Massage sind sie nicht voll erfaßbar, wenn man sie innerhalb der Grenzen der modernen Wissenschaften betrachtet. Das Konzept von Helfern und spirituellen Kräften läßt sich nicht in die Grenzen unseres modernen Wissens einzwängen. Um diese Dinge wirklich zu begreifen, benötigen wir ein umfassenderes Verständnis der Realität und Lebenskraft, aus dem sich physische Verkörperungen und physikalische Begleiterscheinungen ableiten und manifestieren lassen.

Es war zwar nicht meine Aufgabe, 'medizinische' Ergebnisse der Heilungszeremonie zu bewerten, aber ich hoffte dennoch, soviel von den drei Patienten mitzubekommen, um die Ergebnisse mit meiner eigenen Zufriedenheit belegen zu können. Das war eigentlich schon alles, was ich mit dem Beweismaterial anfangen konnte. Ähnlich wie mit dem Regenmachen hatte ich gesehen, wie diese Dinge vor sich gehen, und ich war daran interessiert, herauszufinden, welche Voraussetzungen dazu erfüllt werden mußten. Rolling Thunders System, seine Methode – zumindest der Teil davon, der für mich sichtbar war – war entweder seine eigene Errungenschaft oder eine Synthese aus all dem, was er im Laufe seiner Lehrzeit von seinen Lehrern erfahren hatte. Ich hatte den Verdacht, daß das wirkliche Geschehen, das mir verborgen blieb, eine reale und beständige Kraft war, die über die einzelnen Individuen hinaus, die als Trägerpersonen dieser Kraft wesentlich waren, bestand. Ich wußte, daß Rolling Thunder weder die Naturgesetzte des Körpers und des Verstandes noch die der Chemie und Energie durchbrach. Er wendete sie vielmehr auf seine Weise an. Das ganze Ritual war eine besondere Art der Anwendung und des Einsetzens dieser Gesetze. Ich wußte, daß alles, was ich von Rolling Thunder gesehen oder gehört hatte, in Beziehung stand zu dem, was er in Council Grove und heute nacht getan hatte.

Rolling Thunder hatte in Council Grove gesagt: "Ich warne Sie davor, mich einfach nachahmen zu wollen. Sie müssen Ihre eigene Methode finden. Unser Volk lehrt uns, selbständig zu sein. Wenn Sie jedoch meine Methode und meine Anwendungsweise miterleben können, werden Sie vielleicht Anstöße erhalten, selbst einen Weg zu finden. Dann werden Sie Ihre eigenen Mittel, Ihre eigenen Gesänge, Ihre eigenen Gebete und Richtlinien erarbeiten und entwickeln. Es ist nie gut, etwas nachzuahmen."

Ich hatte damit den Schlüssel erhalten, die Heilkraft in Rolling Thunders Sinn begreifen zu können. Fast alle, die dem Ritual beiwohnten, einschließlich der Patienten, hatten sich für die Rettung der Pinyon-Wälder eingesetzt. Rolling Thunder hatte mir schon beim ersten Gespräch vom Schicksal dieser Bäume berichtet. Für ihn war dieser Zerstörungsakt eine Frage der Gesundheit und der Erhaltung menschlichen Lebens, und ich wußte, daß ich lernen mußte, das Ganze in einem solchen Zusammenhang zu sehen, wenn meine Arbeit mit ihm überhaupt sinnvoll sein sollte. Ich hatte von der Menninger Foundation den Auftrag erhalten, etwas über Selbststeuerung und Bewußtseinsebenen von Rolling Thunder zu erfahren. Für ihn hieß das, daß ich zuerst einmal damit anfangen mußte, mich mit der Frage des 'Chaining' auseinanderzusetzen. Engagement, sich voll in eine Sache miteinzubeziehen, ist der Schlüssel zum wirklichen Begreifen: ohne Teilnahme, ohne Engagement würde ich bis in mein Grab hinein indianische Heilkraft erforschen können und nichts weiter als anwachsende Verwirrung erreichen.

Wir wußten alle, daß das 'Bureau of Land Management' Tausende von Hektar Wald zerstörte, und das nur, um den kommerziellen Interessen einiger weniger, die dank ihres Reichtums zu politischer Macht vorgedrungen waren, gerecht zu werden. Um das bewerkstelligen zu können, hatte sich die US-Regierung genötigt gesehen, zahlreiche Verträge mit den Indianern einfach zu ignorieren und die amerikanische Öffentlichkeit auf infamste Weise zu belügen. Die Zerstörung der Pinyon-Wälder bedeutete zugleich die Vernichtung einer wertvollen Nahrungsquelle, die Mißachtung ökologischer Fragen und einen unübersehbaren Schaden an der Tierwelt. Selbst für uns, die wir mit dieser Sache vertraut waren, schien das schwer zu glauben, aber Rolling Thunder hatte uns immer wieder klargemacht, daß diese Angelegenheit nur ein bloßer Schatten, ein Spiegelbild des wirklichen Problems war. Unter seiner Leitung begriffen wir, daß diese sozial-politischen Angelegenheiten nur den geistigen Zustand Amerikas widerspiegelten. Wenn der psychische Zustand den geistigen widerspiegelt, dann würde auch eine physische Lösung die geistige widerspiegeln. Wenn man sich in dieser Angelegenheit engagierte, mußte man also auch auf einer spirituellen Ebene mit spirituellen Mitteln arbeiten.

Rolling Thunders Methode war es, nicht über die Realität, die er sehen und verstehen konnte, zu sprechen, sondern zu arbeiten, sich mit Umweltfragen, kulturellen und politischen Problemen auseinanderzusetzen und somit eine Wechselbeziehung herzustellen zwischen seiner Realität und der Realität, die jedem zugänglich war. Jeder, der sich nach einem Weg umsah, konnte sich dieser Methode anschließen. Engagement bietet einem die Möglichkeit, sich über die höheren Ebenen der Wirklichkeit Gedanken zu machen, die diese Fragen, mit denen man sich auseinandersetzt, nur verkörpern. Auf diese Weise kann man zugleich zur Lösung sozialer Probleme wie auch zur Erweiterung des eigenen Bewußtseins beitragen. Darin liegt die tiefere Bedeutung des Karma Yoga.

Indem er in kollektiver Zusammenarbeit an bestimmte Aufgaben herangeht, das Engagement anderer annimmt und lenkt, nimmt Rolling Thunder die Rolle eines spirituellen Lehrers höchsten Ranges ein. Er liefert niemandem fertige Einsichten, sondern führt andere zum Punkt selbständigen Begreifens.

Wie andere Lehrer auch, hat er unter mehreren Pfaden, dem Pfad des Wissens, dem Pfad der Hingabe und dem Pfad des Handelns gewählt: Rolling Thunder geht den Pfad des Handelns.

Ich sprang von dem Güterwagen herunter und ging wieder ins Lager zurück. Ein neuer Tag würde bald anbrechen. Ich würde noch Zeuge vieler Rituale werden, darüber war ich mir sicher, und indem ich mich mit dem auseinandersetzte, was morgen und in aller Zukunft getan werden mußte, würde ich mich immer mehr der Einsicht in die wirkliche Heilkraft nähern.

Mein Rückblick auf die Ereignisse der heutigen Nacht – wie ich mit den anderen in einem großen Halbkreis um das Feuer hindurch und Rolling Thunders sich bewegende Silhouette im flackernden Licht der Flammen beobachtet hatte – hatte mir nur Schatten der Wirklichkeit gezeigt. Wir, die wir dagesessen und dem Ablauf der Zeremonie beigewohnt hatten, waren bloße Schatten gewesen, und auf dem Boden hatten sich im Licht des Feuers Schatten dieser Schatten gewunden. Alles, was ich von dem Ritual gesehen hatte, war eine bloße Widerspiegelung der Realität gewesen. Rolling Thunder mag vielleicht die Realität gesehen haben, aber ich war überzeugt, daß ich weder ihn noch das, was er getan hatte, wirklich 'gesehen' hatte: Ich hatte lediglich einen Schatten seiner selbst und den Schatten seiner Handlungen gesehen.

KAPITEL 12
LÄUTERUNG

EINES ABENDS, ES war schon fast Mitternacht, verließen etwa ein Dutzend Leute aus unserer Gruppe das Lager und fuhren aus dem Canyon hinaus. Es hatte kein Abendessen gegeben, Fasten war ein Bestandteil der Vorbereitungen für das kommende Ereignis. Wir hielten an einem Bahnübergang an und stellten unsere Autos weitab vom Straßenrand, damit sie nicht von der Straße aus gesehen werden konnten. Wir gingen schweigend hinter Rolling Thunder die Landstraße entlang. Seit wir das Lager verlassen hatten, war noch kein einziges Wort gefallen.

Rolling Thunder wollte verhindern, daß wir von jemandem gesehen wurden. "Es gibt in dieser Gegend Leute, die einfach auf alles schießen, wenn sie irgendeinen Grund dafür finden, der ihnen gut genug erscheint. Es könnte sein, daß ein paar von den ortsansässigen Rednecks (1) über den Anblick einer Gruppe von Hippies und Indianern mitten in der Nacht durchdrehen." Er wollte es vermeiden, irgendeinem Fremden erklären zu müssen, was wir hier mitten in der Nacht suchten. Wir mußten die Landstrasse ein Stück entlanggehen, um zur Brücke zu kommen, die über den Fluß führte. Dann würden wir die Straße verlassen und querfeldein gehen. Wir wußten, daß wir beim Auftauchen eines Autos sofort in den Straßengraben hechten und uns flach auf den Boden legen sollten, damit wir nicht gesehen werden konnten. Aber es war weit und breit

(1) = Reaktionäre. Der Ausdruck ist vom häufigen äußeren Erscheinungsbild abgeleitet: Kurzgeschorener, roter Nacken. – Zu vergleichen mit unserem Ausdruck: Stiernacken

kein Auto zu sehen oder zu hören, bis wir die Brücke erreicht hatten und Rolling Thunder plötzlich aufschrie: "Schnell weg von hier!"

Scheinwerfer durchschnitten die Dunkelheit, als ein Auto in der Ferne um eine Kurve bog. Es gab nichts, wo wir uns hätten verstecken können. Wir mußten es über die Brücke schaffen, bevor das Auto in Sichtweite war. Wir kamen gerade noch in der letzten Minute hinüber. Der letzte sprang über die Böschung, als gerade die Scheinwerfer die Stelle erfaßten, an der er gestanden hatte. Am Ende der Brücke fiel der Boden steil nach unten ab, so daß wir uns alle unter der Brücke verstecken konnten. Wir mußten dabei aufpassen, nicht ins Wasser zu rutschen.

"Jetzt könnt ihr euch vielleicht ein Bild davon machen, was es heißt, Indianer zu sein", sagte Rolling Thunder. "Immer auf der Flucht, sich ewig verstecken, herumschleichen und buckeln müssen. Manchmal wird sogar auf einen geschossen, und man weiß nicht, warum und wann es wieder so weit sein wird. Er wird immer gejagd und gehetzt, hinausgeworfen, weggeschickt, mal hier-, mal dorthin getrieben. Du vertraust dem Land, du hast eine enge Beziehung zur Natur, aber sie versuchen, dich von ihr abzuschneiden. Das Land bietet dir Nahrung, Schutz, Medizin und Läuterung, und du weißt, daß diese Dinge Teil deines Selbst sind. Das Land gehört zum Leben, und das Leben gehört zum Land, und – das Land gehört allein sich selbst. Aber sie sagen: Ich nehme mir dieses Stück, du kannst den Rest haben. Unterschreib hier!' Und dennoch nehmen sie sich am Ende alles. Sie haben den Vertrag auch unterschrieben, aber kümmert sie das? Für dieses Verhalten gibt es weder einen vernünftigen Grund noch eine Entschuldigung, es war von Anfang an unrecht. Sie sagen einfach: 'Ihr habt zwei Beine, wenn ihr weit genug laufen könnt, werdet ihr vielleicht überleben.' Jetzt nennen sie alles 'öffentlichen Grund und Boden'. 'Scher dich weg, Indianer, dieses Land gehört der Öffentlichkeit. Dieses Land wird vom 'Bureau of Land Management' verwaltet, und ihr unterliegt dem BIA. Verdrückt euch gefälligst!' So schleichst du dich herum, und wenn du dann auch noch ein schlechtes Gewissen oder Schuldgefühle hast, dann umso besser! Du darfst deine enge Beziehung zur Natur nicht verlieren. Die Mutter Erde ist deine Freundin. Das Land gehört zu den Indianern."

Das Auto war direkt über unsere Köpfe hinweggefahren. Sein Motorengeräusch verlor sich in der Ferne, und danach herrschte wieder völlige Stille. Keiner rührte sich, keiner sprach auch nur ein Wort.

Nach etwa einer Minute des Schweigens sagte Rolling Thunder: "Los, weiter!" Er rutschte die Böschung hinab und fing den nach ihm kommenden auf. Wir anderen folgten. Wir befanden uns jetzt auf der anderen Seite des Flusses und mußten nun nicht mehr auf die Straße zurück. Wir entdeckten einen Weg durch die Felder, und Alice übergab Rolling Thunder ihre Taschenlampe. Er ging voraus, während wir im Gänsemarsch in der Dunkelheit nachfolgten. Nach nur wenigen Minuten erreichten wir unser Ziel: einen Bach, der kleiner und ruhiger war als der Fluß an der Straße, eine Heißwasserquelle. Rolling Thunder nannte sie Medizinquelle. Er leuchtete mit der Taschenlampe in das plätschernde Wasser, der Lichtstrahl füllte sich mit leuchtend weißem Dampf. Als er die Lampe ausmachte, verwandelte sich das Wasser in ein silbernes Licht, das in die Dunkelheit aufstieg und mit seinem schweren Duft alles erfüllte.

Wir knieten schweigend am Wasser. Die Zeit der Läuterung war gekommen. Wir streiften unsere Kleider ab und ließen sie in ordentlichen Häufchen am Sandufer zurück. Wir glitten lautlos ins Wasser. Der Grund war weich und angenehm. Während sich unsere Körper in den heissen Schlamm hineingruben, drangen sein Duft und seine Wärme bis tief in unsere Knochen ein. Angespannte Muskeln und Gemüter entspannten sich, während der Schlamm anfing, an unseren Körpern zu ziehen. Ehrgeiz, Pläne, Hoffnungen, Sorgen, Zweifel und Ängste flossen durch unsere Finger und Zehen hinaus. Immer mehr Sterne leuchteten in der Unendlichkeit des Himmels auf, immer strahlender und heller. Zeit und Bewegung kamen zum Stillstand. Die stille Anwesenheit des Gruppenbewußtseins schien das lautlose All zu erfüllen.

Der Schlamm zog an Händen und Füßen, das heiße,

schwere Wasser zog am Herzen, und der strenge Schwefelgeruch entzog dem Körper die Luft zum Atmen. Es existierte nur noch das leere Bewußtsein, und selbst dieses schien noch hinauszufließen, sich aufzulösen, in die Nacht zu entschwinden. Rolling Thunder hustete – laut und abrupt. Ich schaute wie alle anderen zu ihm hin. Wir hatten uns in der Unendlichkeit des Sternenhimmels verloren. Während wir Arme und Beine im Wasser hin- und herbewegten, verlor ich mich wieder in der Schönheit des dabei entstehenden Geräusches. Rolling Thunder hustete wieder. Alle hielten in der Bewegung inne. Plötzlich schoß mir eine Warnung durch den Kopf: "Achte auf den Reinigungsvorgang!"

Wieder herrschte absolute Stille. Ich konnte es nicht vermeiden, immer wieder mit den Gedanken abzuschweifen. Ich erinnerte mich an Dinge, die Rolling Thunder im Lager gesagt hatte und die in ihrer Bedeutung jetzt lebendiger waren als je zuvor. "Der Anfang ist die Selbstreinigung, darin liegt der erste Schritt. Es ist ein großer Schritt und eine sehr ernst zu nehmende Angelegenheit. Es gibt für alles einen richtigen Weg, so auch für die Läuterung. Sie ist ein vollkommen natürlicher Vorgang. Es gibt nichts Künstliches an ihr. Läuterung bedeutet Läuterung des Körpers und des Geistes. Man kann nicht den Körper reinigen, ohne den Geist zu reinigen.

Vielleicht wird es eines Tages hier in den Bergen ein Reinigungszentrum geben. Im Tal könnte man ein Lager oder eine Versammlungshütte errichten, wo man Wissen vermitteln und Wissen ansammeln und natürlich auch eine Menge Spaß haben könnte. Die Leute könnten miteinander diskutieren, über alles mögliche reden und nachdenken. Aber wenn jemand diesen Pfad der Reinigung beschreiten will, muß er alles außer seiner bloßen Person zurücklassen. Es wird weder Bücher noch Radios oder sonstige Verbindungen zur Außenwelt geben. Die Menschen werden auch ihre Kleider zurücklassen. Die Kleider werden auf sie warten, wenn sie zurückkommen. Aber zunächst einmal werden sie Hirschhäute tragen, und alle natürlichen und notwendigen Mittel werden ihnen zur Verfügung stehen, die der Reinigung des Körpers und des Geistes dienlich sind.

Die Menschen können also ruhig ihre ganzen Weltanschauungen mit ihren Zahnbürsten zu Hause lassen.

In den alten Tagen, als unser Volk noch nach den alten Traditionen lebte, wurde die Reinigungszeremonie von jedem durchgeführt. Wir hatten verschiedene Methoden und Hilfsmittel dafür – Schwitzhütten, Kräuterheilmittel und ganz besondere Rituale. Jeder hatte seine eigene Methode; aber vieles von dem, was uns heute gänzlich unbekannt ist, gehörte damals zum allgemeinen Wissen. Dinge, die sinnvoll angewandt werden sollten, können auch mißbraucht werden, und vieles würde auch, falls es bekannt wäre, falsch angewandt werden. Aber wir wissen, daß die Zeiten sich ändern und daß die Menschen eines Tages bereit und fähig sein werden, diese Dinge zu erfahren und richtig anzuwenden. Viele unserer jungen Freunde suchen nach einem neuen Weg und sind zu uns gekommen, um Anleitung zu finden.

Es gibt eine natürliche Warmwasserquelle gleich außerhalb der Stadt, die wir benützen können, wenn wir nachts hingehen. Sie kann ein heiliger Platz der Läuterung sein. Ich bin schon oft dort gewesen, und ich bin auch bereit, andere mitzunehmen, wenn sie mit Ernsthaftigkeit an die Sache herangehen. Ich hab' schon etliche Leute mitgenommen, und manchmal mußte ich sie auffordern zu gehen, weil sie anfingen, Blödsinn zu machen und dummes Zeug zu denken und zu schwätzen.

Menschen müssen für ihre Gedanken Verantwortung übernehmen können und müssen deshalb auch lernen, sie gegebenenfalls unter Kontrolle zu halten. Es mag nicht immer leicht sein, aber es ist durchaus möglich. Zunächst einmal sollten wir Dinge, die wir nicht denken wollen, auch nicht aussprechen. Wir müssen nicht alles essen, was wir sehen, und wir müssen auch nicht alles aussprechen, was uns in den Kopf schießt. Wir sollten also anfangen, auf unsere Worte zu achten und nur mit guten Absichten und Hintergründen zu sprechen. Es gibt Zeiten, in denen wir einen klaren und reinen Verstand ohne unerwünschte Gedanken benötigen, und wir sollten uns ständig auf solche Zeiten vorbereiten. Wir sind nicht gezwungen, etwas zu sagen oder zu denken, wozu wir nicht innerlich auch bereit sind. Solche Entscheidungen stehen uns frei, aber wir müssen diese Freiheit erfassen und lernen, mit ihr umzugehen. Es ist sinnlos, sich wegen bestimmter Gedanken oder Träume selbst zu verurteilen, es ist auch zwecklos, gegen sich selbst oder seine Gedanken anzukämpfen. Man muß nur erkennen, daß man die Freiheit besitzt, sich seine Gedanken selbst auszusuchen. Man muß die ungewollten Gedanken überhaupt nicht beachten. Wenn sie dir immer wieder in den Kopf kommen, laß sie einfach sein und sag dir: 'Ich hab keine Lust, solche Gedanken zu haben', dann werden sie bald von selbst verschwinden. Wenn du entschlossen dabei bleibst, wirst du bald lernen, mit dieser Freiheit der Gedanken umzugehen und dein Bewußtsein so zu steuern, daß unerwünschte Gedanken nicht mehr auftreten. Dann erst wirst du die Läuterung in ihrer ganzen Stärke und Klarheit erfahren, und es werden nie wieder Unreinheiten in deinem Geist und Körper bestehen können."

Ich erinnerte mich so deutlich an diese Worte, als würde ich sie gerade zum erstenmal hören. Aber wieder wurden meine Gedanken und Träume von dem "Achte auf die Reinigung!" unterbrochen.

Das ist wie Meditieren, dachte ich mir, oder zumindest wie intensives Konzentrieren. Selbstreinigung ist nur ein erster Schritt, und doch erfordert sie schon eine gute Konzentrationsfähigkeit. Es stellen sich die gleichen Anforderungen wie bei einer vorbereiteten Meditationsübung. Man muß seine Gedanken zum völligen Stillstand bringen und sie fest auf einen bestimmten Punkt konzentrieren. Man darf sich nicht treiben lassen, nicht umherschweifen oder träumen – aber ich war ja schon wieder dabei, mich immer weiter in meinen Gedanken zu verlieren.

"Achte auf die Reinigung!"

Ich fixierte mich auf einen bestimmten Stern und wählte mir eine bestimmte Wortzusammensetzung aus, ein Sanskrit Mantra, auf das ich meine Gedanken konzentrieren konnte. Es war ein guter Anfang, aber als die ersten aus dem Bach auf das schlammige Ufer hinaufkrochen, begann ich den Ablauf der Zeit wieder wahrzunehmen.

Die Kühle, die unsere Körper umschloß, prickelte angenehm auf der Haut. Der Atem beschleunigte sich, die Sinne erwachten. Es war ein neuer Anfang, ein neues Erwachen.

Wir zogen uns in der Dunkelheit wieder an und gingen über die Felder zur Straße zurück, wo unsere Autos standen. Diejenigen, die im Lager zurückgeblieben waren, erwarteten uns mit einem dampfenden Eintopf. Es war ein herrliches Feuer, und das Essen schmeckte ausgezeichnet – umso mehr, als alle, die an der Zeremonie teilgenommen hatten, sich von einem starken Gefühl der Einheit verbunden fühlten. Zweifelsohne schliefen sie genauso tief und friedlich wie ich in dieser Nacht.

KAPITEL 13
SUTRAS UND SWAMIS

ENDLICH KAM DER Tag, an dem ich mit Rolling Thunder über das Kräutersammeln sprechen konnte. Es war ein friedlicher Abend im Lager. Die Mitglieder des Komitees waren schon nach San Francisco aufgebrochen, und wir sechs, die zurückgeblieben waren, bereiteten das Abendessen.

"Rolling Thunder und ich haben morgen vor, Kräuter sammeln zu gehen", sagte Alice, als ich ihr beim Kartoffelschälen zusah. "Ich hab' mit ihm über dich gesprochen, und er würde dich gerne dabeihaben. Ich hab' dir ja gesagt, daß er nichts dagegen haben würde. Aber jetzt mußt du selbst mit ihm reden. Er wird heute abend zum Essen hierbleiben, und du solltest ihn gleich danach auf die Sache ansprechen. Du weißt ja, so stellt er sich's vor."

Nach dem Essen blieben wir um das vertraute Lagerfeuer sitzen. Rolling Thunder kam zu mir herüber und setzte sich an meine Seite.

"Alice hat mir erzählt, daß ihr morgen Kräuter sammeln gehen wollt", sagte ich, "ich würd' ganz gern mitkommen, wenn du nichts dagegen hast."

"Ich denke schon, daß das möglich sein wird. Normalerweise nehm' ich ja niemanden mit – das ist nicht der Sinn des Sammelns. Ich hab' es zwar schon oft getan, aber es war dann jedesmal so, daß derjenige anfing, irgendwelche blödsinnigen Fragen zu stellen – 'warum machst du dies, warum machst du das' – oder, was noch schlimmer ist, auf etwas deutete und schrie: 'Schau dir mal das Riesengewächs dort drüben an!' Deswegen hab' ich es eigentlich aufgegeben, irgend jemand x-beliebigen mitzunehmen." Ich schwieg. "Aber du bist nun schon eine ganze Weile bei uns, und ich denke, daß ich dich ganz gut kenne und einschätzen kann." Rolling Thunder schaute ins Feuer. "Ich nehme dich wirklich gerne mit, aber ich sage dir am besten jetzt schon, daß ich es ruhig haben will. Falls du irgendwelche Fragen haben solltest, dann heb' sie dir für danach auf. In solchen Situationen befinde ich mich für gewöhnlich in einer ganz anderen Welt – ihr würdet es einen anderen Bewußtseinszustand nennen. Auf diese Weise nehmen wir mit den Pflanzen Kontakt auf."

Wir schauten noch eine Zeitlang ins Feuer. Plötzlich erinnerte ich mich, daß er diese Art der Kommunikation schon einmal erwähnt hatte. In der Nacht nach dem Regenmachen hatte er vor den Mitgliedern des Komitees über die Entfremdung des modernen Menschen von der Natur gesprochen, darüber, wie ihm die natürlichsten Dinge der Welt immer fremder und merkwürdiger erscheinen.

"Was du neulich über Kommunikation mit Pflanzen gesagt hast, hat mich ziemlich interessiert", sagte ich. "Du hast erwähnt, daß du dir ein paar Zeitungsartikel über wissenschaftliche Experimente mit Pflanzen aufgehoben hast. Ich hab' auch schon einiges von diesen Versuchen gehört und auch Artikel darüber gelesen. Das ganze interessiert mich sehr. Ich weiß nicht, vielleicht werde ich nicht allzu viel über Kräuterheilkunde lernen, aber an diesen Experimenten mit Pflanzenkommunikation liegt mir schon sehr viel."

"Das ist nichts Einseitiges, mußt du wissen, sondern etwas, was auf Wechselwirkung beruht, eine gegenseitige Kommunikation. Ich könnte dir allerhand Information darüber geben, vielleicht werde ich dir mal etwas darüber aufschreiben, das du dann an die Menninger Foundation weiterleiten kannst."

Später am Abend erzählte ich Rolling Thunder, wie ich während meiner Arbeit mit Swami Rama angefangen hatte, mich für meditativen Gesang zu interessieren. Swami Rama hatte mich gelehrt, mich voll auf das Singen zu konzentrieren, und ich hatte angefangen, mich für die Möglichkeit zu interessieren, mit Hilfe von Gesang bei Pflanzen Reaktionen hervorzurufen, die unter sorgfältiger Einhaltung bestimmter Bedingungen aufgezeichnet werden konnten. Durch

Rolling Thunders unentwegtes Nachfragen entwickelte sich eine lange Diskussion über Swami Ramas Lehren. Ich hatte schon vorher einmal mit ihm darüber gesprochen, da ich es als nützlich empfunden hatte, wenn Rolling Thunder erfuhr, womit ich mich früher beschäftigt hatte. Einmal, weil es mir weiterhelfen könnte zu erfahren, was Rolling Thunder über bestimmte Gesichtspunkte meiner Arbeit mit Swami Rama dachte, zum anderen, weil es auch ihm helfen würde, mich und meine Arbeit klarer einzuschätzen. Und jetzt fand ich mich hier wieder, wie ich mit einem indianischen Medizinmann über die Sutras von Patanjali, die ich von einem indischen Swami gelernt hatte, sprach. Rolling Thunder schien dies alles nicht so fremd zu sein, er gab viele Kommentare dazu ab und stellte ebensoviele Fragen.

Mir wurde während dieses intensiven Gesprächs die Tiefe und Schönheit von Rolling Thunders Worten noch stärker bewußt als je zuvor. Er vermochte Sachverhalte, die für gewöhnlich mit beredsamer Ausführlichkeit umrissen wurden, in einfache und dennoch umfassende Worte zu kleiden. Dies war für mich ein wichtiger Lernprozeß, denn ich erhielt dadurch die Möglichkeit, über das bloße Erfahren von Erklärungen hinaus, zu einer Form des Begreifens vorzudringen, indem ich die gleichen Vorstellungen und Konzepte in verschiedenen Worten und Umschreibungen vermittelt bekam.

Ich erzählte Rolling Thunder, was Swami Rama über die Grundsätze von Verzicht und Ablösung gesagt hatte: "Lebe in der Welt und doch über ihr, wie die Lotusblume, die ihre Wurzeln in den Grund des Flusses treibt, ihr wahres Sein jedoch über der Oberfläche des Wassers gedeihen läßt. Genieße die Welt, aber laß niemals zu, daß die Welt dich genießt." Rolling Thunder gefielen diese Worte, er wiederholte sie laut für sich. "Das ist es, was der Swami mit Ablösung meint", sagte ich, "aber viele ernsthafte spirituelle Schüler glauben, daß sie sich den weltlichen Dingen entsagen müßten. Sie verlassen ihre Häuser, ihre Arbeitsplätze und ziehen sich in Ashrams, Höhlen oder Tempel zurück, um sich von den weltlichen Ablenkungen und Versuchungen frei zu machen, und behaupten dabei, daß der

Versuch, Enthaltsamkeit zu üben, schon in sich eine Ablenkung ist. Aber auf der anderen Seite wird der Verzicht Übende auch dann abgelenkt, wenn ihn bestimmte Bedürfnisse und Abhängigkeiten, die er in eine Ecke seines Bewußtseins gedrängt hat, nicht zur Ruhe kommen lassen."

Der Swami hatte erzählt, daß diese Debatte über den Wert von Verzicht oder Ablösung schon seit Jahrhunderten hart und eindringlich geführt wurde. Ich konnte mir gut vorstellen, auf welcher Seite sich Rolling Thunder in einem solchen Streitgespräch befinden würde. Erst vor wenigen Tagen hatte er gesagt: "Wenn wir mit unserem Dasein auf dieser Erde und all den anfallenden Problemen und Schwierigkeiten abgeschlossen haben, müssen wir nicht mehr zurückkehren, aber solange wir noch hier sind, solange wir noch auf dieser Erde wandeln, haben wir eine Aufgabe zu erfüllen und eine Bestimmung, nach der wir leben müssen, und das heißt, daß wir uns mit den Verhältnissen, in denen wir leben, auseinandersetzen müssen."

Ich erkannte, daß Rolling Thunder weder an die Notwendigkeit noch an die Möglichkeit des völligen Verzichts, der weltlichen Abkehr glaubte. Er glaubt, daß die meisten Verzicht Übenden sich selbst und auch die Mutter Erde belügen. Er glaubt, daß nur Probleme, mit denen man sich auseinandergesetzt und die man bewältigt hat, nicht mehr existent sein können; solange diese Dinge jedoch noch existieren, muß man sie entweder achten, steuern oder bewältigen – man muß sich ihnen stellen und sie nicht einfach ignorieren. Nach Rolling Thunders Ansicht schieben diejenigen, die es geschafft haben, ihre weltlichen Interessen zu verdrängen, nur etwas auf, mit dem Ergebnis, daß es oft nur zu einer ungeheueren Belastung für die Zukunft heranwächst. In jener Nacht erzählte ich ihm einige Geschichten, die ich von Swami Rama gehört hatte. Es waren Geschichten, die er sicherlich in der einen oder anderen Form schon kannte. Die letzte war die Geschichte vom Swami und der Schlange:

Im Zug nach Brindavan sitzt ein Swami neben einem ungewöhnlichen Mann aus dem Volk. Dieser fragt ihn, ob er denn wirklich zur vollkommenen Selbstbeherrschung vorgedrungen sei, wie es der Titel 'Swami' besagt.

"Ja, das bin ich", sagte der Swami.

"Und haben Sie auch den Zorn in sich besiegt?"

"Auch das ist mir gelungen."

"Wollen Sie wirklich sagen, daß Sie ihren Zorn besiegt haben?"

"Ja, das habe ich."

"Sie meinen, Ihren Zorn kontrollieren zu können?"

"Ja, das kann ich wohl."

"Und Sie verspüren niemals Zorn?"

"Nein, niemals."

"Ist das wirklich wahr, Swami?"

"Ja, das ist es."

Nach einer kurzen Pause fuhr der Mann abermals fort:

"Haben Sie wirklich das Gefühl, daß Sie ihren Zorn überwunden haben?" "Ja, wie ich schon sagte", antwortete der Swami.

"Wollen Sie also damit sagen, daß sie niemals Zorn empfinden, sogar..."

"Sie reden und reden und reden – was wollen Sie eigentlich?" rief der Swami. "Sind Sie ein Narr? Wenn ich Ihnen doch sage..."

"Oh, Swami, jetzt sind Sie aber erzürnt, Sie haben Ihren Zorn doch nicht be..." "Doch, das habe ich", unterbrach ihn der Swami. "Kennen Sie nicht die Geschichte von der mißhandelten Schlange? Ich will sie Ihnen erzählen:

'Auf einem Weg, der an einem kleinen bengalischen Dorf vorbeiführte, lebte eine Kobra, die fast alle Menschen, die zum Tempel gingen, anfiel. Als sich diese Vorfälle häuften, wurden alle Menschen sehr ängstlich, und viele weigerten sich sogar, weiterhin zum Tempel zu gehen. Der Swami, der der Meister des Tempels war, wurde sich dieses Problems bewußt und entschloß sich, dem Ganzen selbst ein Ende zu bereiten. Er ging hin, wo die Schlange lebte, und rief sie mit Hilfe eines Mantras zu sich und unterwarf sie seinem Willen.' "

Rolling Thunder, der die ganze Zeit ins Feuer gestarrt hatte, sah plötzlich zu mir auf und unterbrach mich. "Wie lautete das Mantra?"

"Hm, das weiß ich nicht. Ich glaube, daß der Wortlaut

des Mantras nicht in der Geschichte enthalten ist, zumindest hab ich ihn nie gehört."

"Erzähl weiter."

" 'Dann sagte der Swami zur Schlange, daß es unrecht sei, die Menschen, die zum Gebet in den Tempel gingen, zu beißen. Verlangte von ihr, daß sie ihm versprechen sollte, es nie wieder zu tun. Bald geschah es, daß es einem Vorübergehenden auffiel, daß die Schlange apathisch im Sand lag und gar keine Anstalten mehr machte, jemanden zu beißen. Dies sprach sich herum, und die Menschen verloren ihre Furcht vor der Schlange. Es dauerte nicht lange, bis die Dorfkinder die Schlange lachend am Schwanz hinter sich herzogen. Als der Swami eines Tages wieder vorbeikam, rief er die Schlange herbei, um nachzuprüfen, ob sie ihr Versprechen auch eingehalten hatte...' "

Wieder wurde ich von Rolling Thunder unterbrochen: "Und er hat wirklich kein Wort von dem erwähnt, wie der Swami die Schlange zu sich rief? Ich frage nur, weil mir diese Worte vielleicht vertraut sein könnten, sie ähneln sicherlich denen, die ich benutze." Rolling Thunder wartete meine Antwort, die ich ihm ohnehin schon gegeben hatte, gar nicht ab, sondern stellte einige Fragen, die den Faden der Geschichte wiederaufnahmen.

" 'Demütig und elend kroch die Schlange auf den Swami zu, der bei ihrem Anblick entsetzt ausrief: 'Du blutest ja! Wie konnte das geschehen?' Die Schlange war den Tränen sehr nah und platzte heraus, 'daß sie, seitdem sie ihm das Versprechen gegeben hatte, nur mißhandelt worden war. 'Ich hab dir gesagt, daß du nicht beißen sollst', sagte der Swami, 'aber ich habe nicht gesagt, daß du nicht mehr zischen sollst!' "

Das sollte eigentlich das Ende der Geschichte sein. Rolling Thunder starrte schweigend ins Feuer. Als er bemerkte, daß ich fertig war, überlegte er noch einen Augenblick, schaute auf und lachte. "So ist's richtig!" rief er aus. "Genau so!" Sein Gesicht wurde wieder ernst, und er schaute abermals ins Feuer, als ob er wieder angefangen hätte nachzugrübeln. Ich hatte das Gefühl, daß er an das Abholzen der Pinyon-Wälder und alle anderen Kämpfe und Streitfälle, in die er verwickelt war, dachte. Dieses 'So ist's richtig!'

schien sich auf die Schlange zu beziehen. "Es wäre wirklich interessant, dieses Mantra zu erfahren", sagte er. "Meinst du, daß Swami Rama dieses spezielle Mantra vielleicht kennt?"

"Wenn er es kennt, dann könnte ich es sicherlich herausfinden", aber ich bereute meine Worte, kaum daß ich sie ausgesprochen hatte. Würde der Swami, selbst wenn er den Wortlaut des Mantras kennt, ihn mir überhaupt verraten? Wäre es überhaupt zulässig, danach zu fragen? Selbst wenn es im Interesse von Rolling Thunder ist? Ich fragte mich, ob mir Rolling Thunder jemals sein Mantra verraten würde. Ich würde ihn ganz bestimmt nie danach fragen. Ich drehte mich zu ihm hin. Er starrte immer noch gedankenverloren ins Feuer. Die tanzenden Schatten der Flammen schienen die Falten seines Gesichts noch zu vertiefen. Ich erkannte, daß er nichts mehr zu sagen hatte.

Morgen würde ich mit ihm zum Kräutersammmeln gehen.

KAPITEL 14
ALICE SPRICHT MIT HUNDEN UND BIENEN

ALS ICH AM nächsten Tag aufwachte, war mein erster Gedanke das bevorstehende Kräutersammeln. Ich wartete den ganzen Morgen auf Rolling Thunder und Alice, aber sie kamen nicht.

An jenem Morgen brachte Richard Clemmers Hündin, Turtle, einen Wurf von fünf kleinen Hunden zur Welt. Es war ihr erster Wurf, und sie wurde nur schwer mit dieser Überraschung fertig. Sie fühlte sich zwar soweit verantwortlich, daß sie, als es heiß wurde, unter einigen schattenspendenden Büschen ein kleines Nest für ihre Jungen grub, aber am Ende nur ein Junges hineinlegte, und die anderen in der prallen Sonne zurückließ.

Mittags entdeckte ich die sterbenden Jungen und rief Anne und Richard sofort herbei. In diesem Augenblick kamen auch Rolling Thunder, Spotted Eagle und Alice im Lager an. Alice nahm die Sache sogleich in die Hand. Sie legte die Mutter und alle fünf Welpen in den Schatten eines großen Baumes und setzte die Kleinen an die Zitzen der Mutter an. Dann redete sie ernsthaft auf die Mutter ein und erklärte ihr, daß sie von nun an eine ganz neue Verantwortung zu tragen habe und daß sie für die ganze Familie zu sorgen habe. Sie versuchte, die Jungen zum Saugen anzuregen, aber es war bereits zu spät. Sie ging mit einem bewegungslosen Jungen zu Rolling Thunder und hielt es ihm hin. Er streckte seine Hand nach dem leblosen Körper aus und befühlte die Luft, die ihn umgab. "Es hat kein Leben mehr, man sollte den Körper begraben", sagte er. Dies wiederholte sich noch zweimal, aber Alice versuchte dennoch, die verbliebenen Hündchen zum Trinken zu bewegen.

Rolling Thunder rief nach Spotted Eagle und beauftragte ihn, eine oder zwei leere Schachteln mitzunehmen und am Flußufer eine größere Menge schöner, dicker Wurzeln des gelben Ampfer zu suchen. Dann rief er nach mir. "Du wolltest doch gerne beim Kräutersammeln helfen? Du kannst gleich mit Spotted Eagle mitgehen. Er geht jetzt zum Fluß hinunter." Im ersten Moment war ich ziemlich enttäuscht. Ich wollte nicht einfach Kräuter sammeln, ich wollte speziell mit Rolling Thunder Kräuter sammeln gehen. Plötzlich kam mir, wie spät es schon war – gleich Mittag –, und Indianer sammeln nie nach Sonnenuntergang. Vielleicht sollten wir in zwei Gruppen aufbrechen, um effektiver sammeln zu können. Alice überließ die Hunde Anne und Richard und brach mit Rolling Thunder alleine auf.

Der Fluß war nur wenige Schritte vom Lager entfernt. Ich war schon vorher einmal dort gewesen, aber die Geräusche und Gerüche schienen mir heute besonders intensiv zu sein, alles war lebendiger als je zuvor. Ich beobachtete Spotted Eagle, wie er große Pflanzen aus der Erde löste und fragte mich, wie die Flüsse, Berge und Wüsten wohl durch seine Augen aussahen. Er war im Kreis dieser Dinge aufgewachsen, war ein Bestandteil dieses allumfassenden Lebens und kein bloßer Beobachter wie ich. Obwohl alle Menschen früher einmal in solch einem engen Kontakt zur Natur gelebt haben, gibt es heute nur noch wenige, die so leben. Menschen, die fähig sind, in direktem Kontakt mit allem nicht-menschlichen Leben zu bleiben, trifft man heute nur noch selten.

Es war das erstemal, daß ich hier im Canyon einer 'natürlichen' Beschäftigung nachging. Es war das erstemal, daß ich den gelben Ampfer und die vielen anderen Pflanzen, die hier wuchsen, bewußt in mich aufnahm, und es war sicher auch das erstemal, daß ich empfand, daß auch sie mich wahrnahmen.

Ich wollte Näheres über den gelben Ampfer erfahren, wofür er gut war und wie er eingesetzt wurde, aber ich erinnerte mich noch rechtzeitig an die Ermahnung Rolling Thunders, niemals solche Fragen während des Sammelns zu stellen. Ich fragte mich, ob Spotted Eagle sich in einem veränderten Bewußtseinszustand befand. Er sah eigentlich aus wie immer, vielleicht nur etwas ruhiger. Abgesehen von ein paar knappen Sätzen, mit denen er mich immer wieder anwies, wie ich ihm am besten zur Hand gehen konnte, sprach er kein Wort.

Es war meine Aufgabe, die Stiele abzuschneiden, während er die Pflanzen aus der Erde zog. Nur die Wurzeln der Pflanzen wurden in die Schachtel gelegt, die leblosen Stiele und Blätter wurden am Flußufer verstreut. Als wir fertig waren, trugen wir unsere Schachteln ins Lager zurück. Ich durchbrach das lange Schweigen: "Glaubst du, daß wir genug Wurzeln haben?"

"Nein, wir müssen noch mehr suchen. Wir holen jetzt das Auto und fahren an eine andere Stelle, wo es noch mehr gibt. Die Stelle ist ziemlich weit weg, dort, in die andere Richtung." Er zeigte auf die Eisenbahnbrücke am Ende des Canyons. Er sagte, daß es dort, wo wir gerade gewesen waren, nur eine einzige Familie des gelben Ampfers gäbe. Offensichtlich hatten wir von dieser Familie schon genügend Pflanzen mitgenommen. Wir fuhren einen alten Feldweg entlang, der so ausgefahren war, daß das Auto ständig auf dem Boden aufsetzte. Der Weg führte die Böschung hinunter, ein Stück am Fluß entlang und verlief dann plötzlich ins Nichts. Ein Lastwagen war am Ende des Weges abgestellt, und wir parkten direkt dahinter. Spotted Eagle stieg aus, ich folgte ihm. Er sprach wieder kein Wort. Ein Mann mittleren Alters tauchte in der Ferne auf und kam direkt auf uns zu. Als er sich in Hörweite befand, fing er an, irgend etwas daherzureden. Spotted Eagle schwieg noch immer. Als er uns erreicht hatte, lehnte er sich gegen seinen Laster und fuhr fort, mit lauter Stimme über das verfluchte Wetter, den verfluchten Fluß und über irgend etwas Verfluchtes, das er unten am Fluß gesehen hatte, zu erzählen, aber Spotted Eagle ließ ihn reden, ohne auch nur ein Wort dazu zu sagen. Schließlich stieg er mit höflicher Miene wieder ins Auto und fuhr, nachdem ich ebenfalls wieder eingestiegen war, rückwärts zurück, über die Uferböschung, um die Kurve herum, bis zu einer Stelle hin, die breit genug war, um den Lastwagen vorbeizulassen. Wir warteten einen Augenblick, bis der Mann winkend in seinem Laster an uns vorbeifuhr. Spotted Eagle lächelte mir zu und nickte mit dem Kopf, bevor wir die Böschung bis zum Ende des Weges wieder hinunterfuhren. Die Ruhe war wiederhergestellt.

Wir waren noch nicht lange dort und hatten erst wenige Wurzeln gesammelt, als Spotted Eagle seine Schachtel und das Beil nahm und beides ins Auto zurücklegte. Ich fragte wieder, ob wir denn schon genug Wurzeln zusammen hätten, aber Spotted Eagle schwieg. Als wir wegfuhren, schaute er vom Auto aus suchend das Ufer ab. Schließlich bemerkte er, daß es hier nicht so viel Ampfer gäbe, wie er gedacht hatte. Das bedeutete, daß wir genug gesammelt hatten.

Wir fuhren ins Lager zurück und ließen die gelben Wurzeln im Auto liegen, damit Rolling Thunder sie mit nach Hause nehmen konnte. Anne und Richard versorgten noch immer das letzte Hündchen, das ihnen geblieben war. Ich lief mit Spotted Eagle die Bahngleise entlang. Er setzte sich auf eine Schiene und blickte zu den hohen Felsklippen auf der anderen Seite des Canyon hinauf.

"Ich habe von Anne gehört, daß Rolling Thunder vorhat, nach San Francisco zu fahren", sagte ich.

"Stimmt, wir wollen morgen losfahren." "Du fährst auch mit?" "Ja, ich muß fahren." "Wie lange, meinst du, werdet ihr dort bleiben?" "Er hat, glaub' ich, vor, eine Woche zu bleiben." "Ja, das hab' ich auch gehört." Ich wollte gerne mitfahren und dachte mir, daß Spotted Eagle es vielleicht irgendwie einrichten könnte. Ich erzählte ihm, daß ich es im Augenblick als Teil meiner Aufgabe sähe, an Rolling Thunders Seite zu bleiben. Ich war zwar bereit, meine Zeit und meine Pläne ganz nach Rolling Thunders Wünschen und Vorstellungen einzuteilen, aber ich hatte wirklich keine Lust, eine Woche im Lager herumzusitzen und auf ihn zu warten. "Worin besteht eigentlich deine Arbeit?" fragte mich Spotted Eagle. Ich mußte über eine Antwort erst einmal nachdenken, denn gerade in den letzten Tagen war mir der Gedanke gekommen, daß mein 'Erfolg' davon abhing, daß ich nicht so viel arrangierte und organisierte und auch nicht meine Rolle überschätzte. Als ich das erstemal mit Rolling Thunder gesprochen hatte,

hatte ich mich für alle Möglichkeiten offen gefühlt. Ich hatte keine bestimmten Fragen, kein persönliches Ziel. Gewöhnlich gelang es mir auch, diese Offenheit zu bewahren, der ruhige und unberührte Beobachter zu bleiben, der imstande war, die Augen offenzuhalten und sich alles Geschehene genau einzuprägen. Dies fiel mir besonders in Rolling Thunders Abwesenheit leicht. Aber es gab Zeiten, in denen Ungeduld in mir hochkam. Jedesmal wenn Rolling Thunder Regen erzeugte oder bei einem Heilritual einen offensichtlichen Erfolg errang, oder wenn er meine Gedanken und Fragen beantwortete, bevor ich sie überhaupt ausgesprochen hatte, jedesmal, wenn ich hörte, wie ihm der 'rollende Donner' in den Canyon hinein oder hinaus, oder aber über eine Landstraße nachfolgte, überkam mich ein starkes Gefühl der Begeisterung und Aufregung. Doch meistens folgte die Ungeduld nach; ich wollte noch mehr sehen, noch mehr erfahren. Ich fühlte mich weder herausgefordert noch bedroht und verspürte auch keine Notwendigkeit nach Erklärungen. Ich wußte, daß wirkliches Begreifen, das ich ja zu erlangen entschlossen war, nichts war, was herkömmliche geistige Prozesse erreichen konnten.

Ich hatte bereits gelernt, daß der Verstand nicht die Quelle der Einsichten ist. Er kann wohl soweit erweitert werden, daß er sich auf neue Lernvorgänge einstellen kann, aber das Lernen selbst kann er nicht bewältigen. Er unterliegt einem katalogisierenden und vergleichenden Mechanismus und kann nur das wahrnehmen, was an sich schon in ihm enthalten ist. Ich wußte, daß meine Art, Dinge wahrzunehmen und zu begreifen, noch verbessert werden konnte. Ich glaubte, daß es wirksame Lernmethoden gibt, die unter anderem in sich einschlossen, daß man weniger vertraute geistige Mittel aktivieren und entwickeln kann. Ich hatte zwar begonnen, Veränderungen in mir festzustellen, aber ich wußte, daß es noch weitaus mehr zu erkennen gab und auch bessere Wege, zur Erkenntnis zu gelangen. Wenn ich Ungeduld in mir verspürte, dann nur auf Grund meines eigenen inneren Kampfes, und doch hatte ich immer in dem Moment das Gefühl, daß die Ursache dieser Ungeduld bei der verwirrenden Vielfalt von Menschen und Ereignissen, in die ich verwickelt worden war, zu suchen sei. Ich hatte das Gefühl, daß meine Zeit begrenzt sei, und sah mich unfähig, den Gang der Ereignisse zu beeinflussen. Ich konnte Rolling Thunder nicht so begegnen, wie ich es gerne getan hätte. Es waren immer andere Leute anwesend, und unser Lager war Meilen von Rolling Thunders Haus enfernt. Er konnte im Lager auftauchen, wann immer er wollte, aber ich konnte nie zu ihm gehen, ohne mich vorher mit anderen abzusprechen.

Aber irgendwie schaffte ich es immer, diese Augenblicke der Ungeduld zu überwinden. Ich wußte, daß diese indianischen und ökologischen Fragen in direktem Zusammenhang mit Menschlichkeit und Natur standen, und das waren genau die Dinge, über die ich mehr erfahren wollte. Ich war nicht nur ernsthaft interessiert, sondern ich war mir auch meiner unmittelbaren Beteiligung bewußt; die ganze Situation hing teilweise sogar allein von meinem Zutun ab. Anteilnahme war der erste Schritt zu einem neuen Begreifen hin. Das war Rolling Thunders Geheimnis, Regen zu machen. Ich begriff, daß die traditionelle indianische Philosophie das menschliche Leben als einen Teil des Naturprozesses betrachtet und daß jedes Individuum als eine vollständige mikrokosmische Abbildung des Universums verstanden wird.

Rolling Thunder hatte mir bei verschiedenen Gelegenheiten von dem Kampf der spirituellen Kräfte erzählt, dem Kampf zwischen den Kräften des Lichts und den Kräften der Finsternis. Er hatte davon erzählt, daß die Erde ein Wesen sei, ein Individuum mit einer angeschlagenen Gesundheit. Dies spiegelt sich unmittelbar in der Zersplitterung der Völker, auch der Indianer wider. Rolling Thunder stand der wachsenden Zahl traditioneller Indianer sehr optimistisch gegenüber. Viele Indianer wandten sich den alten Traditionen wieder zu. Viele junge Anhänger eines 'neuen Zeitalters' entwickelten ein neues Bewußtsein gegenüber der indianischen Lebensweise. Diese jungen Menschen könnten gemeinsam mit den Indianern den gegenwärtigen Prozeß der Verschmutzung, Ausbeutung und Zerstörung der Natur abwenden. Im Verlaufe dieser Bemühungen würden die spirituellen Kräfte, die den Indianern schon immer vertraut gewesen sind, zu Land und Menschen zurückfinden. Ich mußte begreifen lernen, daß diese Dinge in Wechselbeziehung zueinander standen. Ich wollte lernen, inwieweit die spirituellen Kräfte der Indianer auch natürliche Kräfte sind, und wie man durch sorgsame Behandlung und Kommunikation mit der Natur diese Kräfte für sich erwerben kann. Ich wollte erfahren, wie junge Menschen mit der Ökologiebewegung und ihrem bewußten Bezug zum Leben mithalfen, neue Verhätnisse zu schaffen, aus denen diese spirituellen Kräfte erwachsen könnten.

Schließlich fand ich eine Antwort auf Spotted Eagles Frage: "Ich glaube, daß meine Arbeit von dem abhängt, was dein Vater als meine Arbeit betrachtet." Spotted Eagle dachte einen Augenblick nach. "Hm, ja, das ist vermutlich richtig." Immer noch schaute er zu den Klippen hinauf und beobachtete die großen Vögel, die ihre endlosen Kreise zogen. Nachdem ich erkannte, was diese einfache Frage in mir ausgelöst hatte, empfand ich plötzlich eine ganz neue Art des Vertrauens zu Spotted Eagle, die es mir erleichterte weiterzureden. Ich erzählte von der Menninger Foundation, von mir, von unserem Forschungsprojekt und über unser psychophysiologisches Labor. Ich erzählte von meiner Zeit in Korea und von meinen Studien mit Swami Rama und anderen fernöstlichen Lehrern. Ich erzählte, was mich veranlaßt hatte, Rolling Thunder aufzusuchen.

Unser Gespräch schien Spotted Eagle anzuregen. Sobald ich aufgehört hatte, fiel er begeistert ein: "Ich würde am liebsten die ganze Welt bereisen, viele neue Menschen kennenlernen und neue Dinge lernen. Ich würde gerne mit den unterschiedlichsten Leuten quatschen. Wo ich auch hinfahre..." Er brach plötzlich mitten im Satz ab. Mir war nicht ganz klar, warum. Er schwieg, als ob er über seine Wünsche und Sehnsüchte nachdächte, oder darüber, ob er sie überhaupt aussprechen sollte. Plötzlich sagte er: "Mir fällt gerade was ein. Ich muß Alices Zelt noch abbauen. Muß mich beeilen. Sie werden in ein paar Minuten zurück sein, und ich sollte eigentlich ihr ganzes Zeug verstaut haben, wenn sie zurückkommt. Sie muß nämlich heute noch nach Salt Lake City zurück."

Das Zelt war bereits abgebaut und fast fertig zusammengelegt, als Rolling Thunder mit Alice ins Lager einfuhr. Spotted Eagle lief ins Hauptzelt, um Alices Campingstühle und ihren 'Coleman'-Ofen zu holen. Alice kam mit grossen Schritten aufgeregt auf mich zu. "Ich bin gleich so weit", sagte ich. "Nein, wart' einen Augenblick, ich muß dir was erzählen. Ich hab' da oben etwas Irrsinniges erlebt, und ich muß dir unbedingt alles erzählen. Ohne Rolling Thunder wäre das nie möglich gewesen, aber ich hab' tatsächlich mit Bienen gesprochen. Ich hab' wirklich mit ihnen geredet, und sie haben mich auch verstanden." Sie brach plötzlich ab. "Warum bist du übrigens nicht mitgekommen, du wolltest uns doch begleiten?"

"Ja, ich war mit Spotted Eagle unterwegs." Sie schien nachzudenken und sich an Rolling Thunders Worte zu erinnern. "Ach so", sagte sie, "aber ich will dir noch was erzählen. Ich sollte es dir nämlich als erstem sagen." Sie war völlig aufgeregt. "Das hat mir Rolling Thunder auf der Rückfahrt gesagt. Er sagte: 'Erzähl das Ganze zuerst Doug und schreib dir dann alles auf.' Er hat gesagt, daß du über all das schreiben sollst, was mit dem Verstand und dem Bewußtsein zu tun hat, und ich soll über die Tiere und über die Wildnis schreiben. Ist es das, was du zur Zeit machst?"

"Hm, ja, so in etwa," antwortete ich.

"Nun, das solltest du auch tun. Auf alle Fälle sind wir heute in die Nähe der alten Ranch gefahren, um nach weissem Andorn zu suchen. Rolling Thunder wußte genau, wo die Pflanzen standen. Er war einverstanden, sie mir zu zeigen, weil er wußte, daß ich dringend welche brauchte. Sobald wir dort ankamen, brachte Rolling Thunder sein Gebet und seine Opfergabe dar. Dann sah ich, daß die Pflanzen über und über mit Bienen bedeckt waren. Ich habe eine Todesangst vor Bienen; ich bekomm' schon Angst, wenn ich sie nur anschaue und ich werd' natürlich auch jedesmal gestochen. Ich hatte also keine Ahnung, was ich machen sollte. Ich wollte schon wieder gehen, da fing Rolling Thunder an, mir zuzureden. Er war so freundlich und einfühlsam. Er spürte, ohne daß ich auch nur ein Wort sagen mußte, was in mir vorging. Er versicherte mir, daß ich in Wirklichkeit gar keine Angst vor Tieren oder anderen Lebewesen hätte, daß ich mir diese Angst nur einbildete. Er erinnerte mich daran, wie sehr ich Tiere immer geliebt und in meiner Kindheit auf meiner elterlichen Farm umsorgt hatte.

Er sagte mir, daß Furcht vor irgendeinem Lebewesen nur Folge eines Mißverständnisses sei. Er sagte: 'Alice, ich möchte, daß du jetzt mit den Bienen sprichst. Ich hab' gesehen, wie du vorhin mit den Hunden geredet hast. Du hast ihnen genau die richtigen Worte im richtigen Moment gesagt. Wenn du mit den Hunden so reden kannst, dann kannst du es auch mit den Bienen, und sie werden dich verstehen. Sie werden zwar nicht die englischen Worte verstehen, aber doch die Bedeutung, die hinter ihnen steht.'

Er sagte mir also, was ich den Bienen sagen sollte. Ich sollte sie fragen, ob sie bereit seien, die Pflanzen mit mir zu teilen. Ich sollte ihnen versichern, daß ich ihnen kein Leid zufügen würde, daß ich die Pflanzen für medizinische Zwecke bräuchte und daß ich genügend Pflanzen für die Bienen und für die Samen vom kommenden Jahr übriglassen würde. Er sagte, daß ich das alles laut und deutlich vorbringen sollte. Er würde hinter mir sitzen und meine Stimme hören wollen. Ich hab' es also genauso gemacht, wie er mir gesagt hat, und stell dir vor – die Bienen haben mich tatsächlich verstanden und sind weggerückt. Ich kann dir gar nicht sagen, was für ein Gefühl mich in dem Moment überkam. Alle Bienen, die ich nur anschaute, rückten zum hinteren Teil der Pflanze zusammen. Ich nahm nur die vordere Hälfte, dann ging ich zur nächsten Pflanze und das gleiche wiederholte sich. Als sich die Bienen auf einer Pflanze wegbewegten und ich zu schneiden anfing, gaben sie einen merkwürdigen Summton von sich. Ich hatte das Gefühl, daß sie mir etwas sagen wollten, daß sie mir vielleicht sagen wollten, daß ich aufhören sollte, und ich verstand sie. Ich sah zu Rolling Thunder hin und er sagte: 'Siehst du? Ihr habt euch geeinigt zu teilen, und jetzt schneidest du zu weit zurück. Sie erwarten, daß du zu deinen Worten stehst.' Ich schnitt also sorgfältig nur die vordere Hälfte ab. Dann kam Rolling Thunder auf mich zu." Sie machte eine Pause und schien wieder völlig aufgeregt zu sein. "Und er sagte, daß dies ein Geschenk des Großen Geistes sei!" Sie drehte sich unvermittelt um und ging den Weg genauso eilig zurück, wie sie gekommen war.

Ich legte das Zelt noch fertig zusammen und ging dann zu den Bahnschienen hinunter, um etwas alleine sein zu können und zu den Felsen hinaufzuschauen. Die großen Falken zogen noch immer ihre Kreise.

Gestern abend hatte Rolling Thunder über Kommunikationsmöglichkeiten mit Pflanzen gesprochen, wie man sie beispielsweise durch Singen beeinflußen kann. Er hatte mir gesagt, daß er mir Informationen darüber für die Menninger Foundation mitgeben könne. Jetzt würde ich auch berichten können, wie Alice mit den Bienen und die Bienen mit Alice gesprochen hatten. Diese Geschichte würde zweifellos von seiten der Forscher auf einigen Unglauben stoßen. Schließlich konnte die Frage der Kommunikation mit Bienen (oder irgendeinem anderen Teil der Natur) kaum etwas mit 'Wissenschaft' zu tun haben. Der Vorfall würde vermutlich nicht ernst genommen werden, sobald ich zugab, daß ich ihn nicht persönlich miterlebt hatte. Natürlich hatte das Ganze sich nicht ereignet, damit irgend etwas bewiesen werden konnte. Als Rolling Thunder mit Alice über meine Aufzeichnungen gesprochen hatte, wußte ich genau, daß es ihm nicht darum ging, irgendwelchen Forschern und Wissenschaftlern Beweismaterial zukommen zu lassen. Er wollte vielmehr unter Menschen, die bereit waren, darauf einzugehen, neue Gedanken und Aspekte verbreiten. Es ging nicht darum, etwas zu beweisen, es ging darum, mit Bienen reden zu können, es ging darum zu zeigen, wie leicht das sein konnte, und daß es etwas war, was jeder versuchen könnte. Es war außerdem ein gutes Beispiel dafür, in was für einer heiklen Lage sich die moderne Wissenschaft befindet, die das Ganze einfach als unzureichend belegbar abtun würde. Aber wie lange würde es noch dauern, bis eine solche Kommunikation mit Dingen der Natur, trotz ihrer 'Unwissenschaftlichkeit', eine breite Anwendung finden würde?

Als ich nach etwa 10 Jahren aus Korea zurückgekehrt war, war ich überrascht gewesen über die Anfänge eines Prozesses, der die Rollen des Orients und des Okzidents zu vertauschen schien. Die westliche Welt hatte plötzlich angefangen, sich den östlichen Werten anzunähern. Diesen Wandel spürte ich um so mehr, als ich in meiner Arbeit genau mit der entgegengesetzten Entwicklung konfrontiert worden war. Ich hatte den Bewohnern des Ostens die westliche Kultur nähergebracht und hatte damit Vorschub für die Verwestlichung des Orients geleistet. Bei meiner Arbeit mit Swami Rama wurden die Rollen dann wieder vertauscht, ich beteiligte mich unmittelbar daran, den westlichen Wissenschaftlern die Ideen des Ostens zu vermitteln. Ich fragte mich, ob der Tag wohl kommen würde, an dem ähnliche Dinge, wie sie der Swami beschrieben hatte, an dem beispielsweise die Unterhaltung mit einem wilden Tiger auf den verschneiten Pfaden des Himalaya, auch bei uns möglich sein würden. Das Sprechen mit Hunden, Bienen und Pflanzen schien mir ein guter Anfang zu sein.

Ich hatte das Gefühl, daß ich allmählich in der Lage war, einen Vergleich zwischen Rolling Thunder und Swami Rama in Worten auszudrücken. Ich konnte einen grundlegenden Unterschied in der Vermittlungsweise ihres Wissens feststellen. Swami Ramas Arbeit zielt mehr darauf ab, in die inneren Sphären des Geistes vorzudringen, die Aufmerksamkeit von der äußeren Welt abzuwenden. "Schalte deine Sinne aus!" Auf diese Weise identifiziert man sich mit dem inneren Ich – dem Aman, dem kosmischen Bewußtsein. Rolling Thunders Methode ist es hingegen, mehr nach außen zu gehen, die Sinne zu schärfen, die äußere Welt zu erfassen. In jedem einzelnen Stadium seiner Entwicklung arbeitet der Mensch von außen nach innen, ähnlich auch im Prozess der Selbstreinigung. Der Mensch lebt in der Natur und ist ein Teil von ihr – ein mikrokosmisches Abbild des Universums, das ihn umgibt. Durch eine wechselseitige Beziehung zu seiner Umwelt lernt der Mensch die natürliche Welt und seine eigene Natur kennen. Er wird eins mit der Natur, mit sich, mit dem Großen Geist. Ich hatte miterlebt, wie Swami Rama seinen Atem und seinen Puls steuern konnte. Ich hatte gesehen, wie Rolling Thunder das Wetter steuern konnte. Beides war vielleicht nur eine unterschiedliche Ausdrucksform der gleichen Selbsterkenntnis.

Erst vor kurzem hatte ich über die Wiedergeburt der indianischen Traditionen, die Rückkehr der spirituellen Kräfte und über die Menschen des 'neuen Zeitalters' –

die 'neuen' Indianer – nachgedacht, die eine Grundlage für etwas ganz Neues schufen. Diese Menschen waren die Träger dessen, was ich als 'Veröstlichung' des Westens bezeichne. Ihre Entwicklung wurde von den Yogis, Swamis, Lamas und Mönchen mitgebracht, die im Laufe der letzten Jahre von den vier Ecken der Erde zusammengekommen waren, um neue Gedanken und Einsichten zu erlangen. Einsichten über eine Lebensweise, die stärker in der Realität, in der wirklichen Natur der Dinge wurzelt, als alles, was die westliche Gesellschaft anzubieten hat. Hier im Lande der Shoshone entdeckte ich, daß die Weisheit, die diese Heiligen und Wissenden von so weither zu uns gebracht haben, schon immer zum Allgemeinwissen der eingeborenen Bewohner dieses Landes gehört hat und nicht nur diesen Weisen des Ostens, sondern auch den Pionieren, den Automobilen und der modernen Wissenschaft vorausgegangen ist.

Während ich den Canyon überblickte, konnte ich mir in Gedanken den Tag vorstellen, an dem dieser Prozess abgeschlossen sein würde und eine dauerhafte Kommunikation zwischen allen Formen des Lebens auf diesem Planeten bestehen würde. Ich betrachtete die Vögel, die die Berge umkreisten, und dachte über die Aussicht nach, mit ihnen eines Tages vielleicht Gedanken austauschen zu können.

KAPITEL 15
KRÄUTERSAMMELN

ALICE FLOTO LIESS uns alle Lebensmittel zurück, die sie bei ihrer Ankunft mitgebracht hatte: Honig, Marmelade, Konserven, frisches Obst und Gemüse. "Ich weiß, daß ihr drei das alles ganz gut brauchen könnt", sagte sie, "und ihr wart alle so unwahrscheinlich nett zu mir."

Nach einem herzlichen Abschied fuhren die zwei Autos aus dem Canyon hinaus in Richtung Carlin; Rolling Thunder und Alice im roten 'Falcon' und Spotted Eagle, der im schwarz-roten 'Camaro' seines Vaters nachfolgte. Anne Haberton, Richard Clemmer und ich blieben alleine im Lager zurück. Mit Einbruch der Dämmerung senkte sich eine wundervoll friedliche Stimmung auf den Canyon, während wir für das abendliche Lagerfeuer vorsorgten.

Als wir gerade mit dem Abendessen fertig waren, hörten wir ein Auto den Berg heraufkommen. Es war schon völlig dunkel und wir konnten nur den Widerschein der am Himmel aufleuchtenden Scheinwerfer sehen, während das Auto langsam die kurvenreichte Straße hochfuhr. Bald erkannten wir den Camaro, und als er in das Lager eingefahren war, stieg Spotted Eagle aus. Er war gekommen, um mich zu holen.

"Vater und Alice gehen heute nacht zu den heißen Quellen und dachten, daß du vielleicht gerne mitkommen würdest. Ich soll dich abholen, wenn du willst." "Heißt das, daß Alice noch nicht weggefahren ist?" "Nein, sie wird erst morgen abreisen. Vater meint nämlich, daß sie noch vor ihrer Abfahrt zu den heißen Quellen gehen sollte — und heute ist eine gute Nacht dafür." "Gut, ich komm' mit."

Wir saßen im dampfenden Wasser und schauten andächtig in die Dunkelheit der Nacht hinaus. Die Zeit war wie schon einmal zum Stehen gekommen. Rolling Thunder, Alice und ich waren wortlos über das dunkle Feld gegangen, hatten unsere Kleider am Ufer abgelegt und waren lautlos ins Wasser geglitten. Dann hatte Rolling Thunder das Schweigen durchbrochen: "Alice, komm' hier rüber, wo das Wasser tiefer ist. Geh' so weit rein, bis dir das Wasser zum Hals reicht. Such' dir eine warme Stelle und bleib' dort stehen!"

Die Nacht war wieder völlig klar, ich konnte jeden einzelnen Stern deutlich sehen. Einige schienen unentwegt ihre Farbe zu wechseln, von Grün auf Blau, von Blau auf Rot und wieder zurück auf Grün. Die Heilkraft dieser Quelle hatte mich wieder gefangengenommen. Bei diesem zweiten Besuch schienen Körper und Gedanken unmittelbar zum Stehen zu kommen, während mein Geist emporstieg, bis weit hinter die Sterne. Ich erkannte in meinem veränderten Zustand das frische, befreiende Gefühl der transzendierenden Bewegung – das Überschreiten der Vielzahl körperlicher Empfindungen, nervöser Reaktionen und Impulse, all der geschäftigen, niemals versiegenden Gedanken eines arbeits-, vergnügungs- und sorgenreichen Alltags, die unentwegt durch den Kopf schießen. Dieses Überschreiten des Körpers und Verstandes war jedoch kein Gefühl des Wegtretens, der Benommenheit, sondern der Wachheit. Die Vorstufen zur Meditation können innerhalb dieses äußeren Rahmens schnell erreicht werden. Swami Rama pflegte immer zu Beginn seiner Sitzungen zu sagen: "Schalte deine Sinne aus!" Vielleicht halfen die Elemente, die Agenten des Reinigungsprozesses, die Sinne auszuschalten. Die klare, lautlose Nacht, die unzähligen Sterne, die friedlichen Felder, die sich bis zu den Bergen hinaufzogen, dieser Bach mit seinem schlammigen Grund, der den Körper umschloß, die ziehende Hitze des Schlamms und des Wassers, die Gase, der starke mineralische Geruch, der den ganzen Geist durchdrang – all diese Elemente wirkten zusammen, um eine kraftvolle Veränderung des inneren Ich hervorzurufen.

Ich fühlte mich über einen längeren Zeitraum hin zugleich ruhig und wachsam. Ich hatte jegliches Gefühl für Zeit verloren. Plötzlich schoß mir jedoch ein Gedanke durch den Kopf, der mit einem Mal meine ganze Aufmerksamkeit in Beschlag nahm: Entweder würde ich morgen nach San Francisco mitfahren können oder Rolling Thunder würde ohne mich fahren und mich im Lager zurücklassen. "Jetzt ist wirklich nicht die richtige Zeit für solche Überlegungen", ermahnte ich mich selbst. Dann wurde ich mir eines merkwürdigen Phänomens bewußt, das ich schon einmal durchlebt hatte. Ich beobachtete mich selbst und sah keine geschlossene, einzige Person, sondern mehrere Individuen, eine Vielzahl von verschiedenen Personen, von denen jede ihren eigenen Willen besaß. Die eine drängte: "Ach ja, richtig, ich muß mich darum kümmern, daß ich nach San Francisco mitfahren kann. Fast hätte ich es vergessen!" Eine andere, etwas ruhigere und einsichtigere Person mahnte: "Sei still! Konzentriere dich auf die Reinigung. Jetzt ist nicht die Zeit, um sich über solche Dinge Gedanken zu machen." Nach einer kurzen Pause ging es wieder los. "Du wirst noch genug Zeit haben, um mit Rolling Thunder über die Fahrt nach San Francisco zu sprechen. Halt' dich solange ruhig. Wenn du nicht aufhörst, werde ich dich so lange ignorieren, bis du verschwindest." Ein anderes Ich bemerkte: "Du kanst auch nicht mehr aufhören." Eine vierte Person sah gelassen auf die anderen herab, sagte nichts, dachte nichts, beobachtete nur, wie man spielenden Kindern zuschaut. Mein fünftes Ich richtete hingegen sein ganzes Bewußtsein auf die Felsen, Berge und Sterne.

Als Rolling Thunder aus dem dampfenden Bach herauskroch, folgten wir ihm nach. Wir blieben lange Zeit schweigend am Ufer liegen. Diese Nacht vermittelte ähnliche Gefühle, wie sie einen in einem Altweibersommer überkommen können. Es gibt in einer solchen Nacht nichts Schöneres, als nackt am Ufer einer Heilquelle, gebettet im weichen Gras der Wiesen, unter einem unendlichen Sternenhimmel, still und ruhig dazuliegen und in den sanften Brisen des nächtlichen Windes zu trocknen. Ich hätte noch stundenlang so liegenbleiben können.

Rolling Thunder ging zu unseren Kleidern zurück, zurück in ein alltägliches Bewußtsein. Ich folgte ihm. Ich fühlte mich belebt und zugleich gekräftigt. Ich verspürte den tiefen Wunsch in mir, mit Rolling Thunder nach San Francisco zu fahren, aber es schien im Moment keine Möglichkeit zu geben, ihn darauf anzusprechen. Auf der Heimfahrt erhoffte ich mir eine Chance, mit ihm über die kommende Woche zu sprechen, aber ich war unfähig, diese Stille zu zerstören, eine Stille, die jeden Satz, den ich mir in Gedanken zurechtlegte, plump und unpassend erscheinen ließ. Wie konnte ich etwas sagen, wenn in dieser Nacht noch kein einziges Wort gefallen war? Wir waren gerade am Aufbrechen. Ein kurzer Wortwechsel zwischen Rolling Thunder und Alice über ein zweites Handtuch durchbrach die Stille und bot mir endlich eine Möglichkeit, meinen Wunsch vorzutragen. "Rolling Thunder, ich ..." "Ich hab' mir gedacht, daß du morgen mitkommen könntest. Spotted Eagle wird dich in der Früh abholen." "Gut, das ist prima!" In nicht einmal zehn Sekunden war alles geregelt. Ich hatte im Bach ein inneres Gespräch geführt, und Rolling Thunder hatte es offenbar mitgehört.

Ich wachte am nächsten Morgen noch vor Sonnenaufgang auf. Ich hatte zwar nur wenig geschlafen, fühlte mich aber dennoch völlig ausgeruht.

Ich wusch mich, zog mich an und packte alles zusammen, was ich nach San Francisco mitnehmen wollte. Ich hatte die ganze Zeit Rolling Thunders Schlafsack benutzt und rollte ihn jetzt zusammen, um ihn zurückgeben zu können. Ich wollte mir in San Francisco einen neuen besorgen. Ich wartete auf Spotted Eagle. Ich sollte noch lange, sehr lange warten. Anne und Richard standen auf, wir frühstückten gemeinsam. Die Sonne bewegte sich langsam die ganze Länge des Canyons entlang, stieg über uns in Richtung der welligen, grasbewachsenen Berge auf. Wir aßen zu Mittag. Ich legte mich auf eine Matratze und beobachtete durch die Äste eines hohen Baumes die vorbeiziehenden Wolken, bis mir die Augen zufielen. Ich schlief noch, als der 'Camaro' endlich ins Lager einfuhr. Es war bereits Nachmittag. Ich verstaute meine Sachen im Wagen, wir fuhren los.

Spotted Eagle erklärte mir, daß es ihm sehr leid täte, daß er nicht pünktlich zur vereinbarten Zeit gekommen war. Sein Vater war spät aufgestanden und hatte ziemlich schlimme Zahnschmerzen. Er bezweifelte, daß wir noch vor Einbruch der Dunkelheit wegkommen würden. Im Grunde war ich weder überrascht noch verärgert über die Verzögerung. Ich hatte gelernt, daß es mit Rolling Thunder keine Verzögerungen gab, nur den richtigen Zeitpunkt für alles. Richard Clemmer hatte beim Mittagessen bemerkt, daß sich Rolling Thunder so zu bewegen schien, als ob "der große Geist ihn führte". Ich stand nun schon lange in engem Kontakt mit ihm und konnte diesen Eindruck nur bestätigen. Was mich jedoch sehr überraschte, war die Tatsache, daß Rolling Thunder Zahnschmerzen haben sollte. Es war irgendwie schwierig, sich vorzustellen, daß Rolling Thunder an einem ganz gewöhnlichen Zahnschmerz litt. Während der letzten paar Tage hatte mich ein ständiges Niesen – oder vielmehr ein Niesenmüssen, aber nichtkönnen – und ewig juckende und tränende Augen geplagt. Als ich heute morgen auf Spotted Eagle gewartet hatte, hatte ich mich entschlossen, Rolling Thunder über meine Beschwerden zu befragen. Ich konnte ihm jedoch unmöglich mit meinen eigenen Problemen kommen, wenn er selbst unter Schmerzen litt.

Wir brauchten keine halbe Stunde bis Carlin. Brandy, der Berhardiner, begrüßte uns wie immer, indem er freudig seinen Schwanz im Staub auf- und niederschlug. Der einfachste Weg, um ins Haus zu gelangen, war, über diesen traurig dreinblickenden, ewig sabbernden Hund zu steigen, der sein halbes Leben auf der Türschwelle zubrachte.

Rolling Thunder und Spotted Fawn saßen im Wohnzimmer, als wir ins Haus kamen. Spotted Fawn stand bei unserem Eintreten auf, um mir eine Tasse Kaffee aus der Küche zu holen. Sie hatte immer eine große Kanne dampfenden Kaffee und meistens auch einen frischen Hühner- oder Rindereintopf in der Küche auf dem Herd stehen. Spotted Fawn fütterte unentwegt irgendwelche Leute durch, als wäre es ein Teil ihrer Lebensaufgabe. Sie hatte etwas an sich, das es zu einer unendlichen Freude machte, auch nur eine Tasse Kaffee von ihr entgegenzunehmen.

Ich unterhielt mich schon eine ganze Weile mit Rolling Thunder, als er beiläufig erwähnte, daß er unter starken Zahnschmerzen litt. Ich hatte sie schon fast vergessen gehabt, da man ihm äußerlich nichts anmerkte.

"Diese Sache interessiert mich", sagte Rolling Thunder und meinte offensichtlich den Schmerz. "Das ist manchmal der Preis, den man für etwas zahlen muß. Nichts ist umsonst. Ich kann mir alles selbst aussuchen und muß manchmal schwer dafür bezahlen."

Er drückte sich nicht genauer aus, und ich stellte mir vor, daß er vielleicht eine Heilung durchgeführt hatte oder eine Konfrontation, einen Willenskampf, wie er es nannte, gehabt hatte. Ich fühlte, daß es nicht angebracht war nachzufragen. Rolling Thunder war nicht daran interessiert, mir Details dieses Ereignisses zukommen zu lassen, er wollte mir den Kern eines Prinzips vermitteln.

Er betrachtete mich und wiederholte: "Nichts ist umsonst, alles hat seinen Preis."

"Mich interessiert es auch, wie man mit solchen Dingen umgehen kann", fuhr er fort, "jede Krankheit und jeder Schmerz hat seinen Ursprung, und das ist meistens der Preis, den man entweder für etwas in der Vergangenheit oder aber in der Zukunft bezahlen muß. Aber das heißt natürlich nicht, daß wir nichts gegen Krankheit und Schmerzen unternehmen sollen. Das Wichtigste ist es, die Zusammenhänge zu erkennen. Moderne Ärzte – zumindest die meisten – scheinen das nicht zu begreifen. Es ist die Aufgabe des Medizinmannes, sich in diese Zusammenhänge Einblick zu verschaffen. Wir wissen, daß alles Folge des einen und Ursache von etwas Neuem ist, also eine sich fortsetzende Kette von Ereignissen. Man kann sich nicht einfach dieser ganzen Kette entziehen. Manchmal muß eine Krankheit oder ein Schmerz entstehen, um den bestmöglichen Preis für etwas bezahlen zu können. Wenn man sich nun der Krankheit einfach entledigt, wird der Preis steigen. Die betroffene Person wird das vielleicht selbst nicht erkennen, aber ihr geistiges Ich weiß darum. Das ist auch der Grund, warum wir uns drei Tage lang mit einem Fall beschäftigen, bevor wir ihn übernehmen, und warum wir uns auch manchmal weigern, ihn zu übernehmen.

Er hielt einen Augenblick inne, sah sich um, und rief nach Spotted Eagle. Niemand antwortete.

"Physische Beschwerden können alle möglichen Ursachen haben, gute und schlechte, wie wir sagen würden, aber sie setzen alle auf der spirituellen Ebene ein. Eine Infektion kann man auch als eine spirituelle Verunreinigung bezeichnen. Was sich im Körper abspielt, ist nicht das Wesentliche, deshalb verlangt die Fähigkeit zu heilen mehr als nur das bloße Wissen um den Körper. Wenn der moderne Arzt einen Kranken behandelt, sieht er nur die Krankheit und nicht den Menschen. Wenn also der Arzt nicht wirklich erkennt, was in seinem Patienten abläuft, wo das wirkliche Problem liegt, wenn er dann dem Patienten irgendwelche schmerzlindernde Medikamente verschreibt oder ein krankes Organ oder Glied einfach wegschneidet und in den Müll wirft, dann ist das nur vertane Mühe und hat ganz gewiß nichts mit Heilen zu tun.

"Auf alle Fälle interessiere ich mich sehr für die Ursachen und Folgen von Schmerzen und wie man sie mit natürlichen Mitteln bekämpfen oder erleichtern kann. Es gibt die unterschiedlichsten spirituellen Bedingungen. Jede Materie innerhalb der Natur ist gleichzeitig ein spirituelles Wesen in einer spirituellen Natur. Deshalb können diese Dinge auch als spirituelle Helfer eingesetzt werden. Es gibt Wege, diese Helfer herauszufinden und zu begreifen, wie sie zusammengesetzt sind – und zwar nicht nur in ihrer chemischen Zusammensetzung. Ich kann z. B. eine bestimmte Pflanze in die Hand nehmen, auch eine, die ich noch nie vorher gesehen habe, und ihr Wesen, ihre äußere und innere Zusammensetzung verstehen."

Wieder sah er sich um und rief noch lauter als vorher: "Mala!" Spotted Eagle kam. "Hol' mir bitte aus meinem Kräuterkeller ein paar leere Kartons und einige Messer und verstau' das Ganze im Auto." Dann wandte er sich wieder mir zu. "Dachte, wir könnten ein paar Meilen östlich von hier in die Berge fahren und etwas gute Medizin holen." "Einverstanden", sagte ich.

Wir fuhren auf der Hauptstraße nach Osten und waren etwa eine Viertelstunde unterwegs, als Spotted Eagle an den Straßenrand fuhr und das Auto so weit wie möglich von der Straße abstellte. Zu dritt stiegen wir mit unseren Schachteln und Messern in die Berge auf. "Wir wollen keine Schlangen verletzen, paßt also gut auf, wo ihr hintretet", ermahnte uns Rolling Thunder. In der Wüste von Nevada erscheint einem alles viel näher, als es in Wirklichkeit ist, deshalb bildete ich mir ein, ewig unterwegs gewesen zu sein, als Rolling Thunder endlich stehenblieb. Wir befanden uns inmitten stachelig aussehender Pflanzen mit unendlich vielen Blättern, die an diesem Fleck sehr dicht wuchsen. Rolling Thunder schaute sie sich an. Manche betrachtete er mit zusammengekniffenen Augen und berührte sie, als wollte er sie auf ihre Qualität hin prüfen. Schließlich ging er zu einer ganzen Gruppe von Pflanzen, betrachtete sie einen Augenblick, drehte ihnen den Rücken zu und schaute zum Himmel. Er nahm etwas aus seiner Hosentache und hielt es in seiner halbgeschlossenen Hand vor sein Gesicht, während seine Lippen anfingen, sich lautlos zu bewegen. Ich wußte nicht, ob es angebracht war, ihm zuzusehen. Ich drehte meinen Kopf weg. Spotted Eagle sah ebenfalls weg, er schien in die Luft zu starren. Aus den Augenwinkeln heraus sah ich, wie Rolling Thunder sich wieder umdrehte und den fremden Gegenstand in die Sonne hielt. Dann drehte er sich zu den Pflanzen hin. Ich beobachtete, wie er sich bückte und seine Hand unter einer der Pflanzen ausschüttelte, aber ich versuchte, nicht zu erkennen, was er hingelegt hatte. Er wandte sich zu Spotted Eagle und deutete zum Berg hin. Spotted Eagle sah seinen Vater an, blinzelte ihm zu und nickte mit dem Kopf. Rolling Thunder schaute zu mir und deutete auf die Pflanze hinter ihm. Er lächelte und flüsterte mir so leise zu, daß ich erst einmal nachdenken mußte, um seine Worte zu begreifen: "Das ist der Häuptling."

Irgendwie brachten wir unsere Arbeit völlig wortlos hinter uns. Meine Aufgabe war es, immer wieder einen Armvoll abgeschnittener Pflanzen wegzubringen und über einen Stacheldrahtzaun, unter dem wir auf unserem Hinweg durchgekrochen waren, fallen zu lassen. Jedesmal, wenn ich den Berg hinab- oder hinaufging, kam ich an jener besonderen Pflanze vorbei. Ich sah sie an und wußte, daß sie der Häuptling war. Ich wußte das zwar, aber ich hatte eigentlich keine Ahnung, was das zu bedeuten hatte. Wodurch unterschied sich diese Pflanze von den anderen? Hatte sie irgendwelche Besonderheiten, die die anderen nicht besaßen? Ich fragte mich, ob die Pflanzen, insbesondere dieser Häuptling, sich unserer Anwesenheit bewußt waren. Meine Gefühle bejahten diese Frage, aber ich wußte dennoch nicht, wie dieses Bewußtsein aussah. Jemand hatte mir einmal gesagt: "Alles Leben hat Bewußtsein, aber es ist sich dessen nicht immer bewußt." Ich wußte nicht, welche Art von Bewußtsein diese Pflanzen besaßen, wie das Leben in ihnen aussah oder wie ich dieses Leben empfinden würde, wenn ich es sehen könnte. Je öfter ich an diesem Häuptling vorbeiging, desto stärker wurde mein Bedürfnis, auf diese Fragen eine Antwort zu finden. Nach etwa einer halben Stunde krochen wir wieder unter dem Stacheldrahtzaun durch, legten die Pflanzen in die Schachteln und gingen zum Auto zurück. Es war eine schöne Stunde gewesen, die wir in völliger Stille auf dem sonnenumstrahlten Abhang des Berges verbracht hatten. Wieder einmal hatte ich durch Rolling Thunder das Gefühl vermittelt bekommen, in etwas verwickelt zu sein, das weitaus realer war, als meine sonstige 'Wirklichkeit'.

Als wir zum Wagen kamen, sah Rolling Thunder, daß wir einen platten Reifen hatten. Er schien in keiner Weise überrascht zu sein. "Okay, der Reifen ist also dahin, dann werden wir ihn eben wechseln müssen. Mala, ich werde hier mit Doug warten, während du mit dem Typen, der gleich herfahren wird, nach Elko fährst." Weder die Tonlage noch die Wortwahl schienen der heiklen Situation angemessen zu sein. Der Reifen war platt, wir hatten keinen Ersatzreifen mit, auf der Straße war weit und breit kein Auto zu sehen, und es wurde bald dunkel.

Wir bockten den Wagen auf und nahmen den platten Reifen ab. Genau in dem Augenblick kam ein Auto angebraust. Es war ein niegelnagelneues Kabrio, an dessen Steuer ein ziemlich junger Kerl saß. Er hielt mit quietschenden Reifen an, wendete und stellte sich neben uns. Er kannte Rolling Thunder uns Spotted Eagle. "Los Mala", sagte er, "ich nehme dich mit dem Reifen nach Elko mit." Dann wandte er sich zu Rolling Thunder. "Mr. Pope, ich kann Ihnen ein paar Runderneuerte für einen guten Preis besorgen." 'Gut, ich werd's mir überlegen." Spotted Eagle stieg mit dem Reifen ein, und der Wagen raste in Richtung

Elko davon. Rolling Thunder sah mich an und lächelte. "Das war der Reifenfachmann von der Tankstelle."

Als Spotted Eagle weg war, liefen wir am Straßenrand auf und ab, ohne den aufgebockten Wagen aus den Augen zu verlieren. Zuerst dachte ich, wir würden nur ein bißchen herumspazieren, doch plötzlich blieb Rolling Thunder stehen, um sich eine Pflanze anzusehen, die nur wenige Zentimeter hoch war und deren Blätter der Minze sehr ähnelten. Er zwickte einige Blätter ab und nahm sie in den Mund. Ich beobachtete sein Gesicht. Zum erstenmal sah man, daß er starke Schmerzen hatte. Er kaute nachdenklich auf den Blättern herum. Manchmal schaute er dabei auf die Erde, manchmal zum Himmel. "Ich glaube, ich habe hier etwas gefunden", sagte er schließlich.

Wir gingen weiter. Ich begriff, daß Rolling Thunder nach schmerzstillenden Kräutern suchte. Die Sonne würde gleich untergehen, und danach würde er keine Pflanzen mehr sammeln. Sein Gesicht sah wieder entspannt und gutgelaunt aus. Offensichtlich hatte er eine ungewöhnliche Art und Weise, sich auf seine Schmerzen zu beziehen. Ich glaubte, daß er wirklich Zahnschmerzen hatte und sich ihrer auch bewußt war, aber sich offenbar nur dann mit ihnen auseinandersetzte und sie zur Kenntnis nahm, wenn er es für angebracht und nützlich hielt, z. B. jetzt, als er das richtige Heilmittel suchte und dessen Wirkung am Zahn ausprobieren wollte.

Ich hatte mit mir selbst zu tun. Die Mosquitos machten mich jetzt schier verrückt. Der gleiche Fluß, der in südwestlicher Richtung durch den Canyon floß, lief auch hier in der Nähe der Straße vorbei. Die Mosquitos überfielen mich in dichten Schwärmen, die Abenddämmerung war offensichtlich ihre Hauptfutterzeit. Ich konnte es kaum erwarten, bis die Sonne untergegangen war, dann würden wir endlich zum Auto zurückgehen. Ich dachte daran, mit den Mosquitos zu sprechen, wie es auch Alice getan hatte. Ich versuchte es auch in Gedanken, aber ich war nicht in der Lage, mich darauf zu konzentrieren, da ich ununterbrochen um mich schlug, um sie zu vertreiben. Ich hoffte, daß Rolling Thunder nichts von meinen Schwierigkeiten bemerkte, aber ich hatte den Eindruck, daß er bewußt versuchte, sie nicht zur Kenntnis zu nehmen. Er zerkaute, während wir herumliefen, die verschiedensten Pflanzen und fand gerade in dem Moment, bevor die Sonne am Horizont untertauchen wollte, eine ganze Gruppe dieser kleinen, minze-ähnlichen Pflanzen. Er blieb davor stehen, faßte in seine Hosentasche, nahm aus einem kleinen schwarzen Geldbeutel einige Münzen heraus und hielt sie in die untergehende Sonne. Ich schaute instinktiv weg. Als er anfing, die Pflanzen abzupflücken, drehte ich mich wieder um und sah das Geld auf der Erde liegen. Nach kurzer Zeit gingen wir mit einer Handvoll Pflanzen zum Auto zurück. Ich fand es sehr merkwürdig, daß Rolling Thunder Geld in die Sonne gehalten hatte. Am Nachmittag hatte er eine Art Puder oder Körner, vielleicht auch Tabak, als Opfergabe benutzt. Anscheinend war nichts mehr davon übrig, und er hatte aus diesem Grund der kleinen Pflanzenfamilie etwas Geld gegeben. Die Bedeutung und der Symbolcharakter des Opfers wurden mir jetzt klarer. In diesem Geldopfer lag zweifellos ein Sinn; die Pflanzen konnten zwar sicherlich nichts mit dem Geld als solchem anfangen, aber vielleicht konnten sie die Achtung, die Rolling Thunder damit ausdrückte, empfinden. Es war ein Austausch von Energien gewesen. Geld, Besitz, der Akt des Gebens und Nehmens sind alles kraftvolle Helfer, und Helfer können sowohl nützlich als auch schädlich sein. In diesem speziellen Fall waren die Münzen ein Symbol der Liebe und Achtung gewesen.

Rolling Thunder durchreiste auf eigene Kosten viele Staaten, um sich um indianische Angelegenheiten zu kümmern. Sein Haus in Carlin war oft Mittelpunkt vieler Aktivitäten, und er teilte alles, was er besaß. Seine Telefon- und Lebensmittelrechnungen zeigten nur allzu gut, mit wie vielen Menschen er in Kontakt stand und wie viele er versorgte. Und jetzt zog er seinen Geldbeutel heraus, um auch den Pflanzen etwas zu geben. Diese Geste gab mir ein gutes Gefühl, für einen Moment waren mir sogar die Mosquitos sympathisch.

Es war schon fast dunkel, als Spotted Eagle mit dem Reifen zurückkam. Wir waren hungrig wie die Wölfe, als wir endlich in Carlin ankamen, und luden sogleich die

Schachteln mit den gesammelten Kräutern aus. Wir aßen zusammen zu Abend und unterhielten uns bis tief in die Nacht hinein. Dann brachte mich Spotted Eagle mit Rolling Thunders Schlafsack ins Lager zurück. Anne und Richard waren natürlich überrascht, mich so schnell wiederzusehen. Sie hatten geglaubt, daß wir schon längst in San Francisco seien. "Vielleicht fahren wir morgen", sagte ich. Der nächste Tag kam und ging. Ich wartete, wurde aber nicht abgeholt. Es war ein endlos langer Tag. Ich mußte unentwegt an Rolling Thunders Schmerzen denken und wünschte mir, ein Telefon im Zelt zu haben.

In der zweiten Nacht fuhr mich Richard zu Rolling Thunders Haus. Ich hatte meinen Koffer und Schlafsack bei mir, obwohl ich wußte, daß ich beides unter Umständen wieder würde zurücknehmen müssen. Es war zweifellos schon viel zu spät, um nach San Francisco aufzubrechen. Wir wollten aber einfach mal vorbeischauen, um herauszufinden,was eigentlich los war.

Rolling Thunder kam selbst zur Tür, als wir in die Einfahrt bogen. Wir standen vor dem Eingang und unterhielten uns ein wenig. Buffalo Horse ging ein paarmal ein und aus, wobei er immer wieder über Brandy steigen mußte, der wie üblich heftig wedelnd vor der Haustüre lag. Rolling Thunder schien völlig in Gedanken versunken zu sein. Ich beobachtete sein Gesicht im fahlen Licht und stellte fest, daß er eigentlich ganz gesund aussah. Doch im gleichen Augenblick erinnerte ich mich auch daran, daß man ihm seine Schmerzen nicht unbedingt ansehen mußte. Ich hatte das Gefühl, daß ihn irgend etwas anderes im Moment beschäftigte. Ich fühlte, daß er allein sein wollte. Richard und ich befanden uns also bald wieder auf dem Heimweg und beobachteten während der Fahrt die vielen Hasen, die immer wieder erschreckt davonhüpften, wenn wir um eine Kurve bogen.

Am dritten Morgen packte ich gerade zum dritten Mal meine Ausrüstung zusammen, als der Camaro, wie versprochen, ins Lager fuhr. Die Minuten verwandelten sich in Stunden, während ich mit Spotted Eagle im Wohnzimmer auf Rolling Thunder wartete, der sich in seinem Haus auf der anderen Straßenseite befand. Gegen Mittag tauchte er endlich auf. Wir aßen schweigend zu Mittag und saßen ebenso wortlos nach dem Essen zusammen. Rolling Thunder zog andächtig an seiner Pfeife. Die Zeit verrann.

Die Stille wurde erst unterbrochen, als Spotted Fawn aus der Küche rief, daß man ihr eine Einkaufsliste für den Supermarkt zusammenstellen sollte. Spotted Eagle wurde plötzlich von Ungeduld gepackt. Er beschwerte sich, daß es so endlos lange dauerte, bis wir endlich aufbrachen. Er hatte seinem Besuch, Amy, versprochen, sie nach San Francisco mitzurückzunehmen, und er hatte dort auch einiges zu erledigen. Er hatte das ewige Warten satt.

Rolling Thunder betrachtete seinen Sohn lange und eindringlich. Dann sagte er ruhig: "Du weißt genau, was es hier noch alles zu erledigen gibt. Warum kannst du nicht abwarten, bis das alles getan ist, bevor du dich beschwerst? Du weißt, daß ich nicht an andere Dinge denken kann, bevor ich nicht meine Kräuter beisammen habe und alles Notwendige erledigt habe. Wenn du ungeduldig bist, dann machst du dir anscheinend Gedanken über die Zeit, und in dem Fall müßtest du auch in der Lage sein, dir Gedanken über die Ordnung der Dinge zu machen. Alles hat seine Ordnung. Du weißt, daß es gewisse Dinge gibt, die ich erst dann angehen kann, wenn ich andere erledigt habe." Spotted Eagle überlegte einen Augenblick. "Du hast recht", stimmte er zu.

Rolling Thunder hatte kaum vom Kräutersammeln gesprochen, als wir schon wieder mit unseren leeren Kartons und Messern unterwegs waren. Wir fuhren zu der Stelle zurück, wo wir bereits vor zwei Tagen gesammelt hatten. Wir parkten auch an der gleichen Stelle, aber diesmal gingen wir in südliche Richtung zum Fluß hin. Es war schon später Nachmittag. Ich wußte, daß es hier unzählige Mosquitos gab und daß sie um diese Zeit sehr hungrig waren. Ich nahm mir fest vor, mich nicht aus der Ruhe bringen zu lassen. Aber wie so oft meldeten sich mehrere Personen in mir zu Wort. Ein Teil von mir nörgelte: "Es wird bestimmt von Mosquitos nur so wimmeln." Dann sah ich sie auch schon. Ich versuchte, mich auf den anderen Teil meines Ichs zu konzentrieren, der entschlossen war, gelassen und angstfrei zu bleiben.

Rolling Thunder fand einige der gewünschten Kräuter an einer Stelle direkt am Ufer. Er sprach nicht, und ich stellte keine Fragen. Dieses Mal hielt er eine Opfergabe bereit, die er in einer kleinen Plastiktüte in seiner Hosentasche mitgebracht hatte. Er führte sein vertrautes Ritual durch. Wieder versuchte ich, nicht hinzusehen. Wir nahmen nur wenige Pflanzen und nur die Teile, die wir wirklich brauchten. Sie schauten in der riesigen Schachtel verschwindend klein aus. Als wir weiter am Ufer entlanggingen, kamen wir an eine Stelle, die bis ins Wasser hinein so dicht bewachsen war, daß wir nicht weiterkonnten. Wir hätten entweder einen riesigen Umweg machen oder durch das Wasser waten müssen. Wir gingen ein Stück zurück und bahnten uns einen Weg direkt durch die Büsche. Die Mosquitos fielen in Schwärmen über mich her. Panische Angst befiel mich. Die Vorstellung, hier eine Szene zu machen, war schrecklich, aber ich konnte auch schlecht weglaufen. Ich folgte also den anderen und versuchte gleichzeitig, die Mosquitos zu verscheuchen und die Äste, die mir den Weg versperrten, beiseite zu schieben. Als wir an einem großen Salbeibusch vorbeikamen, brach ich mir einen Ast ab, den ich als Wedel benutzte, um die Mosquitos zu vertreiben. Das würde vielleicht mehr helfen, als ewig nur mit den Händen und Armen um mich zu schlagen. Wir gelangten an einen Bach, der von den Bergen herunterkam, und Rolling Thunder fand dort ein weiteres Heilkraut, das er brauchte. Wieder zog er den kleinen Opferbeutel heraus, wiederholte sein Ritual und fing an, mit Spotted Eagle die Pflanzen einzusammeln. Ich stand nur da und fuchtelte mit meinem Ast wie wild um mich. Ich schämte mich. Vor mir stand ein Medizinmann mit seinem Schüler und ging ruhig und ernst seiner feierlichen Aufgabe nach, während ich dastand und mit einem Ast des heiligen, reinigenden Salbeistrauchs, den ich völlig gedankenlos abgerissen hatte, Mosquitos vertrieb. Aber sie schenkten mir keinen einzigen Blick. Ich sah zu Spotted Eagle hin. Er war über und über mit Mosquitos bedeckt. Sie krochen seinen Arm hinauf und hinunter, quer über sein Gesicht, und manche waren schon völlig mit Blut vollgesaugt. Er schien sie nicht zu bemerken. Ich sah zu Rolling Thunder, auf dem auch nicht ein einziger Mosquito saß. Ich starrte ihn ungläubig an. Ganze Schwärme umkreisten ihn, schossen hin und her, aber kein einziger berührte ihn. Dann schaute ich wieder an mir hinunter und sah, daß ich völlig bedeckt war von Mosquitos und Mosquitostichen. Ich hatte aufgehört, mit meinem Salbeizweig herumzuwedeln und schämte mich, ihn noch weiter zu benutzen. Ich wußte nicht, ob ich ihn noch weiter in der Hand behalten oder lieber wegwerfen sollte. Ich behielt ihn unentschlossen bei mir, während die Mosquitos weiter ihrer fürstlichen Mahlzeit nachgingen.

Als wir uns endlich mit unseren Kräutern auf den Rückweg machten, fühlte ich mich schon viel zu elend, um darüber erleichtert zu sein. Ich mußte den Ast loswerden, obwohl mir bewußt war, daß es unrecht wäre, ihn einfach wegzuwerfen. Ich steckte ihn also sorgfältig im Vorübergehen in einen anderen Salbeistrauch, bevor wir das Auto erreichten. Wir legten die Kräuter in den Kofferraum und stiegen ein. Es juckte mich am ganzen Körper, ich fühlte mich völlig elend und war kaum in der Lage, meinen Körper unter Kontrolle zu halten.

Rolling Thunder setzte sich hinters Steuer, Spotted Eagle auf den Beifahrersitz. Ich hatte mich nach hinten gesetzt, um meine langen Beine ausstrecken zu können. Rolling Thunder sagte uns, daß er erst nach Elko fahren würde, um für Spotted Fawn einzukaufen. Dann herrschte wieder völlige Stille. Ich schloß die Augen und versuchte, mich dazu zu zwingen, nicht mehr zu kratzen. Wenn ich jeden meiner unzähligen Stiche hätte kratzen wollen, wäre ich zweifellos wahnsinnig geworden. Ich war schon immer von Mosquitos belästigt worden, aber so schlimm wie dieses Mal war es noch nie gewesen. Ich fragte mich, ob ich durch mein Verhalten die Atmosphäre des Kräutersammelns gestört hatte. Ob Rolling Thunder und Spotted Eagle es nun bemerkt hatten oder nicht, ich schämte mich wegen meines Benehmens. Zwischen schlechtem Gewissen und unerträglichem Juckreiz hin- und hergerissen, fühlte ich mich doppelt elend. Zu alldem kam noch hinzu, daß ich unentweg hochschnupfen mußte und meine Augen anfingen, zu tränen und zu brennen. Ich hatte noch keine Gelegenheit gehabt, Rolling Thunder von meinem Heuschnupfen zu erzählen, obwohl er mit jedem Tag schlimmer geworden war. Ich hatte bisher geglaubt, er würde nur vom trockenen Gras im Lager ausgelöst, aber im Augenblick war es besonders schlimm. Ich konnte mich kaum zurückhalten, meine brennenden Augen zu reiben. Tief in meinem Inneren war noch eine letzte Spur von guter Stimmung, aber mein Körper litt umso mehr. Es war kein Leiden, das von Schmerzen verursacht wurde, sondern eher von einer fast unerträglichen Reizung. Plötzlich sagte Rolling Thunder: "Es gibt eine Möglichkeit, über diese Dinge so zu denken, daß sie einem plötzlich ganz anders erscheinen."

Seine Worte lösten gleichzeitig zweierlei Reaktionen in mir aus. Zum einen versetzte mir die Abruptheit seiner Worte eine Art Schock. Er hatte sie, ohne den Blick von der Straße zu wenden, in der vorangegangenen Stille in den Raum gesprochen, und ich spürte, daß sie an mich gerichtet waren. Auch Spotted Eagle wußte dies und verhielt sich taktvollerweise so, als hätte er nichts gehört. Zum anderen wurde ich mir des letzten Restes guter Laune in mir stärker bewußt, die zuzunehmen schien. Es war ein wunderschöner Tag gewesen, ich hatte mit Rolling Thunder Kräuter gesammelt, wir würden bald gemütlich zu Abend essen und vielleicht morgen früh nach San Francisco aufbrechen. Ich spürte, wie der Juckreiz langsam nachließ. Bald hörten auch die Schmerzen auf, und meine Nase wurde wieder frei. Ich schaute an mir hinunter und konnte keine Spur von Stichen mehr entdekken. Ich zwinkerte mit den Augen, auch sie schienen plötzlich wieder in Ordnung zu sein. Ich war völlig verblüfft. Ich konnte mich nicht entsinnen, jemals eine so schnelle Veränderung durchgemacht zu haben, als wären Stunden innerhalb von einer Sekunde vorbeigerauscht.

Ich war unsicher, ob ich dazu etwas sagen sollte, schwieg dann aber lieber doch. Außer einem kurzen Wortwechsel zwischen Rolling Thunder und Spotted Eagle, den ich kaum verstehen konnte, wurde bis Elko nicht gesprochen. Ich war wieder völlig aufgelebt, zwar immer noch etwas verwirrt, aber doch wie neugeboren.

Wir gingen in den Supermarkt und besorgten die Lebensmittel für Spotted Fawn und noch einiges für unsere Reise. Rolling Thunder fragte mich unentwegt, was ich noch gerne haben würde. Er deutete auf die Waren in den Regalen und fragte: "Wie wär's damit, willst du etwas davon?" Irgendwie gefiel mir dieses Verhalten, ich fühlte mich wieder wie ein Kind. Auch ich verspürte plötzlich den Wunsch, ihm etwas zu kaufen, aber er war so damit beschäftigt, auf mich einzugehen, daß ich nicht dazukam, ihn nach seinen Wünschen zu fragen. Als er den Einkaufswagen zur Kasse schob, ging ich nochmals zurück und holte zwei große Flaschen naturreinen Apfelsaft, die ich an der Schnellkasse bezahlte. Seine Freude und Dankbarkeit darüber waren groß und aufrichtig.

Als wir nach Hause kamen, wartete ein wunderbares Essen auf uns. Es gab einen Rinderbraten, Kartoffeln, selbstgebackenes Bananenbrot, eingelegte Rote Beete, Zwiebeln und eine riesige Schüssel grünen Salat mit Kräutern und Keimlingen. Spotted Fawn bedankte sich für den Apfelsaft. Sie bedankte sich sogar zweimal. Rolling Thunders Heim war ein Ort, an dem man sich wohlfühlen konnte; nicht nur wegen dem runden, gemütlichen Tisch, der neben dem Küchenherd stand, oder dem weichen Sofa im Wohnzimmer, sondern vor allen Dingen aufgrund der positiven Schwingungen, die diese Menschen ausstrahlten. Während des Essens deutete Rolling Thunder plötzlich auf den Gewürzständer. "Da stehen die Gewürze", sagte er und drehte den Ständer zu mir hin, wobei er mich belustigt anblinzelte. "Das hier ist Essig." Ich konnte mit seinem Hinweis wenig anfangen, das wußte ich doch alles selbst. "Wir haben wirklich genug davon", sagte er. "Nimm so viel du willst." Seine Freundlichkeit mir gegenüber war an diesem Abend grenzenlos. Nach dem Essen saß er in seinem großen Polstersessel und zog an seiner Pfeife. Ich saß schweigend neben ihm. Nach einer Weile nahm er seine Pfeife aus dem Mund und sah mich an. "Hat Alice dir von den Bienen erzählt?" "Ja, das hat sie", sagte ich lachend, "gleich nachdem sie zurückgekommen war."

"Das war vielleicht was", sagte er. "Sie hat zwar noch

einiges zu lernen und auch weiterzugeben, aber das war für sie ein ganz schön starkes Erlebnis." Er zog wieder an seiner Pfeife. "In dem Ganzen lag auch eine Lektion, und wir haben darüber gesprochen. Ich habe ihr gesagt, wenn manche von den Bienen so wären wie sie, würden sie über andere herfallen, bloß weil sie Kommunisten oder sonst was sind. Die Bienen arbeiten zusammen und nicht gegeneinander. Sie fallen sich nicht gegenseitig in den Rükken. Sie tun sich auch nicht in Gruppen zusammen, die sich gegenseitig bespitzeln, Fallen stellen und die Kehlen durchschneiden; und sie treten auch nicht einer John Birch Society (1) bei. Bienen brauchen solchen Unsinn nicht und wir auch nicht." Spotted Fawn brachte aus der Küche Kaffee herein. Ich fühlte mich völlig ausgeruht. Ich erinnerte mich daran, wie schlecht ich mich noch vor wenigen Stunden gefühlt hatte. Wie plötzlich und vollständig das doch alles umgeschlagen war!

Seitdem ich in Shoshone-Land eingetroffen war, war ich fast ununterbrochen guter Stimmung gewesen, und auch das Zelten war ein schönes und lustiges Erlebnis. Trotzdem gab es einige nicht zu übersehende äußerliche Schwierigkeiten; zum erstenmal in meinem Leben litt ich unter schwerem Heuschnupfen und schien den Mosquitos nicht entkommen zu können. Ich sah Rolling Thunder, wie er inmitten einer Wolke von unzähligen Mosquitos stand, sich über die Kräuter beugte und kein einziges Mal gestochen wurde. Ich schaute ihn an, wie er so dasaß; er beobachtete mich mit halb zugekniffenen Augen.

"Es gibt eine bestimmte Grundeinstellung, die man sich selbst gegenüber bewahren kann." Er schaute mich immer noch an und paffte eine Weile an seiner Pfeife, bevor er weitersprach. "Mosquitos werden dich nicht belästigen, werden dich nicht einmal berühren, wenn du fähig bist, deine gute Grundstimmung beizubehalten. Solche Stimmungen erzeugen bestimmte Schwingungen und Körpergerüche, die die Mosquitos fernhalten können. Du kannst einen Eigengeruch erzeugen, den sie beim besten Willen

(1) John Birch Society = rechtsradikale politische Vereinigung

nicht ertragen können. Ein Grund, warum sie dir Gift einimpfen, ist, dich nervös zu machen, damit auch die anderen dich riechen können. Wenn das Gift wirkt, fühlst du dich gereizt, aber wenn du dich nicht reizen läßt, wirken auch diese Gifte nicht. Wenn du auch gestochen wirst, mußt du noch lange nicht am ganzen Körper aufschwellen." Er lehnte sich nach vorne und richtete den Pfeifenhals auf mich. "Du kannst deine ganze Situation durch den Geruch, den du ausströmst und durch die Schwingungen, die du erzeugst, unter Kontrolle halten. Diese Art von Steuerung ist keine einfache Sache, aber sie ist auch nichts Unmögliches, weil du es ja selbst in die Hand nehmen kannst. Es wird alles von deinem Inneren aus gelenkt."

Er zog an seiner Pfeife und nickte in Richtung Küche. "Bis dahin nimm einfach Essig. Damit kannst du einen Anfang machen. Essig erzeugt einen bestimmten Geruch, den die Mosquitos auch nicht so gern haben. Sie werden dir nicht mehr so schlimm zusetzen. Nimm ihn bei jeder Mahlzeit und auch beim Baden, ein paar Eßlöffel in jedes Bad."

Jetzt verstand ich erst, warum Rolling Thunder mich beim Essen auf den Essig aufmerksam gemacht hatte. Wieder erinnerte ich mich daran, wie ich bei der Heimfahrt auf dem Rücksitz gesessen und mich völlig elend gefühlt hatte. Ich hatte versucht, meinen elenden Zustand zu verbergen, aber Rolling Thunder hatte ihn dennoch gespürt. War es vielleicht mein Geruch gewesen? Sobald Rolling Thunder gesprochen hatte, war ich wie verwandelt gewesen. Es war aufregend, daran zurückzudenken, aber auch etwas beschämend. Eine ganze Reihe Bilder gingen mir durch den Kopf. Ich stellte mir vor, wie Rolling Thunder am Tisch saß und auf den Essig deutete. Er hatte seinen Hut auf und ich betrachtete die Federn. Dann stand er wieder in einer Wolke Mosquitos, hielt ein Glas Wasser gegen die Sonne und sagte: "Alles geschieht von innen heraus." Ich betrachtete immer noch seinen Hut. Dann saß ich wieder auf dem Rücksitz des Wagens und hatte immer noch die Federn vor mir. Er fuhr auf der Landstraße dahin und deutete aus dem Fenster. Auf den

Feldern, auf der Straße, auf dem Armaturenbrett, den Sitzen waren überall Kräuter, Essig und Gewürze. Einiges wuchs noch, einiges war bereits gepflückt oder war in Flaschen abgefüllt. Blätter schwebten durch die Luft – Blütenblätter, Samen, Kristalle, auch Wassertropfen. Wir fuhren an all dem vorbei, was sich zwar außerhalb des Autos befand, aber im Auto mitzuschweben schien. Rolling Thunder wies auf die Fülle und Verschiedenartigkeit all dieser Dinge hin.

Ich schaute nur unentwegt auf seine Federn und war völlig verwirrt. Er drehte sich nicht zu mir um, er schaute mich nicht an. Er schien alles riechen zu können. "Kannst du diese Dinge denn nicht erkennen?" fragte er mich. "Kannst du denn die Zusammenhänge nicht sehen?" Die einzige Antwort, die mir dazu einfiel, war: "Ich nehme an, daß man alles, was man will, aufnehmen oder von sich geben kann." Ich sagte es beinahe laut heraus.

Mir wurde plötzlich bewußt, daß ich im Zimmer saß und vor mich hinträumte. Dennoch waren die Bilder lebendig und wirklich. Ich hatte nicht versucht, mir etwas vorzustellen. Ein Gedanke hatte meine Träume jäh unterbrochen. Es kam mir plötzlich, daß Rolling Thunder meine Schwingungen im Auto tatsächlich 'gerochen' haben muß, und nachdem er mir die Möglichkeit einer Stimmungsveränderung vorgeschlagen hatte, war irgendeine Schwingung erzeugt worden, auf die ich in der Lage war anzusprechen, mich völlig darauf einzustellen. Das mochte wohl der Grund für sein Wissen um meinen Zustand und meine plötzliche Veränderung gewesen sein. Oder vielleicht war es, um mit Rolling Thunders Worten zu sprechen, die Überwältigung des einen Geruchs durch den anderen. Ich fragte mich, ob das möglich sei. Ich suchte nach einer Möglichkeit, ihn danach zu fragen. Ich schaute zu dem Sessel hin, aber er war leer. Rolling Thunder war verschwunden. Das erschreckte mich, ängstigte mich sogar ein wenig. Bei einer anderen Gelegenheit im Lager hatte Rolling Thunder einmal plötzlich neben einem Baum gestanden, ohne daß ich ihn hatte herkommen sehen. Ich war sicher, daß ich es damals bemerkt hätte, wenn es so gewesen wäre. Der Vorfall war der eines Augenblicks gewesen. Ich hatte ihn bereits vergessen, als einige Tage später Mitglieder des Komitees von einem ähnlichen Erlebnis mit Rolling Thunder erzählen wollten und sich plötzlich unfähig sahen, darüber zu sprechen. Jetzt saß ich da, starrte ungläubig auf Rolling Thunders Sessel und fragte mich, ob er einfach verschwunden war. Die Vorstellung davon verlieh mir ein merkwürdiges Gefühl. Die einzige andere Möglichkeit wäre gewesen, daß ich tatsächlich in einen tranceartigen Zustand verfallen war und sein Weggehen nicht bemerkt hatte. Aber andererseits hatte ich meine Augen nicht geschlossen gehabt, und ich bildete mir ein, nur für wenige Sekunden in Gedanken abgeschweift zu sein.

Ich sah mich im Raum um. Spotted Fawn saß stikkend auf einem Sofa und machte ganz den Anschein, als ob nichts Ungewöhnliches geschehen wäre. Spotted Eagle war auf sein Zimmer gegangen. Ich konnte durch seine Türe Musik hören. Ich bedachte die Tatsache, daß Spotted Eagle das Zimmer schon lange vorher, während ich mich noch mit Rolling Thunder unterhalten hatte, verlassen hatte, ohne daß ich es bemerkt hatte. Ich hielt es für möglich, daß Rolling Thunder leise aus dem Haus gegangen war, ohne daß ich es gesehen hatte. Aber diese Möglichkeit war ebenso verwirrend, es hätte bedeutet, daß er mich absichtlich mit meinen Gedanken allein gelassen hatte.

Spotted Fawn stand plötzlich auf, legte ihre Handarbeit weg, ging hinaus und blieb kurz an der Türe stehen, um ihre weiße Katze hinauszulassen. Ich blieb alleine im Wohnzimmer zurück. Wenige Augenblicke später war Spotted Fawn schon wieder da. Sie rief: "Mala?" Spotted Eagle kam lächelnd aus seinem Zimmer. "Lade die Sachen für San Francisco ein. Dein Vater ist so weit."

KAPITEL 16
ROLLING THUNDERS VIELE ROLLEN

UM MITTERNACHT befanden wir uns auf dem Weg gen Westen. Wir hatten vor, über die Bundesstraße 80 quer durch Reno zu fahren, die Sierra Nevada zu überqueren und dann das Sacramento-Tal hinunter nach Berkeley zu fahren, wo meine Schwester wohnte. Es waren über 450 Meilen von Carlin zur Küste, und wir rechneten damit, von Mitternacht bis zum Mittag des nächsten Tages unterwegs zu sein. Zuerst übernahm Spotted Eagle das Steuer; er meinte, er könne mindestens noch ein paar Stunden wach bleiben. Rolling Thunder hielt seine Pfeife und seinen Tabak im Schoß, rauchte jedoch nicht. Als wir Carlin verlassen hatten und auf die Bundesstraße 80 fuhren, kauerte er bereits in seinem Sitz, sein Kinn auf der Brust.

Die Straße war um diese Zeit völlig ausgestorben, nur ab und zu kam uns ein Fernlaster vom Westen entgegen. Am Himmel waren weder Mond noch Sterne zu sehen; die Umrisse der fernen Berge spiegelten sich in der Dunkelheit der Nacht wider. Wir brachten den langen, geraden Weg nach Battle Mountain hinter uns, dann begann sich die Straße in die dunklen Berge hinein zu winden. Rolling Thunder schnappte plötzlich nach Luft, als wäre er aus einem Traum herausgerissen worden. Er hob seinen Kopf und schaute auf die Straße. Als wir um eine enge Kurve bogen, sahen wir einen riesigen Vogel, der mitten auf der Straße saß. Er breitete seine gewaltigen Flügel aus, um abzuheben – aber es war bereits zu spät. Als wir den Vogel streiften, gab es einen dumpfen Knall. Wir alle schnappten nach Luft, wie es Rolling Thunder bereits vorher getan hatte. Soweit wir erkennen konnten, flog der Vogel trotzdem weiter. Rolling Thunder schüttelte den Kopf, lehnte sich wieder zurück und schloß die Augen.

Im Licht des herannahenden Morgens konnte ich Spotted Eagle im Rückspiegel erkennen. Er schien müde zu sein. Ich fragte ihn, ob er schlafen wolle, aber er zog es vor, weiterzufahren. Das Licht wurde immer heller, und Spotted Eagle schloß mehrmals angestrengt seine Augen. Immer, wenn dies geschah, hob Rolling Thunder seinen Kopf, und Spotted Eagles Augen gewannen für einige Zeit wieder an Leben. Wir hielten an, um zu tanken, und Rolling Thunder übernahm das Steuer. Wir fuhren durch Winnemucca, Lovelock und schließlich nach Reno hinein, um zu frühstücken. Rolling Thunder ließ Reno hinter sich, aber wir waren noch nicht weit gefahren, als er plötzlich an den Straßenrand fuhr, um zu schlafen. Er sagte, zehn Minuten würden genügen. Nach zehn Minuten wachte er wieder auf – fröhlich, mit lachendem Gesicht und strahlenden Augen. Während der ganzen Zeit, als Spotted Eagle gefahren war, hatte er offenbar nicht – wie ich vermutet hatte – geschlafen.

Am Nachmittag kamen wir bei meiner Schwester in Berkeley an. Rolling Thunder hielt nur kurz. Ich hatte das Gefühl, daß er dringende Geschäfte in der Bay Area zu erledigen habe, für die er sich während der letzten Tage vorbereitet hatte. Das einzige, was ich wußte, war, daß er als Heilkundiger oder als Berater nach San Francisco gekommen war, um Leuten, die sich mit ihm in Verbindung gesetzt hatten, zu helfen. Er erzählte mir nichts von seinen Plänen, und ich fragte ihn auch nicht danach. Nachdem er mich in Berkeley abgesetzt hatte, sah ich ihn einige Tage nicht wieder.

Für mich gab es auch einiges zu erledigen. Ich hatte das Gefühl, daß es ein Teil meiner Arbeit war, mit Mitgliedern des Komitees in Kontakt zu bleiben. Meine Beziehung zu Rolling Thunder war auf dem Gedanken aufgebaut, daß wir durch den Kampf gegen die Unwissenheit in uns selbst und in unserer Umwelt zur Wahrheit gelangen können, denn das innere Ich und unsere Umwelt bilden zusammen die Grundlage menschlichen Lebens. Ich hatte beobachtet, daß die Leute vom Komitee, die ich auf Shoshone Land getroffen hatte – Sarah Greensfelder, John Welsh, Ed O'Neill und andere –, sowohl arbeiteten als auch lernten und daß der

Grundgedanke ihrer Arbeit der war, daß Arbeiten und Lernen ein und derselbe Prozeß sind. Sie waren in engem Kontakt mit vielen traditionellen Indianern. In der Lebensweise der traditionellen Völker sahen sie eine spirituelle Botschaft für alle Menschen. Es war der Inhalt dieser Botschaft, nach dem ich auf der Suche war.

Anfang August nahm ich am Exology Center in San Francisco an einem Treffen des Komitees teil, um David Monogye, einen Sprecher der traditionellen Hopi, zu hören. Die Hopi werden als die Hüter der spirituellen Lehre der amerikanischen Indianer angesehen. Diese Lehren und Prophezeiungen sind niedergeschrieben worden und werden in Hopi-Dörfern geheimgehalten. Traditionelle Indianer aus allen Gegenden haben schon die Prophezeiungen der Hopi zitiert. Diese Prophezeiungen sollen schon die großen Kriege vorausgesagt haben, die ständige Unterdrückung souveräner Völker in diesem Land, die Manipulationen der verschiedensten Regierungen im Nahen Osten und die Errichtung des UN-Sitzes auf Manhattan Island ("Das Land der Irokesen"). Sie sahen die Mondlandungen, die Errichtung von Raumstationen und die zunehmende ökologische Zerstörung des Kontinents voraus. Die Hopi können den Zeitpunkt dieser Vorhersagen mit Hilfe der Aufeinanderfolge und der Beziehung der angekündigten Ereignisse zueinander aufs genaueste bestimmen. Infolgedessen hatten die Hopi und andere traditionelle Indianer ihre Hoffnungen und Erwartungen auf Menschen gesetzt, wie sie unter den Zuschauern im Exology Center verteten waren. Die Prophezeiungen besagen, daß die letzte Hoffnung und Hilfe für die unterdrückten eingeborenen Völker bei den hellhäutigen Menschen selbst zu suchen sei, bei den Töchtern und Söhnen ihrer Unterdrücker. Der Tag würde kommen, stand geschrieben, an dem Kinder des Weißen Mannes anfangen würden, sich wie Indianer zu kleiden und wie die Hopi lange Haare und Stirnbänder zu tragen. Diese Menschen seien die neuen Freunde der Indianer.

Ich hatte schon einige Wochen zuvor im Lager von David Monogye gehört und ein Photo von ihm gesehen. Im Zentrum sah er älter und kleiner aus, als ich erwartet hatte. Er war achtzig und beinahe blind. Sarah Greensfelder stellte ihn dem Publikum vor. "Fragt ihn ruhig alles, was ihr auf dem Herzen habt", sagte sie. Stille. Er stand auf und nahm einige winzige Gegestände aus seiner Tasche. Er hielt sie zwischen Daumen und Zeigefinger vor sein Gesicht und bewegte lautlos die Lippen, wie ich es schon bei Rolling Thunder gesehen hatte. Dann überreichte er Sarah seine Gabe, die sie ins Freie trug und auf dem Gehsteig in die Sonne legte. Er setzte sich, und es herrschte langes Schweigen.

"Habt ihr Fragen?" sagte David. Er wurde über die Zustände im Hopi-Land und über das Strip-Mining (1) auf der Black Mesa (2) befragt. Er sprach über das Büro für indianische Angelegenheiten, die von der Regierung eingesetzten Stammesräte, die Kontrolle und Verwaltung von Reservatsland und -leuten und über die Nichteinhaltung von Verträgen. Ich dachte immer, daß diese Fragen indianische Probleme seien, aber jetzt erfuhr ich, daß Indianer sie als die Probleme der Weißen betrachten.

"Bei mir zu Hause ist einiges im Gange. Zunächst einmal haben sich diese Mormonen reingedrängt und bauen Häuser auf der anderen Seite der First Mesa. Unser Häuptling war nicht damit einverstanden. Er versucht es zu verhindern, aber die Mormonen sind ganz schön hartnäckig und fast schon fertig. Der Häuptling hat die Befugnis, Genehmigungen zu erteilen, aber sie haben sich einfach reingedrängt und bauen, ohne zu fragen, eine Kirche. In einem anderen Dorf versuchen sie, ein billiges Wohnungsbauprojekt durchzuziehen. Das ist ein geheiligter Ort und sollte nicht auf die Weise entweiht werden, aber sie versuchen dennoch, dieses Bauprojekt durchzusetzen, und zwar genau dort, wo die Gesellschaft der Schlangentänzer ihre Rituale abhält.

Wir wurden angewiesen, die politischen Pläne des BIA in keiner Weise zu unterstützen, zumal sie nur beabsichtigen, uns unser Land und alles, was dem indianischen Volk gehört, wegzunehmen. Wie Ihnen schon aufgefallen sein wird, besitzen die meisten Indianer kein Land. Es wurde ihnen schon

(1) = Kohlegewinnung im Bergbau

(2) = Tafelberg in Arizona, heilige Stätte der Hopi, seit 1970 Abbaugebiet der Peabody Coal Company

längst weggenommen. Sie haben keine Rechte mehr auf ihr Land, auf ihr Wasser, auf ihr Holz. Alles wurde ihnen entzogen.

Aus diesem Grund nehmen wir an keinem Stammesrat teil. Schon bevor dieser gebildet wurde, wurden wir davor gewarnt, an irgendeiner Versammlung oder einem Rat teilzunehmen, der gebildet würde. Dadurch würden wir nur uns selbst vernichten. Die anderen Menschen um uns, unser eigenes indianisches Volk, sind auf das BIA reingefallen und übel betrogen worden. Sie leihen sich beim BIA Geld, um Häuser und Straßen zu bauen, und denken nicht weiter. Und genau da werden sie übers Ohr gehauen. Sie verschulden sich, geraten immer tiefer hinein, kommen nicht mehr heraus und verlieren im Endeffekt ihr gesamtes Land.

Wir rechnen also mit eurer Hilfe. Ihr habt das Recht, gegen solche Machenschaften zu protestieren. Wir wollen unser Land nicht verlieren. Wir sind immer noch eine Art Nation. Wir wollen in Frieden gelassen werden, damit wir unsere eigenen Wege gehen können. Wir wollen leben, wir wollen die Lebensweise beibehalten, die wir schon in vergangenen Tagen gelebt haben. Früher war das Leben gut. Die Menschen respektierten sich und kamen gut miteinander aus – früher, ganz früher.

Wenn ihr den rechten Weg geht, seid ihr auch Hopi. Wenn ihr nicht gegen die Gesetze des Großen Geistes verstoßt, wenn ihr also den rechten Weg geht, werdet ihr auch Hopi genannt werden. Selbst wenn ihr nicht unsere Hautfarbe besitzt, werdet ihr Hopi genannt werden. Hopi bedeutet Frieden. Es ist sehr schwer, den rechten Weg einzuschlagen, aber solange wir nichts Unrechtes tun, leben wir in Harmonie mit dem Großen Geist. Niemand kann uns unseren Glauben nehmen oder das Volk der Hopi vernichten, denn wir haben einen sehr festen Glauben an den Lebensplan des Großen Geistes, und wir bemühen uns immer noch, ihm zu folgen. Uns wurde gesagt, selbst wenn wir auf eine steinige Straße geraten, sollen wir nicht verzweifeln.

Wir müssen dem Strip-Mining ein Ende bereiten. Die meisten von uns sind nicht mehr sehr gesund, und wir wären die Opfer des Smogs und der Zerstörung. Wenn sich der Smog ausbreitet, wird es auf das gesamte menschliche System Auswirkungen haben; und auf die kleinen Tiere, die Vögel, die Bäume, die ganze Vegetation. Alles wird zerstört sein. Alles wird verschmutzt sein. Das ist der Grund für unsere große Besorgnis. Wir wollen dem ein Ende setzen.

Manche unserer Leute befürworten das Strip-Mining. Sie sind es, die gegen uns kämpfen. Sie sollten das Volk lieben, statt es zu bekämpfen. Sie sollten für jeden beten, der der Hilfe bedarf. Bei unseren religiösen Zeremonien beten wir für alle Menschen – egal welcher Hautfarbe – und für die Tierwelt und für alle Dinge, die uns als Teil der Mutter Erde umgeben.

Ich behaupte immer, daß wir unsere eigene Kirche in uns selbst haben. Ihr habt in euch selbst eure eigene Kirche. Wenn ihr euren Herzen folgt, handelt ihr im Sinne des Grossen Geistes. Ihr könnt eurem Herzen folgen, selbst wenn ihr nicht zur Kirche geht. So ist es uns gesagt worden. Wißt ihr, manchmal fühlen wir uns am Morgen unwohl, wir verspüren Ärger, wir sind aus irgendeinem Grund niedergeschlagen. Selbstverständlich empfinden wir auch manchmal Haß. Wir haben alle manchmal Steit mit anderen. Aber wenn du Ärger mit jemandem hast, wenn du denjenigen haßt und dir wünschst: 'Wenn er nur sterben und verschwinden würde', dann arbeitest du gegen dich selbst. Du fügst dir selbst Leid zu. Der andere kann in keiner Weise Einfluß auf dich nehmen, aber wenn du ihn haßt, wirst du dich nur selbst verletzen.

Manchmal fühlen wir uns schlecht und manchmal leiden wir unter irgendeiner Krankheit, Angst, Einbildung, und wir haben keine Lust, uns unter Menschen zu begeben. Wenn du aus dem Haus gehst, und einige Leute stehen zusammen, vielleicht ein halbes Dutzend Leute, die sich über irgend etwas unterhalten, bildest du dir ein, sie würden über dich sprechen. Du glaubst, sie üben Kritik an dir. Aber sie reden gar nicht über dich. Geh hin und sprich mit ihnen,und wenn sie über erfreuliche Dinge sprechen, und wenn sie lachen, lache mit ihnen. Nur so kannst du deine Ängste oder deinen Ärger oder deine Niedergeschlagenheit überwinden. Wenn du Menschen triffst, die glücklich sind und lachen, tu dich mit ihnen zusammen, das ist die beste Medizin. Glücklich sein ist das einzig Wahre für die Menschen. Wenn wir uns gegenseitig respektieren und uns nicht hassen, werden wir alle eine Einheit und glückliche Menschen sein."

Es wurden viele Fragen gestellt, und die Antworten fielen meist sehr lang aus. David Monongye sprach im Ganzen etwa drei Stunden, und während er sprach, wanderten meine Gedanken zu einigen Gesprächen zurück, die ich vor langer Zeit mit Swami Rama geführt hatte und vor nicht allzu langer Zeit mit Rolling Thunder. Sie sprachen wirklich das gleiche: das Glück, das man in seinem Herzen entdecken kann, und die Wege, am inneren Ich zu arbeiten und mit der Natur in Einklang zu leben.

Die Komiteeleute hofften darauf, daß Rolling Thunder im Ecology Center auftauchen würde, aber er hatte irgendwo in Marin County, nördlich von San Francisco, etwas zu erledigen. Wir sollten ihn in der nächsten Nacht bei einem Mais-Fest und Rundtanz in San Rafael treffen.

Während Rolling Thunder sich in Marin County aufhielt, blieb ich bei meiner Schwester und meinem Schwager. Antoinette "Dolly" Gattozzi, eine wissenschaftliche Schriftstellerin für das National Institute of Mental Health, die an dem Forschungsprojekt der Menninger Foundation teilgenommen hatte, kam noch hinzu. Während meines Aufenthaltes versuchte ich, von all dem zu erzählen, was sich in den letzten Wochen ereignet hatte. Die Zeit reichte kaum aus. Ich erwähnte die Notwendigkeit, den Shoshone juristische Hilfe zukommen zu lassen, und wir sprachen über die Möglichkeiten, Rechtsanwälte aus Berkeley einzuschalten. Ich hoffte, in dieser Zeit Kontakt mit einem Rechtsanwalt aufnehmen zu können, vielleicht einem jungen Absolventen, der daran interessiert sein könnte, mit dem Shoshone-Volk in Nevada zusammenzuarbeiten.

Das einzige Mal, daß ich Rolling Thunders Stimme auf Band aufgenommen habe, war im Juli 1971. Er saß unter einem Baum bei einem Bach ganz in der Nähe unseres Lagers und sprach zu Mitgliedern des Komitees.

"Es gibt in den Reservaten keine gesetzliche Gerechtigkeit. Außerhalb der Reservate gibt es manchmal so etwas wie Scheinverhandlungen, aber in fast allen Fällen, in die Indianer verwickelt sind, wird den Indianern geraten, sich schuldig zu bekennen, um ein milderes Urteil zu erhalten. Das tritt jedoch nie ein: der Indianer wird immer – ohne Ausnahme – verurteilt. In Fällen, wo Indianer ermordet worden sind – manchmal von ehemaligen Sträflingen und Kriminellen, manchmal in Fällen, wo der Schuldige eindeutig feststeht –, wird niemals etwas unternommen.

Wir brauchen juristische Hilfe, um diese Fälle vor ein ordentliches Gericht zu bringen, um vor einem Bundesgericht Berufung einlegen zu können, wo wir sicherlich eine grössere Chance hätten, Gerechtigkeit zu erwirken. Wir würden es begrüßen, wenn einige engagierte junge Anwälte zu uns kämen und bei uns blieben. Selbstverständlich wissen wir, daß es nicht genügen würde, sich allein in den Gesetzen gut auszukennen, sie müßten auch mit ganzer Seele dabei sein, denn das Establishment duldet keine Opposition. Es würde versuchen, solche Anwälte einzuschüchtern und wahrscheinlich sogar aus dem Land zu vertreiben."

Zuhause in Berkeley hörten wir uns die ganze Rede nochmal auf meinem Tonband an. Meine Schwester rief Jim Woods, einen befreundeten Anwalt, an und sprach mit ihm über das Fehlen einer gesetzlichen Vertretung des Shoshone-Volkes in Nevada und über das "Chaining" der Pinyonwälder um zusätzliches Weideland auf vertraglich zugesichertem indianischem Gebiet zu gewinnen. Jim war sehr daran interessiert, Rolling Thunder zu treffen. Wir einigten uns darauf, noch in derselben Woche zusammenzukommen. An jenem Abend sollten wir Rolling Thunder in San Raffael treffen. Mit etwas Glück könnten wir dann einen Termin ausmachen.

Wir fuhren zusammen nach San Rafael. Dort hatten sich in einem Ort, der Kundalini Ashram heißt, eine Menge Leute versammelt, etwa die Hälfte von ihnen amerikanische Indianer. Einige der jüngeren Indianer hatte ich bereits in Nevada kennengelernt, aber die meisten hatte ich noch nie zuvor gesehen. Wir kamen an, als das Maisfest gerade zu Ende ging, das Tanzen jedoch noch nicht begonnen hatte. Ich hatte vorgehabt, David Monongye meiner Schwester und ihrem Mann vorzustellen, aber da er von unzähligen Menschen umringt war, schien es ziemlich aussichtslos zu sein.

Als wir Rolling Thunder entdeckten, war er von Menschen umkreist, die darauf brannten, mit ihm zu reden oder ihm zuzuhören. Ich mußte ihm von der provisorischen Abmachung mit Jim Woods in Berkeley erzählen. Als ich endlich mit ihm sprechen konnte, erzählte ich ihm, daß wir mit Woods Verbindung aufgenommen hatten.

"Sag dem Anwalt, daß ich da sein werde", sagte er.

Aus dem anderen Zimmer hörten wir Trommeln. Dann nahm eine lebendige, rhythmische Stimme eine Art Dialog mit den Trommeln auf. Alle hörten zu. Es war David Monongye. Er stand in der Mitte des größten Raumes, und um ihn herum bildete sich langsam ein immer größer werdender Kreis. Dieser kleine, alte Mann sang mit einer unglaublich kraftvollen und bewegenden Stimme. Bald hatte sich jeder im Raum in den Kreis eingeordnet, und ich fragte mich, ob David wohl wußte, wieviele Menschen ihn in dem Augenblick umgaben. Er blickte mit leeren Augen um sich. Er sah das, was sich in ihm, nicht im Raum um ihn, abspielte. Er war erfüllt von Frohsinn, hämmerte ausgelassen auf seiner Trommel, wippte mit dem Fuß und ließ ab und zu einen Trommelschlag aus, wenn er durch eine ausholende Armbewegung versuchte, den merkwürdigen Kreis zu animieren, sich zu drehen.

Schließlich bildeten wir einen Doppelkreis, und die Menschen begannen, den Rhythmus des Tanzes aufzufangen. Manche fingen die Hopiworte auf und wiederholten sie. Jeder schien sich völlig mit einzubeziehen. Aber nach einiger Zeit wurden manche müde und zogen sich zurück.

David Monongye wurde nicht müde. Er nahm sogar an Tempo zu. Als es nur noch so wenig Tänzer waren, daß der Kreis um David auseinanderfiel, hörte der Tanz auf – David jedoch nicht. Er wurde zum Darsteller, und sein Publikum saß auf dem Boden um ihn herum. Er kündigte lächerlich klingende Lieder mit witzigen englischen Worten an und versuchte, das Publikum dazu zu bewegen mitzumachen. "David wird die ganze Nacht durchmachen", sagte jemand. "Er wird niemals aufhören. Wir alle werden alt werden und sterben und David wird immer noch seine Lieder singen."

Plötzlich hörte er auf. Der ganze Raum verstummte.

"Was ist jetzt los?"

"Rolling Thunder wird einen Kriegstanz vorführe."

Rolling Thunder befand sich in der Mitte des Raumes. Er

hatte seine übliche locker sitzende Kleidung an, aber seine Hosen und sein Hemd waren mit indianischen Mustern verziert. Er trug bunte, leuchtende Bänder um seine Gelenke, an denen Glocken hingen.

Das Trommeln fing wieder an. Der Rhythmus war jetzt langsam und gleichmäßig und klang eher schwer. Als Rolling Thunder zu tanzen anfing, reckten alle Leute, die auf dem Boden saßen, die Hälse, um die stampfenden Füße zu sehen, die den rhythmischen, hypnotisierenden Klang der Glocken hervorriefen. Ich hatte Rolling Thunder noch nie tanzen sehen. Ich hätte stundenlang zuschauen können, aber es dauerte nur wenige Minuten. Jeder wollte noch mehr sehen, Rolling Thunder verließ jedoch den Raum. Die Trommeln übernahmen einen anderen Rhythmus, und David setzte seinen Gesang fort. Manche gingen mit Rolling Thunder hinaus und baten ihn, seinen Tanz nochmals aufzuführen. Nach kurzer Zeit kam er schließlich zurück und wiederholte ihn. Danach verließ er wieder den Raum und David nahm seinen Gesang auf.

Das Berkeley-Treffen zwischen Rolling Thunder und Jim Woods fand Donnerstag abend statt. Woods hatte viele Fragen, die ich schwierig zu beantworten fand, deshalb war ich froh, als Rolling Thunder endlich kam. Er hörte sich die Fragen an, die mir bereits gestellt worden waren, und sagte:

"Uns ist gesagt worden, daß der Tag noch kommen würde, an dem der Weiße Mann bereit sei, dem Indianer die Hand zu reichen. Aber momentan reicht das allein nicht aus. Was jetzt notwendig ist, ist, daß der Weiße Mann für eine Wiedergutmachung für das bereits begangene Unrecht sorgt. Was wir jetzt brauchen, ist, daß die Verträge und Vereinbarungen, die gemacht worden sind, endlich eingehalten werden. Viele Menschen wollen sich heutzutage mit dem Indianer anfreunden und ihn verstehen, ja sogar von ihm lernen, aber die Regierung – das Büro für Indianische Angelegenheiten und die Onkel Tommyhawks, die Marionetten-Stammesräte des BIA, haben genau die entgegengesetzte Richtung eingeschlagen. Sie fahren fort, den Indianer zu betrügen, ihn um sein Land zu bringen, ihm seine menschlichen und bürgerlichen Rechte zu nehmen, und so werden die Dinge immer schlimmer.

Heute, an diesem Tag, in diesem Augenblick wird uns immer noch unser Land genommen, werden immer noch unsere Leute, selbst die Jungen, umgebracht. Viele von ihnen sind in der Stadt Elko und im Reservat ermordet aufgefunden worden. Manchmal werden sie tot im Gefängnis entdeckt. Wir können diese Dinge nicht beweisen, wir können in ihren Gerichten überhaupt nichts ausrichten, wir können weder jemanden überführen noch Untersuchungen anstellen, selbst wenn wir hundertprozentig sicher sind, wer der Schuldige ist. Unser Volk hat keinerlei gesetzliche Vertretung. Anwälte in der Stadt Elko oder in anderen kleinen Städten in unserer Gegend werden von den großen Ranchern, Grubengesellschaften und den Viehzüchtern gekauft. Sie kümmern sich nicht um arme Menschen, besonders nicht um einen Indianer, der der Ärmste der Armen ist. Unsere Leute werden in eure Gerichte geschleppt und oft wird nicht einmal versucht, eine Verhandlung vorzutäuschen. Die erst kürzlich durch die Verfassung garantierten Grundrechte der Indianer haben hier draußen keinerlei Bedeutung.

Erst vor kurzem wurde ein junger Mann ins Gefängnis geworfen,und es wurde ihm nicht erlaubt, sich einen Anwalt zu nehmen oder Zeugen zu beschaffen. Es wurde ihm nicht gewährt, vor der Verhandlung seine eigene Mutter zu sehen, und die drei Zeugen, die bereit waren, für ihn auszusagen, durften nicht erscheinen. Außer den Reservatsbeamten und dem Marionettenrat durfte niemand an der Verhandlung teilnehmen. Und das tatsächliche Vergehen dieses Mannes war, daß er sich erdreistet hatte, sich für die Wahlen des Stammesrates aufzustellen. Er war ein traditioneller Indianer und hatte geglaubt, daß er durch seine Aufstellung für die Wahl in den Stammesrat seinem Volk helfen könne. Dafür wurde er ins Gefängnis gesteckt!

Das Gesetz verlangt, daß bei allen Regierungsprojekten in den Reservaten Indianer eingestellt werden. Aber selbst wenn Zimmerleute und Bauarbeiter gebraucht werden und genügend indianische Arbeitskräfte zur Verfügung stehen – Indianer, die aus ihrer vertrauten Umgebung herausgerissen wurden und in weit entfernte Schulen gesteckt wurden, um diese Handwerke zu lernen –, werden Indianer nicht in diesen Projekten eingestellt.

Sie bauen Straßen durch unsere Reservate und wären gesetzlich dazu verpflichtet, unsere Leute einzustellen; dennoch wird die zur Verfügung stehende indianische Arbeitskraft nicht genutzt – selbst wenn sie gezwungen sind, Arbeitskräfte aus anderen Staaten zu holen.

Die Entführung indianischer Kinder aus ihren Familien wird im ganzen Land praktiziert. Indianische Kinder werden in den Reservaten unter dem Deckmantel irgendeines Kinderwohlfahrts- oder religiösen Programms entführt. Jede Ausrede ist willkommen, sofern eine weiße Familie ein Kind wünscht oder jemand Spaß daran hat, Menschen zu bekehren. Diese Leute tun sich mit den Sozialfürsorgern, Sheriffs und den Reservatsagenten zusammen und gehen in ein Reservat, um sich ein Kind zu holen. Sie behaupten einfach, daß die Familie von der Wohlfahrt lebt oder zu viele Kinder hat oder andere Ausreden, die ihnen gerade einfallen. Oft werden nicht einmal Unterlagen vorgelegt. Religiöse Gruppen, wie die Mormonen, die eigentlich unsere besten Freunde sein müßten, da sie ja behaupten, daß der Indianer zum auserwählten Volk gehört, sind an diesen Entführungen stark beteiligt.

Wir haben gehört, daß es in manchen von den europäischen Ländern so etwas wie einen 'Eisernen Vorhang' gibt. Wir haben von einem 'Bambusvorhang' im letzten großen Krieg im Fernen Osten gehört. Nun, hier draußen haben wir einen 'Ledernen Vorhang'. Die Öffentlichkeit hat keine Ahnung und kann sich gar nicht vorstellen, was hier draußen in den Reservaten vor sich geht."

All diese Zustände, von denen Rolling Thunder sprach, beschränken sich keineswegs auf die Shoshone. Wir hatten uns schon früher darüber unterhalten. Diese Zustände herrschen von Küste zu Küste, in allen Gebirgen, Ebenen und Wüsten, wo amerikanische Indianer leben. Es war eindeutig, daß Anwälte von immenser Hilfe für die Indianer sein konnten. Es würde ein langer, schwieriger Prozeß sein, selbst wenn er einmal in Gang gebracht worden ist.

"Wo ist der Ausgangspunkt eurer Arbeit?" wollte Woods wissen. "Was wollt ihr zuerst anpacken?"

Rolling Thunder glaubte, daß das 'Chaining' der Ausgangspunkt sein müsse. Er erzählte von den Ely-Ketten, der modernen Erfindung des 'Büros für Landverwaltung', um 'vegetative Manipulation' zu erleichtern. Es handelt sich um große Meeresankerketten aus Marinerestbeständen, die mit kurzen Stücken von Eisenbahnschienen, die über jedes Glied geschweißt sind, verbunden sind. Sie reißen einen Wald mit einer Geschwindigkeit von etwa acht Hektar pro Stunde nieder. Die schwere Kette wird zwischen Raupenschlepper gespannt, um Pinyon-Bäume auszureißen, deren Früchte die traditionelle Nahrung der Shoshone sind. Wacholder, indianischer Tee, heilige Pflanzen und Kräuter werden gleichzeitig mitvernichtet. Das Leben in der Wildnis wird zerstört, damit Weideland für den Privatgebrauch von Nevadas Großranchern geschaffen wird.

"Auf wessen Land wird dies betrieben und von wem?" fragte Woods. "Wer erteilt dafür die Genehmigung? Wer führt es aus?"

"Nun, das 'Büro für Landverwaltung' erteilt die Genehmigung. Wir haben eine BLM-Zweigstelle in Elko und in Ely. Das gesamte Unternehmen wird von ihnen genehmigt und verwaltet. Aber sie wiederum reagieren lediglich auf den Druck der mächtigen Interessengemeinschaften in Nevada. Diese reichen Rancher scheren sich einen Dreck um die Zukunft dieses Landes. Ob die gesamte Erdoberschicht abgetragen wird und das ganze Gebiet ein einziges Staubloch wird, interessiert sie nicht. Sie haben nur den unmittelbaren Profit im Kopf, den sie durch die Nutzung von sogenanntem Gemeingut machen. Wenn dieses Land Gemeingut ist, dann gehört es auch der Allgemeinheit und wird vielleicht von ihr eines Tages gebraucht werden. Tatsächlich findet das meiste 'Chaining' auf vertraglich gesichertem indianischem Gebiet statt, nicht in Reservaten, wohin sie uns verdrängt haben, sondern auf unseren ursprünglichen Gebieten innerhalb der Landesgrenzen, die vertraglich festgelegt sind.

Und die Indianer sind die Hüter dieses Landes."

Für Rolling Thunder waren dies die zwei ausschlaggebenden Gründe, warum das 'Chaining' der Ausgangspunkt sein sollte. Wenn die Indianer die Hüter des Landes sind, liegt der Schutz des Landes und der Wille der Natur unter ihrer Verantwortung. Wenn das fragliche Land indianisches Land ist, dann ist auch die Frage des 'Chaining' eine Vertragsangelegenheit.

"Es muß einen Weg geben, diese Verträge an die Öffentlichkeit zu bringen und die Regierung zu zwingen, sich diesen Verträgen zu stellen. Sie muß zugeben, daß sie ihre Verträge nicht einhält, und anfangen, entweder ihrem Teil der Verpflichtungen nachzukommen oder aber gemeinsam neue Vereinbarungen auszuhandeln. Wir haben es schon mit Briefen, mit Protestaktionen gegen Vertragsverletzungen und vor Gerichten des ganzen Landes versucht. Wir kämpfen aus zwei Gründen gegen das 'Chaining' der Pinyon-Bäume: einmal um uns zu retten, was von den Bäumen übriggeblieben ist und zum anderen, um das zu retten, was von unserem vertraglich zugesicherten Land und unseren Rechten übriggeblieben ist."

Jim Woods befragte Rolling Thunder über den Shoshone-Vertrag und seinen Inhalt.

"Wir haben einen recht guten Vertrag mit der US-Regierung ausgehandelt. Der Shoshone-Vertrag ist inhaltlich ziemlich eindeutig und vorteilhaft für das Shoshone-Volk. Natürlich wird der Vertrag auf jede nur erdenkliche Weise verletzt, aber wenn er unter juristischer Kontrolle stünde, könnten die Dinge heutzutage sehr viel anders aussehen. Zumindest hätten wir unter dem Shoshone-Volk nicht das, was ihr indianische Probleme nennt: Armut, Alkoholismus, eine hohe Arbeitslosen- und Selbstmordrate; denn das wirkliche Problem sind die gebrochenen Verträge. Das wirkliche Problem ist der ewige Betrug an den Indianern. Für diese Probleme werden allerhand sogenannte Lösungen angeboten: medizinische Lösungen, psychiatrische Lösungen, wirtschaftliche Lösungen, soziale Lösungen. Aber die einzig wahre Lösung ist Ehrlichkeit. Seid aufrichtig mit den Indianern; fangt endlich an, die Verträge so aufzufassen und einzuhalten, wie sie ursprünglich vereinbart worden sind. Sie gelten immer noch. Fangt an, das Unrecht gutzumachen, das in all den Jahren des Betruges den Indianern angetan worden ist."

Woods fragte: "Was für eine Stellung nehmen Sie bei Ihrem Volk ein? Haben Sie eine besondere Stellung? Betrachtet das Shoshone-Volk Sie als ihren Vertreter? Haben Sie die Befugnis, im Namen des Shoshone-Volkes zu sprechen und zu handeln?"

"Ich bin ein Medizinmann, und ich bin rechtlicher Sprecher meines Volkes. Ich vertrete es hier bei diesem Treffen. Bevor ich hierher reiste, traf ich unsere traditionellen Führer und die Ältesten zu einer Beratung, um Vorbereitungen für unser heutiges Gespräch zu treffen."

Jim Woods verließ uns erst spät abends. Wir begriffen alle, daß, falls sich irgend etwas aus diesem Anfang entwickeln sollte, dann nur nach einem langen, schwierigen Prozeß der Nachforschung und des Planens.

Merkwürdigerweise erinnerte ich mich an jene Tage des Wartens, an das Sammeln der Kräuter und des nochmaligen Wartens, ehe wir von Carlin aufbrachen. Rolling Thunder hatte in seiner Aktentasche eine Proklamation, die von Häuptling Frank Temoke unterschrieben war und ihn zum rechtmäßigen Berater und Sprecher der Westlichen Shoshone Nation ernannte. Ich hatte sie selbst gesehen. Verwundert war ich jedoch über das Treffen mit den Führern und Ältesten. Wo hielten sie sich auf? Wie hatte sich Rolling Thunder mit ihnen getroffen? Ich erinnerte mich an sein Wohnzimmer und an seinen leeren Sessel, nachdem wir uns unterhalten hatten. Ich dachte über jene Tage nach, als ich geglaubt hatte, er hielte sich in seinem kleinen Haus über der Straße auf. Ich fragte mich, wie er von diesem Treffen wissen konnte, das doch eigentlich meine Idee gewesen war.

Rolling Thunder fuhr am nächsten Morgen nach Carlin. Ich hatte mich entschlossen, noch ein paar Tage zu bleiben, um mir einen Schlafsack und eventuell noch ein Zelt zu besorgen. Ich hoffte immer noch darauf, einen Anwalt zu finden, der bereit sein würde, das Shoshone-Gebiet zu besuchen.

Am folgenden Abend traf ich mich in San Francisco mit einigen Mitgliedern der Komitees. Wir unterhielten uns zu sechst in einer Wohnung, die sich im zweiten Stock über einem leuchtend roten China-Restaurant in Chinatown befand, etwa drei oder vier Stunden lang über David Monongye, Rolling Thunder und Swami Rama. Ich erfuhr, daß es Mais gewesen war, was Sarah Greensfelder ins Freie getragen hatte, als David Monongye am Exology Center sprach. Die Hopi bauen unter theoretisch gesehen unmöglichen Bedingungen Mais als Hauptnahrungsmittel an. Mais ist der Lebensspender, ein heiliges Symbol. Wir unterhielten uns über David Monongyes Vortrag. Wie schon bei anderen zeitgenössischen indianischen Sprechern, war auch seine Botschaft zugleich eine Lehre und eine Anrufung.

Das Gespräch wechselte zu Swami Rama über. Einer der Mitglieder hatte einen Vortrag Dr. Greens über Swami Rama in San Francisco gehört. Ich hatte schon im Lager über den Swami gesprochen, und nun wollten alle mehr über die 'bemerkenswerten Dinge' hören, die Swami Rama verrichten konnte, und über die Ähnlichkeiten und Unterschiede zwischen ihm und Rolling Thunder. Ich fand, daß sie im wesentlichen die gleichen philosophischen Anschauungen vertraten, aber andere, die an jenem Abend anwesend waren, glaubten einen wesentlichen Unterschied zu erkennen: Während die amerikanischen Indianer sich für das ökologische Gleichgewicht und die Menschenrechte einsetzen, scheinen die indischen Lehrer diesen Problemen gleichgültig gegenüberzustehen, da sie ja ein völliges Desinteresse den weltlichen Dingen gegenüber vertreten. Ich meinte, daß der große Unterschied in den Lebensbedingungen beider Völker ausschlaggebend sei. In den östlichen Ländern ist den spirituellen Führern schon immer Hochachtung entgegengebracht worden, die über deren Bedürfnisse und Wünsche weit hinausging, während sie im Westen nur gegen Brutalität und Haß anzukämpfen hatten. Der Unterschied, so glaubte ich, lag mehr in den Lebensbedingungen der Lehrer als in ihren Philosophien. Aber das war eigentlich nicht der springende Punkt. Ich glaubte, daß, wie Rolling Thunder schon oft betont hatte, die Sprecher östlicher Weisheiten häufig mißverstanden worden sind. Tatsächlich haben sie nie eine völlige Loslösung von weltlichen Verpflichtungen befürwortet.

"Ich glaube nicht, daß irgendein Weiser oder auch nur ein intelligenter Mensch jemals eine solche Trennung befürworten würde", sagte ich. "Die Orientalen haben schon immer mehr von Verpflichtungen und Pflichten gehalten als von Freiheiten und Rechten. Sie teilen nicht unser Konzept vom Ich als einer isolierten, individuellen Identität (Persönlichkeit): westliche Menschen haben eine Abneigung gegen das, was man Pflichtbewußtsein nennt, und ich glaube, daß sie die östliche Philosophie falsch interpretieren und so auslegen, wie es ihnen am bequemsten erscheint. Langsam fangen sie an, es zu genießen, mit Ausdrücken wie 'Karma' und 'spiritueller Entwicklung' um sich zu werfen, aber sie betrachten diese Dinge gerne als etwas ganz Persönliches.

Wenn östliche Mönche oder Yogis davon sprechen, daß man die Bindung an weltliche Ängste und Reize überwinden sollte, dann heißt das nicht, daß man sich sozialer Verpflichtungen entziehen soll. Alles, was sie immer wieder sagen, ist: "Verrichtet eure Arbeit auf dieser Welt. Zieht euch keine Roben an, um euch dann auf irgeneine Insel zurückzuziehen. Wenn ihr meint, daß die Stadtatmosphäre nicht ausreichend spirituell ist, dann versucht, die Stadt zu verändern und nicht, ihr zu entfliehen." Diese Mönche und Yogis sind selbst hier Fremde, sie haben mit unseren politischen Schwierigkeiten und Rassenproblemen nichts zu tun.

Ich meine, es liegt an uns, unser eigenes kollektives Karma auszuarbeiten. Die spirituellen Führer und Lehrer, die für die Menschen, die in diesem Land geboren sind, von Bedeutung und Wichtigkeit sind und die mit diesem Land, diesen Verhältnissen und diesem Karma zusammenarbeiten sollten, sind Leute wie Martin Luther King und Rolling Thunder. Kein Yogi oder Mönch von weither wird uns jemals eine Botschaft übermitteln können, die unseren Bedürfnissen und Lebensumständen voll entspricht. Ich glaube, daß die vollständigste und passendste Lehre für die Menschen dieses Landes letzten Endes von den eingeborenen Amerikanern kommen wird."

John Welsh lenkte das Gespräch um: "Hab' ich euch schon mal von meiner Begegnung mit Rolling Thunder erzählt?"

Ich hatte gehört, daß John Welsh Rolling Thunder schon kannte, bevor er nach Kalifornien gezogen und dem Komitee beigetreten war, und daß sie des öfteren Reisen zusammen unternommen hatten. Er hatte mir in Nevada, kurz nachdem Rolling Thunder bei der verlassenen Ranch Regen gemacht hatte, erzählt, wie Rolling Thunder einmal den Regen zum Stillstand gebracht hatte. An einem Tag, an dem es schon seit Stunden geschüttet hatte, war Rolling Thunder mit ihm auf einen Berg gestiegen und hatte behauptet, daß der Regen in dem Moment aufhören würde, wo sie am Gipfel ankämen und zwar genau so lange, wie sie sich dort aufhielten. "Und", sagte John, "genau so war es auch."

"Unser erstes Treffen war ein reiner Zufall. Es fand statt, bevor ich angefangen hatte, mich für das indianische Volk und deren Angelegenheiten zu engagieren. Ich fuhr gerade auf dem Weg zurück nach Kansas City durch Oklahoma, und ich wußte, daß sich ein Freund aus Irland gerade dort aufhielt, um einem indianischen Treffen beizuwohnen. Ich entschloß mich, ihn aufzusuchen. Die Versammlung war überfüllt, und ich sah nur unbekannte Gesichter. Dennoch lief mir ein junger Indianer über den Weg, den ich kannte. Wir sahen uns um, und er zeigte auf einen Indianer, der auf der anderen Seite des Saals stand. Er sagte mir, daß das Rolling Thunder sei und ich ihn fragen sollte, wo mein irischer Freund sein könnte. Ich ging zu diesem Mann hin und fragte ihn, ob er Rolling Thunder sei. Er schaute mich nur schweigend an. Ich erzählte ihm, wen ich suchte und wartete auf eine Antwort. Endlich gab er ein eigenartiges Kauderwelsch von sich, das ich beim besten Willen nicht verstehen konnte. Ich nahm an, daß er kein Englisch sprach oder aber kein Wort verstanden hatte. Mein indianischer Freund kam zu uns rüber, und wir standen etwa eine Minute lang schweigend da. Als er begriffen hatte, was passiert war, erzählte er Rolling Thunder, daß ich ein Freund sei. Rolling Thunder entschuldigte sich in perfektem Englisch und sagte, daß er nur vorsichtig gewesen sei. Als ich ihm erzählte, daß ich auf dem Weg nach Kansas City war, sagte er, daß er vorhatte, nach Leavenworth zu fahren, um einen jungen Shoshone zu besuchen, der dort wegen Wehrdienstverweigerung inhaftiert sei. Er bat mich, ihn mitzunehmen."

Rolling Thunder hatte bereits in Council Grove von diesem Vorfall erzählt. Er war damals zu einem Treffen von Häuptlingen und Medizinmännern in Oklahoma gefahren. Bevor er abgereist war, hatte ihn sein Volk gebeten, einen jungen Shoshone zurückzubringen, der in Leavenworth zu fünf Jahren Zuchthaus verurteilt worden war, weil er sich geweigert hatte, nach Vietnam zu gehen. Die Shoshone-Verträge besagen, daß kein Indianer einberufen werden darf. Rolling

Thunder war entschlossen, den Jungen nach Hause zurückzuholen.

"Ich befand mich also in Oklahoma", hatte Rolling Thunder erzählt, "und da nahm mich ein Weißer mit, ein Lehrer von der Universität von Missouri, und ich verrichtete meine Medizin an den Ufern des Missouri River. Es war ein klarer Tag, und die Wolken zogen pechschwarz am Himmel auf. Sie kamen immer schneller heran. Der Donner rollte und der Blitz zuckte am Himmel. Ich wußte, daß alles seinen rechten Weg gehen würde. Wir gingen zu den Pforten des Gefängnisses. Sämtliche Armee-Offiziere waren dort versammelt. Sie beobachteten einen schwarzen Trichter, der so aussah, als sei er etwa zwei bis drei Meilen entfernt, und der sich auf sie zubewegte. Nun werde ich nicht alle Einzelheiten der Geschichte erzählen; auf alle Fälle befindet sich der Mann jetzt zu Hause in Oklahoma, und er besitzt keinerlei Entlassungspapiere. Er weiß nicht, ob er eigentlich im Gefängnis oder in der Armee oder weiß der Teufel wo sein sollte. Sie haben ihn einfach freigelassen."

Während all unserer Gespräche im Lager hatte John Welsh diesen Vorfall nie erwähnt, und so hatte ich keine Ahnung, daß er derjenige gewesen war, der Rolling Thunder mitgenommen hatte. Die Geschichte hatte mich beeindruckt, und ich hatte sie nicht vergessen. Nun hörte ich sie zum zweiten Mal.

"Ich nahm also Rolling Thunder im Auto mit, und wir fuhren zusammen nach Leavenworth, wo wir am späten Nachmittag ankamen. Rolling Thunder ging schnurgerade zur Pforte und sagte, daß er gekommen sei, um diesen Mann abzuholen und ihn zum Shoshone-Gebiet zurückzunehmen. Sie wollten uns nicht hereinlassen. Sie verlangten sogar, daß wir sofort wieder gingen, aber Rolling Thunder ließ sich nicht abschütteln. Schließlich und endlich kam irgendein hoher Gefängnisbeamter und verhandelte mit uns. Er sagte, es sei unmöglich, unseren Freund zu besuchen. Rolling Thunder sagte, er sei gekommen, um jemand abzuholen, nicht, um jemand zu besuchen. Sie führten uns in ein Wartezimmer. Schließlich kam ein anderer Beamter herein und behauptete, der Mann, den wir sehen wollten, wäre verlegt worden. Rolling Thunder und ich gingen, aber wir waren keineswegs bereit aufzugeben und mieteten uns deshalb in ein nahegelegenes Motel ein.

Mitten in der Nacht begann Rolling Thunder laut zu sprechen. Als er bemerkte, daß ich wach war, schaute er mich zornig an und sagte, daß man ihn belogen hatte und er nun bereit sei, die Dinge auf seine Weise zu lösen. Er sagte, wenn sie imstande wären, Lügen zu benutzen, um bewußt etwas Falsches durchzusetzen, dann könne er auch mit Hilfe von Angst das erreichen, was er für richtig hielt. Als ich ihn fragte, was er damit meine, erzählte er mir, daß er gerade im Gefängnis gewesen sei und wüßte, daß der Junge dort sei. Dann sagte er mir, ich solle schnell wieder einschlafen, denn wir müßten vor Sonnenaufgang aufstehen und ich würde dann seinen Plan sehen.

Mir schien es, als seien gerade erst ein paar Minuten vergangen, als Rolling Thunder schon wieder im Zimmer umherging und mir befahl aufzustehen, damit wir vor Sonnenaufgang zum Fluß hinuntergehen könnten. Wir gingen zum Ufer des Missouri hinunter, wo Rolling Thunder Feuer machte und anfing, höchst merwürdige Dinge hineinzuschmeißen. Er zündete seine Pfeife an, rauchte eine Weile und hob dann zu einem unheimlichen Gesang an. Er reichte mir die Pfeife und sagte mir, ich solle ziehen. Damit hatte ich trotz des sehr starken Rauches keine Schwierigkeiten, aber als er mich bat zu singen, kam mir das völlig unmöglich vor. Er bestand darauf, daß ich ihm nachsang und auf einmal ging es irgendwie. Wir sangen und rauchten eine ganze Weile, während Rolling Thunder ständig irgend etwas ins Feuer legte. Ich hatte keine Ahnung, wo oder wann er an diese Dinge gekommen war.

Nach einiger Zeit fing das kleine Feuer an, einen intensiven schwarzen Rauch zu erzeugen, der pfeilgerade von der Feuerstelle aufstieg und hoch in der Luft hängenblieb. Über unseren Köpfen wurde es schwärzer und schwärzer, dann Donner – laut und beängstigend! Er schien von weither zu kommen und direkt gegen unsere Köpfe anzurollen. Ich konnte es förmlich spüren. Dann bewegten sich schwarze Wolken über den ganzen Himmel und sammelten sich direkt über uns. Es wurde so finster, daß die zuckenden Blitze strahlend weiß erschienen. Der Blitz umkreiste uns; er durchfuhr die Luft mit einem schneidenden Knall.

Inmitten dieses ganzen Geschehens machte Rolling Thunder das Feuer aus und befahl mir, ihm zu folgen. Wir stiegen die Uferböschung hinauf und gingen weg. Ich drehte mich ständig um; der Himmel um uns herum war vollkommen klar – bis auf eine große schwarze Wolke, die sich genau dort, wo wir uns aufgehalten hatten, länglich nach unten zog. Sie glich einem Trichter.

Als wir die Gefängnispforte erreichten, schrie Rolling Thunder die Wachen mit einer wirklich gewaltigen Stimme an. Einer von ihnen eilte nach innen und kehrte mit einigen Beamten zurück. Sie forderten uns pausenlos auf, das Gelände zu verlassen und Rolling Thunder wiederholte unentwegt, daß er den indianischen Jugendlichen wolle. Er sagte ihnen, daß er ihn im Gefängnis gesehen habe und deshalb wüßte, daß er da sei. Sie schienen zwar alle darüber erstaunt zu sein, versuchten aber trotzdem, uns zum Gehen zu zwingen.

Rolling Thunder deutete in die Richtung, aus der wir gekommen waren. Man konnte den schwarzen Trichter deutlich am Himmel erkennen. Er sagte ihnen, daß sie ihn beobachten sollten, was sie ohnehin taten, denn er kam geradewegs auf uns zu. Dies sei ein Tornado, sagte er, und er würde jeden Moment das ganze Gefängnis niederreißen. Der Trichter bewegte sich langsam, aber sicher auf uns zu. Alle beobachteten ihn, bis er uns fast erreicht hatte. Dann liefen einige Leute nach innen. Sand und Steine wirbelten durch die Luft, aber nichts davon traf uns – zumindest mich nicht. Ich konnte mich kaum auf den Beinen halten und tat mich schwer, irgend etwas zu sehen. Rolling Thunder erschien mir völlig gelassen und ruhig; seine Augen waren auf die Gefängnispforte gerichtet. Nach nicht allzu langer Zeit flog die Pforte auf und wurde losgerissen. Sie wirbelte, sich immer wieder um ihre eigene Achse drehend, durch die Luft. Die Gefängnisbeamten brachten den jungen Mann heraus. Es gab keine Formalitäten, nichts. Sie ließen ihn einfach gehen. Er ging zurück in den Westen, in das Land seiner Väter. Soweit ich informiert bin, ist er immer noch dort."

KAPITEL 17
AMERIKANISCHE INDIANER: HÜTER DES LANDES

NACH DEM TREFFEN schickte ich meine neue Camping-Ausrüstung mit dem Greyhound nach Carlin und kaufte mir eine Fahrkarte für die Southern Pacific. Der Zug von Oakland nach Carlin bot einem alles, was man sich von einer Zugfahrt nur erwarten konnte: ein Serpentinenaufstieg durch die Sierra Nevada, durch Tunnels, über Brücken, durch verschneite Wälder, die sich in den steilen Bergen, die hoch über den Gleisen ragten, verloren, während die Gleise selbst sich in die tiefen Täler meilenweit hinunterzustürzen schienen.

Die Fahrt dauerte zwölf Stunden, und es war bereits dunkel, als wir in Carlin ankamen. Ich wußte, daß dieser Zug an unserem Lagerplatz im Canyon vorbeikommen würde und hoffte darauf, vom Fenster aus das Lagerfeuer zu sehen. Ich schaute lange Zeit hinaus, aber gerade als ich erwartete, die Stelle zu sehen, unterbrach mich ein Bahnangestellter mit einer Lampe. Er hatte zwar eine Uniform an, wie sie die Schaffner tragen, aber auf seiner Mütze stand in Goldbuchstaben: Bremser.

"Sie wollen in Carlin aussteigen?" "Ja, richtig. Sind wir schon da?" "Noch ein paar Minuten. Erst letzte Woche stieg so'n Kerl in Carlin aus. Wieso steigen Sie eigentlich in Carlin aus?" "Nun, das ist eben meine Station." "Brauchen Sie Hilfe mit Ihrem ganzen Zeug?" "Nein, ich habe nur ein paar kleine Taschen." "Der Grund, warum ich frag' – dies ist eigentlich keine richtige Haltestelle, nur 'ne Wartungstelle. Es gibt hier keinen Gepäckträger. Sie werden schon sehen, wir werden Sie einfach mitten im Gebüsch 'rauslassen."

"Das weiß ich", sagte ich. "Nun, wohnen tun Sie nicht hier, das weiß ich." Die Leute fingen schon an, sich auf ihren

Sitzen umzudrehen. "Wenn Sie hier wohnen würden, würde ich Sie kennen. Ich hab' fünfzehn Jahre in Carlin gelebt. Bin gerade weggezogen. Die meisten Leute hier in der Gegend sind Bahnleute. Hab' Sie noch nie auf dieser Strecke gesehen." Ich gab keine Antwort. "Warum steigen Sie in Carlin aus?" "Weil ich jemand besuchen will!" "Wen?" "John Pope. Er ist Bremser bei der Southern Pacific. Sie kennen ihn sicher." "Ich will diese Tür hier hinten nicht aufmachen. Die Treppe fährt nicht besonders gut raus." Er ging den Gang nach vorne durch und drehte sich um. "Ich lass' Sie hier vorne raus, Sie können warten, bis der Zug hält." Dann kam er zurück und beugte sich über mich. "Klar, den kenn' ich", sagte er, "den kenn' ich."

Ich stieg aus. Die nächtliche Luft war frisch und kühl. Der Bremser fing an, mit seiner Lampe die verschiedensten Signale zu geben. "Wissen Sie wohin? Dort drüben, da wohnt Pope." "Sie haben mir gesagt, daß sie mich vielleicht hier abholen. Ich warte lieber." "Auf die können Sie sich nicht verlassen. Sie können gleich hier durch die Büsche gehen, wenn Sie keine Angst vor Schlangen haben. Waren Sie schon mal dort?"

"Ja, war ich schon. Ich glaube, ich werde gehen." "Das sollten Sie auch; Sie würden die ganze Nacht hier stehen! Sind nur ein paar Minuten zu gehen."

Ich ging los, und der Bremser rief hinter mir her: "Hat er Ihnen schon diesen ganzen großen Häuptlings-Scheiß aufgetischt?" "Was?" "Ob er Ihnen schon mit diesen Rolling-Thunder-Märchen gekommen ist?" "Er ist kein Häuptling und Rolling Thunder ist sein Name", sagte ich. "Sein angenommener Name, meinen Sie wohl. Kein Mensch heißt Rolling Thunder!" lachte er. "Nun, er schon", erwiderte ich leise.

Ich ging ein Stück weiter und schaute mich dann um. Ich sah, wie der Bremser seine Laterne hin- und herschwang. Ich wollte schreien: "Jedermanns Name ist angenommen! Wo haben Sie eigentlich Ihren her? Wie sollte ein Indianer zu einem Namen wie John Pope kommen?" Aber ich drehte mich wieder um und ging weiter.

Die ganze Familie war zu Hause, und Anne Haberton und Richard Clemmer waren gekommen, um mich zum Canyon hinaufzufahren. Ich war etwa zwanzig Minuten früher angekommen, als sie erwartet hatten. Bevor ich ins Lager aufbrach, trank ich eine Tasse Kaffee mit Rolling Thunder und unterhielt mich ein bißchen mit ihm. Er und Richard hatten über die Pinyonbäume und das 'Chaining' gesprochen. Falls sie ausfindig machen konnten, wo und wann die nächste Aktion steigen sollte, wollten sie dabeisein. Rolling Thunder wies darauf hin, daß wir sehr schnell sein müßten, um sie in voller Aktion zu erwischen, zumal die Traktoren in der Lage waren, pro Stunde ein Gebiet von einigen Hundert Hektar zu zerstören.

Ich erzählte ihnen, daß ich mich mit Jim Woods, dem Anwalt, getroffen hatte, kurz bevor ich Berkeley verließ, und daß er mich über den Shoshone Vertrag befragt habe – ob dieser vom Kongreß ratifiziert worden sei und falls ja, wann, und ob er vom Präsidenten unterschrieben sei. "Woods möchte, falls möglich, eine Kopie des Vertrags mit allen Unterschriften", sagte ich. "Er hat sich in der juristischen Bibliothek umgesehen. Er hat gesagt, wenn jemand wirklich krank werden möchte, braucht er nur das nachzulesen, was über Indianer in unseren Gesetzbüchern steht.

Ich habe auch mit einem anderen Anwalt gesprochen, Mel Dayley. Er hatte den Anschlag gelesen, den wir auf dem schwarzen Brett in der U.C. Law School angebracht haben, und er würde sich gerne mit uns treffen. Er hatte früher eine Praxis in Utah und ist dann in die Bay Area gezogen, und es käme für ihn eigentlich nicht in Frage, nochmals ein staatliches Anwaltsexamen abzulegen, damit er in Nevada praktizieren kann. Er glaubt nicht, daß die Chancen, einen guten Anwalt in Nevada zu finden, allzu groß sind, es sei denn, es gelingt uns, einen radikalen jungen Anwalt aufzutreiben, vielleicht den Sohn eines reichen Ranchers."

Rolling Thunder sagte: "Ich wußte, daß es nicht einfach sein würde." Unser Gespräch war beendet, und wir fuhren zum Lager zurück.

Während der nächsten Tage sah ich Rolling Thunder nur selten. Zuerst verbrachte ich meine Zeit damit, unseren Lagerplatz zu verbessern. Dann machte ich Kassettenaufzeichnungen von meinen Notizen und Berichten und arbeitete an meinen Papieren. Ich schaute Anne zu, wie sie mit

Techniken, die sie in Hopiland gelernt hatte, töpferte. Richard war mit seiner Dissertation beschäftigt, eine vergleichende Analyse der Auswirkungen weißer Rechtssprechung auf Hopi- und Western-Shoshone-Gemeinden.

Das Lager war zwar ein verhältnismäßig angenehmer Platz, aber tagsüber brannte die Sonne vom Himmel herab, und nachts war es zu kalt, um sich außerhalb des Bettes oder außer Reichweite des Feuers aufzuhalten. Der Heuschnupfen, den ich in San Francisco völlig vergessen hatte, überkam mich wieder, und ich fing an, Tabletten und Augentropfen zu nehmen. Ich hätte all diese kleinen Unannehmlichkeiten in Kauf genommen, wenn ich mehr Zeit mit Rolling Thunder hätte verbringen können. Ich fragte mich allmählich, ob es denn sinnvoll sei, das Lager so weit entfernt von Carlin beizubehalten. Wir fingen an, die Möglichkeiten zu erörtern, eine Wohnung in der Stadt zu mieten, und ich beschloß, die Sache mit Rolling Thunder zu besprechen.

Aber die Tage verstrichen, und es bot sich keinerlei Möglichkeit, mit Rolling Thunder zu sprechen. Einmal war Oscar Johnny zu Besuch gekommen, und wir fuhren für einen Abend hinunter. Ein anderes Mal kam Alice Floto von Salt Lake City herüber. Sie beriet sich mit Rolling Thunder über meinen Heuschnupfen, und sie arbeiteten ein Rezept aus, für das man zwölf Kräuter benötigte. Wieder verstrichen die Tage, während ich im Lager wartete.

Eines Tages, als wir sicher waren, daß Rolling Thunder zu Hause sein würde, fuhr mich Richard am frühen Morgen nach Carlin. Ich saß im Wohnzimmer und unterhielt mich mit Spotted Fawn, während ich darauf wartete, daß Rolling Thunder aufwachte und aus seinem kleinen Haus auf der anderen Straßenseite kommen würde. Er stand auf, aber er kam nicht herüber. Spotted Fawn brachte ihm auf einem Tablett Kaffee. Als auch sie nicht mehr zurückkam, saß ich alleine im Wohnzimmer.

Ich hatte mich entschlossen, mit Rolling Thunder zu sprechen. Während die Stunden verstrichen, wuchs meine Ungeduld und erschwerte mir das Warten. Ich fühlte mich unwohl; meine Augen tränten und ich fing an zu niesen. Ich hatte keine Medizin und, was noch schlimmer war, kein Taschentuch bei mir. Es war wirklich sinnlos, weiterhin draußen im

Unterholz zu bleiben. Ich sollte mich in der Stadt aufhalten, wo ich jeden Tag Rolling Thunder treffen konnte und nicht weit weg in den Bergen. Und nun saß ich da und wartete seit Stunden. Auf diese Weise nährte ich eine Zeitlang meine Ungeduld, aber dann kam mir plötzlich ein anderer Gedanke. "Du benimmst dich kindisch. Dein Heuschnupfen löst solche unsinnigen Gedanken in deinem Kopf aus. Lerneifer ist natürlich, aber sich zu beschweren ist völlig unnötig. Der ganze Tag steht dir zur Verfügung, das ist mehr als genug Zeit. Es ist lächerlich, ungeduldig zu sein, während du auf Rolling Thunder wartest."

Zudem kam mir der Verdacht, daß Rolling Thunder so lange nicht auftauchen würde, wie ich mich so fühlte. Das war es; ich war nicht ungeduldig, weil ich warten mußte, ich mußte warten, weil ich ungeduldig war. Ich dachte mir, daß ich meinen Zustand vielleicht ändern könnte, wenn ich eine Weile an mir arbeitete. Ich schloß die Augen. Innerhalb weniger Minuten kam Rolling Thunder durch die Tür spaziert. Er war gut aufgelegt.

"Ich hätte es an deiner Stelle nicht allzu eilig, von dort draußen nach Carlin zu ziehen", sagte er. "Stattdessen solltest du dir mal ein paar Gedanken darüber machen, wie du dir alles besser einrichten könntest, vielleicht eines dieser alten Häuser herrichten. Ich weiß, es wird bald kalt werden, aber wenn du dir jetzt schon Gedanken darüber machen würdest, könntet ihr es da draußen noch ziemlich lange aushalten. Dein Gefühl sagt dir, daß du lieber näher am Haus wärst, aber das ist nicht unbedingt der Ort, wo das Wesentliche passiert." Er wußte haargenau, was in meinem Kopf vorgegangen war.

"Wenn du also indianische Heilkunst erleben willst, mußt du deine Augen für alles Geschehen um dich herum offenhalten, und vielleicht wirst du dann auch etwas erfahren. Was immer auch passiert, was für dich von Interesse sein könnte, spielt sich als ein Teil der gesamten Arbeit ab. Wir können nicht eine bestimmte Aktivität von der anderen trennen, alles muß ein Teil der Arbeit sein. Und wenn ich jemanden behandle, dann kann man nicht im voraus sagen, wann das stattfinden wird. Vielleicht werde ich morgen jemand behandeln, vielleicht auch nicht. Aber falls ich es tue, oder wenn ich es tue, wird es höchstwahrscheinlich eher da draußen geschehen als hier. Ich behandle nicht gerne hier im Haus. Einmal, weil es besser ist, sich dabei in einer natürlichen Umgebung aufzuhalten und zum anderen, weil es nicht gut ist für das Haus. Wenn jemand hierherkommen würde, um sich behandeln zu lassen, würde es ganz schön schwierig werden. Ich hatte schon mal Ärger, als ich Leute mit psychischen und emotionalen Problemen hier behandelte und die Probleme dann letzten Endes hier im Haus hängen blieben. Manche sind ganz schön ausdauernd und destruktiv. Es gibt Wege, dagegen anzugehen, aber ich sollte mir in meinem eigenen Haus nicht dauernd den Kopf über sowas zerbrechen müssen. Hier wohne ich und ruhe mich aus, und hier wohnt auch meine Familie.

Deshalb hoffe ich immer darauf, einen guten Platz zu finden, wo ich Leute behandeln kann, wo sich aber gleichzeitig auch Menschen aufhalten können. Wenn du also zur Menninger Foundation zurückgehst, kannst du ihnen sagen, daß ich bereit wäre, mit einigen ihrer Patienten zu arbeiten. Ich wäre bereit, Überweisungen von richtigen Psychiatern zu übernehmen, wenn ich die Behandlung hier bei mir durchführen und annehmen und ablehnen könnte, wen ich will.

Selbstverständlich gibt es Dinge, die diese Ärzte von der Menninger Foundation wissen, die ich nicht weiß, aber es gibt auch eine Menge, von dem sie keine Ahnung haben, und da könnte ich einspringen. Manches davon wird diesen Ärzten befremdlich erscheinen, z.B. in den Fällen, die sie mit 'Schizophrenie' umschreiben, oder in Fällen, wo Menschen unter dem Einfluß fremder Wesen stehen. Manchmal wird einem Menschen ein Teil seiner Energie von einem anderen entzogen, manchmal steigen welche auf Drogen ein, und andere Wesen versuchen dann, ihren Körper zu übernehmen. Die Ausbildung eines Arztes ist sehr begrenzt, und meistens haben sie wenig Interesse und Auffassungsvermögen für das, was außerhalb ihrer Ausbildung liegt. Manche von ihnen werden sogar dazu ermuntert, zynisch zu sein. Aber sie sind unfähig, ihre Gefühlswelt in ihre Arbeit zu integrieren. Jetzt haben sie die Chance, das mitzuerleben. Es ist höchste Zeit, daß Ärzte und Medizinmänner anfangen zusammenzuarbeiten."

Es war nicht notwendig, irgend etwas zu sagen, und es gab auch nichts, was hätte gesagt werden müssen. Mein vorheriger Zustand war spurlos verschwunden. Ich merkte sogar plötzlich, daß mein Heuschnupfen, zumindest für den Augenblick, wie weggeblasen war, daß er seelisch bedingt war. Ich war mir sicher, daß in meinem momentanen Zustand jegliche Heuschnupfen-Beschwerden völlig unmöglich waren.

"Wir haben deine Heuschnupfen-Kapseln nicht vergessen", sagte Rolling Thunder. Ich habe sie dir bis jetzt noch nicht gegeben, weil ich noch keine Eibischwurzel habe. Ansonsten fehlt mir nichts, und manchmal gibt es Eibischwurzel in einem Reformhaus in Elko. Wir können also vielleicht schon sehr bald die Kapseln zusammenstellen. Sie werden mit deinem Heuschnupfen so radikal aufräumen, daß du niemals mehr Beschwerden haben wirst."

Rolling Thunders ständiges Wissen um meine Gedanken und Gefühle erschien mir keineswegs wie ein merkwürdiges psychisches Phänomen, eher wie eine Art Fürsorge. Ich hatte das Gefühl, daß er, wenn ich mich nur richtig auf seine Ebene einspielen könnte, bei weitem nicht so viel reden müßte. Vor nur wenigen Minuten war ich vollauf mit meiner Enttäuschung und Frustration darüber, daß ich nicht mehr Zeit mit Rolling Thunder verbringen konnte, beschäftigt gewesen, aber jetzt konnte ich kaum glauben, daß solche Gefühle jemals existiert hatten oder zurückkehren würden. Der Nachmittag verging viel zu schnell. Anne und Richard holten mich ab und fuhren sofort ins Lager. Ich wäre gerne noch eine Weile geblieben, aber wir wollten noch vor Sonnenuntergang das Feuer und das Abendessen in Gang bringen. Nach dem Essen saßen wir mit leeren Tellern da und schauten ins Feuer. Ich erzählte von meinem Nachmittag mit Rolling Thunder. "Es ist komisch", sagte ich, "aber ich hab das Gefühl, als sei er ständig anwesend." Sie stimmten mir zu. Kurz darauf fuhr Rolling Thunder in seinem Camaro ins Lager ein. Er war wohl gekommen, um unsere Feststellung zu bestätigen. Als Beweisstück diente ein frisch gebackener Apfelkuchen, den Spotted Fawn gebacken hatte und uns auf einem blauen Teller ins Lager schickte.

Eines Morgens ließ Rolling Thunder mich von Spotted

Eagle abholen und zu sich nach Carlin fahren. Zwei junge Frauen, eine Deutsche und eine Dänin, waren bei Rolling Thunder zu Besuch. Sie waren in die USA gekommen, um Informationsmaterial über die amerikanischen Indianer zu sammeln, und hatten schon mit dem Komitee in San Francisco zusammengearbeitet, wo wir sie ursprünglich kennengelernt hatten. Rolling Thunder nahm uns auf einen Ausflug mit. Wir trugen leere Kartons mit, um Kräuter zu sammeln, aber in dieser Konstellation war das ganze eher eine gesellschaftliche Angelegenheit als ein ernsthaftes Sammeln von Kräutern.

Wir fuhren von Carlin aus in südwestlicher Richtung an der Straße vorbei, die in Serpentinen zu unserem Canyon hinaufführt. Rolling Thunder schaute während der Fahrt mehr aus dem Seitenfenster als auf die Straße und hielt immer, wenn wir an einen Ort kamen, der ihn interessierte. Mit Ausnahme der Hauptverkehrsstraße, der Bundesstraße 80, sind die Straßen, die von Carlin weg- und nach Carlin hineinführen, nicht allzu stark befahren. Diese Straße war die einsamste: kein einziges Auto fuhr an uns vorbei. Wir trugen unsere leeren Schachteln etwa hundert Meter von der Straße weg. "Wenn ihr eine Schlange seht, paßt auf, daß ihr sie nicht verletzt", sagte Rolling Thunder, als wir uns einen Weg durch das Gestrüpp bahnten. Wir kamen zu einem riesigen Wacholderbaum, der mit bläulich-grauen Beeren übersät war, die Rolling Thunder benötigte. Er nannte sie 'wilde Zedernbeeren.' Die zwei jungen Frauen schauten unverwandt bei der Hinterlegung der Opfergabe zu, was mich veranlaßte, ebenfalls hinzusehen. Wir waren bei dieser Zusammenkunft alles andere als schweigsam. Die beiden Frauen schnatterten beim Beerenpflücken unentwegt auf deutsch und englisch, und Rolling Thunder beantwortete sogar einige ihrer Fragen. Aber dann arbeitete er sich zu der Seite des gewaltigen Baumes vor, die nach unten hing und verstummte vollends.

Die Beeren waren im Vergleich zu den großen Kartons verschwindend klein. Zuerst pflückten wir jede Beere einzeln ab, aber bald erkannten wir, daß auf diese Art und Weise bis Sonnenuntergang nur etwa zwei Handvoll zusammenkommen würden. Wir diskutierten und probierten die verschiedensten Sammeltechniken durch und kamen zu dem Ergebnis, daß es wohl am effektivsten wäre, die Schachtel mit einer Hand unter den Ast zu halten und mit der anderen den Ast entlangzufahren und die Beeren abzustreifen. Diese Methode erwies sich allerdings als sehr schmerzhaft für die Hände und als eine etwas grobe Art, mit einem Medizinbaum umzugehen. Ich versuchte es also nur mit den Fingerspitzen, was zwar wesentlich sanfter war, aber tödlich langsam. Als wir gerade so viele Beeren zusammenhatten, um den Boden der Schachtel zu bedecken, kam Rolling Thunder von der anderen Seite des Baumes mit einer fast vollen Schachtel an. Ich hätte nichts gesagt, aber eine der Europäerinnen fragte: "Wie haben Sie das geschafft?"

"Was geschafft?" erwiderte Rolling Thunder und schüttete unsere Handvoll Beeren in seinen Karton. Kein Wort mehr wurde über die Angelegenheit verloren.

Als nächstes fanden wir wilde Sonnenblumen, und Rolling Thunder wollte viele Blätter davon sammeln. Wieder stellte sich das Vorhaben für alle außer Rolling Thunder als nahezu unmöglich dar. Er wies uns an, auch nicht ein einziges Blatt zu nehmen, das von einer Ameise besetzt war, und Ameisen waren praktisch überall. Rolling Thunder zwickte mit einer beachtlichen Geschwindigkeit Blätter ab, während wir langsam und bedächtig jedes einzelne Blatt untersuchten. Ich versuchte, die Ameisen mit der Fingerspitze weiterzuschieben, aber sie weigerten sich mitzumachen. Wenn eine den Stiel hinunterlief, nahmen zwei andere ihre Stelle ein, oder sie blieben wie angewurzelt auf der Stelle sitzen und forderten mich geradezu heraus, sie wegzuschnippen, in dem Wissen, daß ich es (vor Rolling Thunder, dem Hüter des Landes – möglicherweise auch der Ameisen,) nicht wagen würde.

Ich beobachtete Rolling Thunder und sah, daß er lediglich mit dem Finger über die Blätter fuhr, als würde er die Ameisen zusammentreiben, und sie huschten tatsächlich davon. Das wiederholte sich. Jedesmal, wenn er einem Blatt zuwinkte, verließen es die Ameisen scharenweise. Ich sah, wie er mit dem Finger einen Stiel hinunterdeutete und eine Kolonne Ameisen in die angezeigte Richtung davonmarschierte, genauso, als sei sein Finger ein Magnet und die Ameisen kleine Eisenpartikel.

Ich wollte dies selbst ausprobieren, aber irgendwo, wo mich Rolling Thunder nicht beobachten konnte. Ich ging auf eine andere Sonnenblume zu, als ich plötzlich eine Klapperschlange sah. Mir blieben die Augen und der Mund offenstehen. Die Schlange schlängelte sich weiter und berührte mit der Klapper fast meinen Stiefel. Ich wollte wie gelähmt stehenbleiben, aber mit einem Mal überkam mich ein seltsames Glücksgefühl. Jedesmal, wenn ich mit Rolling Thunder auf einem Berg, an einem Fluß, im Gebüsch oder an der Straße entlanggegangen war, hatte er einige beschützende Worte für seine Freunde, die Schlangen, gesprochen. Endlich hatte ich nun eine gefunden. Ich glaube, ich habe erst die Schlange und dann Rolling Thunder angelächelt. "Schau dir das mal an!" sagte ich.

Alle drehten sich um. Selbst die Frauen blieben ruhig. Rolling Thunder beugte sich zum Kopf der Schlange hinunter und streckte seine Hand aus. Die Schlange wand sich und richtete ihren Kopf auf, um der Hand zu begegnen. Seine Hand und die Augen der Schlange waren kaum einen Zentimeter voneinander entfernt. Beide fingen an, sich zu bewegen. Wenn die Hand nach vorne ging, ging der Kopf zurück. Zog sich die Hand zurück, folgte ihr der Kopf. Rolling Thunder bewegte seinen Kopf hin und her, und die Klapper rasselte. Nun streckte er beide Hände aus, und die Schlange schwang langsam zwischen ihnen hin und her, zuerst auf die eine Seite, dann auf die andere. Rolling Thunder und die Schlange befanden sich einander in Augenhöhe gegenüber. Ich schaute völlig gebannt zu. Das Ganze war ein Tanz. Rolling Thunder hielt inne, und die Schlange wurde ruhig, absolut bewegungslos. "Jetzt schaut", sagte er, wie sie ihren Geschäften nachgeht." Er drehte sich auf dem Absatz um und stand mit dem Rücken zur Schlange auf. Die Schlange erschlaffte, rollte sich wieder zusammen und schlängelte sich schließlich durch ein Abflußrohr unter der Straße hindurch und verschwand. Kein einziges Wort fiel.

Rolling Thunder hatte schon oft Tiere 'gesehen', bevor sie überhaupt sichtbar gewesen waren. Sebst der kleine, schwarze Mistkäfer war damals zur Stelle gewesen, als er gebraucht wurde. Ich hatte Rolling Thunder im Dialog mit Mosquitos, Ameisen und jetzt mit einer Schlange erlebt.

Ich war der Meinung, daß, wenn er ein Tier brauchte, es auch zur Stelle sein würde. Rolling Thunder begriff diese Dinge auf seine eigene Art und Weise, ich aber mußte diese Vorkommnisse auf meine Art verarbeiten und begreifen. Chief Joseph von den Nez Perce hatte einmal gesagt: "Die Erde und ich sind von einem Geist." Rolling Thunder hatte gesagt, daß die Erde ein Organismus sei, ein Körper, der aus einem Wesen erwächst. Ich hatte das Gefühl, daß Rolling Thunder eins war, ein einheitliches Sein darstellte mit dem Wild, den Schlangen, Bienen, Mosquitos, Ameisen und Pinyon-Bäumen. Und wenn dies der Fall war, dann wären wir alle ein Wesen, ein Sein, einschließlich meiner Kollegen von der Menninger Foundation, die solchen fragwürdigen 'Unsinn' nie akzeptieren würden. Diese Denkweise mag innerhalb der Kirche – je nachdem, wie sie aufgebaut ist – zulässig sein, aber sie wird keineswegs innerhalb der psychiatrischen Forschung und Psychotherapie anerkannt.

Rolling Thunder fragte sich oft laut, warum wohl die Psychiater nicht in der Lage seien, den Zusammenhang zwischen der Ursache von geistigen Erkrankungen und der Umweltverschmutzung, einschließlich der Zerstörung der Wälder, zu erkennen. Jeder traditionelle Indianer war imstande, diesen Zusammenhang zu sehen – diese Wechselwirkung von Mensch, Verstand und Natur. Das ist vielleicht auch der Grund, warum amerikanische Indianer immer noch 'unmögliche' landwirtschaftliche und medizinische Leistungen vollbringen können; warum amerikanische Indianer immer noch die Hüter des Landes sind.

Wir fuhren zusammen zum Lagerplatz zurück und aßen gemeinsam im Sonnenuntergang. Ich brachte die Rede auf das 'Chaining': "Oscar Johnny sagt, daß gerade vor ein paar Tagen südlich von hier gerodet worden ist." Rolling Thunder sagte: "Ich hatte so ein Gefühl, daß das passieren würde. Richard Clemmer war ein paarmal im Bureau of Land Management. Sie haben versprochen, ihm Bescheid zu geben, sobald das nächste 'Chaining'-Projekt feststeht." "Ich weiß", sagte ich, "Richard hat gestern mit der Post eine Karte vom Bureau of Land Mangement erhalten, auf der Bibel stand, daß momentan nichts im Laufen sei, daß sie aber weiterhin mit ihm in Kontakt bleiben würden. Ich habe die Karte selbst gesehen."

"Die haben sie wahrscheinlich geschrieben, nachdem das 'Chaining' gerade vorbei war", sagte Rolling Thunder, "das sind ganz schön hinterhältige Burschen. Sie wissen genau, daß das, was sie tun, unrecht ist, deshalb müssen sie lügen. Sie können es sich nicht leisten, daß ihnen jemand bei ihren Zerstörungsaktionen zuschaut, schon gar nicht ein Anthropologe oder Landwirtschaftsstudent. Sie machen natürlich ihre eigene Propaganda und sind nicht daran interessiert, daß jemand auf irgendwelche widersprüchlichen Tatsachen stößt. Nun, wenn sie das nächste Mal wieder unterwegs sind, werden wir an Ort und Stelle sein – und zwar mit Fotoapparaten."

Am nächsten Tag kamen Anne und Richard von einem Shoshone-Fest in Ruby Valley zurück, und ich erzählte ihnen, was Rolling Thunder über das 'Chaining' gesagt hatte. Sie wußten über das letzte Vorgehen schon Bescheid, weil sie bereits mit Oscar Johnny in Ruby Valley gesprochen hatten. Richard fragte sich, wie wir von dem nächsten Unternehmen erfahren sollten. Er zweifelte daran, daß das Bureau of Land Management uns jemals im voraus warnen würde. In den nächsten ein bis zwei Wochen würden sicherlich nochmals einige hundert Hektar in Angriff genommen werden. Es war die Zeit des ersten Frostes,die Zeit, in der seit Jahrhunderten die Zapfen auf den Bäumen sich öffneten und ihre lebensspendende Nahrung preisgaben. Es war die Zeit, die das Bureau of Land Management gewöhnlich für ihre schwersten Zerstörungsprojekte auswählte.

Am ersten Septembertag erhielt ich von Spotted Fawn meine Zwölf-Kräuter-Kapseln. Ich nahm dreimal am Tag zwei davon. Als ich sämtliche Kapseln aufgebraucht hatte, war auch mein Heuschnupfen verschwunden. Seitdem habe ich nie wieder auch nur die leiseste Andeutung von Heufieber gehabt. Die Kräuter hatten eine ganz andere Wirkung als die Medikamente, die man in der Apotheke bekommt und die ich bisher immer genommen hatte. Dieses pelzige, betäubende Gefühl der Linderung, das mich etwa zehn bis fünfzehn Minuten nach jeder Tablette befallen hatte, blieb aus. Die Wirkung der Kräuter ging eher langsam, stufenweise vonstatten. Am ersten Tag spürte ich überhaupt keine Veränderung.

Bis zum Ende des dritten Tages waren jedoch alle Symptome der Krankeit verschwunden. Um sicherzugehen, nahm ich meine tägliche Dosis so lange weiter, bis ich keine Kapseln mehr hatte. Spotted Fawn fragte mich, ob ich noch mehr benötige, aber es war nicht mehr notwendig.

Allerdings muß ich zugeben, daß ich die Kräuterkapseln nie unter den schwierigsten Bedingungen erproben mußte. Am 3. September kreuzte ein Polizist gerade bei Tagesanbruch im Lager auf, holte uns aus dem Bett und behauptete, er habe den Auftrag, uns zum sofortigen Aufbruch aufzufordern. Er sagte, daß unser Lagerplatz mit Anbruch der Frostperiode ein zu großes Feuerrisiko darstelle. Zunächst zogen wir in Rolling Thunders Wohnwagen um, zwei Tage später jedoch in eine Pension auf der Hamilton Straße. Mir tat es zwar nicht eben leid, unser Lager für den Winter abzubrechen, aber ich hätte gern noch bewiesen, daß mein Heufieber selbst im Canyon nicht wiederkommen würde. Auf alle Fälle waren die zwölf Kräuter, der Polizist, das Klima und das trockene Gras, das unser Lager umgab, eindeutige Realität, an der es nichts zu rütteln gab. Die Wirkung all dieser Faktoren aber hing zweifellos von meinem eigenen Zutun ab.

Wochen vergingen, und wir hörten nichts über irgendwelche 'Chaining'-Projekte. Eines Tages im frühen November nahm die Zerstörung südlich von Ely, im malerischen Weaver-Creek-Gebiet in der Nähe vom Sacramento-Paß, wieder ihren Lauf, und wir waren mit unseren Fotoapparaten zur Stelle.

Mitte September war ich für einige Wochen mit Anne und Richard nach Topeka, Kansas, gefahren. Während ich in der Menninger Foundation arbeitete, reisten Anne und Richard nach Hopiland. Im Oktober fuhren wir wieder nach Carlin zurück. Es gab keinerlei Nachricht über neue 'Chaining'-Projekte während unserer Abwesenheit, aber wir waren sicher, daß es bald geschehen würde, falls sie vorhatten, in diesem Jahr noch mehr Land zu roden. Es war die Zeit, in der vor vielen Jahren ganze Shoshone-Klans sich in provisorischen Dörfern in den Wäldern zur Pinyon-Nuß-Ernte trafen. Wir warteten bis Ende Oktober und fragten uns immer wieder, ob die Bulldozer und Ketten wohl schon am Werk waren, ohne daß wir etwas davon ahnten. Am ersten November zog Richard in seinem schmutzigen weißen Ford los, um, falls notwendig, den ganzen Staat auszukundschaften. Falls irgendwelche 'Chaining'-Projekte im Gange waren, wollte er auf alle Fälle dahinterkommen.

Er war etliche Tage unterwegs. Anne und ich fingen an, uns Sorgen zu machen. Wir befanden uns in der Sicherheit unserer Zimmer, aber der Gedanke, daß Richard sich verirrt haben könnte, daß ihm das Benzin ausgegangen sein könnte oder daß er irgendwo in den Bergen in diesen eisigen Nächten festhing, beunruhigte uns.

"Er ist schon okay", sagte Rolling Thunder, "ich habe das Gefühl, daß er auf einer heißen Spur ist."

Richard kehrte mit dringenden Nachrichten zurück: Sie waren bereits bei der Arbeit! Hunderte von Hektar im Süden. Die Bäume wurden in rasender Geschwindigkeit weggefegt. Wir mußten uns beeilen. Richard selbst war es gut gegangen, er hatte nachts im Auto geschlafen und den Tag mit Suchen verbracht. "Ich war etwa zweihundert Meilen von Carlin entfernt und nahe daran aufzugeben, als ich mir einbildete, weit weg in den Bergen Raupenschlepper zu hören. Ich fuhr so nah hin, wie es nur ging, und lauschte nochmals. Es war eine 'Chaining'-Kolonne auf der anderen Seite des Hügels. Ich ging eine Stunde durch den Wald und fand sie: Drei Traktoren, die eine riesige Ankerkette zwischen sich schleppten. Die Bäume werden mit einer geradezu unglaublichen Geschwindigkeit niedergerissen!" Richard steckte das Gebiet auf Rolling Thunders Landkarte ab und drängte darauf, daß wir so bald wie möglich losfuhren.

Früh am nächsten Morgen machten wir uns belegte Brote zurecht und holten Rolling Thunder ab. Die Dänin, die ihren Besuch bei Rolling Thunder verlängert hatte, begleitete uns mit ihrer Kamera. Wir waren zu fünft, und jeder hatte einen Fotoapparat. Rolling Thunder hatte eine 8mm Filmkamera, die er mehrmals untersuchte, um sicherzugehen, daß sie auch funktionierte. Bis wir Ely erreicht hatten, das etwa auf halber Strecke lag, hatten wir einen Bärenhunger. Anne erinnerte sich an die Verpflegung, die wir mitgenommen hatten.

"Ich glaube, ich werde bei einem kleinen Cafe halten, das ich hier unten kenne", sagte Rolling Thunder. "Ich hab' eigentlich noch kein ordentliches Frühstück gehabt. Bin spät aufgestanden und zu früh weggefahren. Ich fang' den Tag ganz gern mit einem Frühstück an. Außerdem hab' ich auch, wie ihr wißt, einen empfindlichen Magen und muß ganz schön darauf achten, was ich esse, – obwohl ich natürlich weiß, daß ihr gute Brote zurechtmacht."

Wir begleiteten Rolling Thunder hinein. Er bestellte Spiegeleier auf leicht angebräunten Bratkartoffeln, eine Bratwurst, Toast, Gelee und einen Stapel 'Hotcakes' (1) und fragte die Bedienung, ob sie ihm einige rohe Zwiebelscheiben bringen und die Kaffeekanne gleich am Tisch neben seiner Tasse stehenlassen könne. Das war Rolling Thunders besondere 'Diät'. Wir schauten uns an und grinsten. Rolling Thunder wußte genau, was er machte. Das erste, worüber wir uns bei Rolling Thunder einig waren, war, daß er wußte, was er tat.

Es war bereits Nachmittag, als Richard zu dem Platz in den Bergen hinauffuhr, zu dem er am Tag vorher vorgedrungen war. Wir packten unsere Fotoapparate und machten uns in Richtung des Traktorenlärms auf. Richard hatte den Eindruck, daß sie viel weiter weg waren als am Tag vorher. Wir gingen ziemlich weit, aber das Geräusch blieb immer in der gleichen Entfernung vor uns. Wir versuchten, unseren Gang zu beschleunigen, aber es war schwierig vorwärtszukommen, da wir uns über gefällte, zersplitterte Bäume kämpfen mußten. Der beißende Geruch der Pinien und das Krachen der Bäume, die aus der Erde gerissen wurden, erreichten uns von dem noch weit vor uns liegenden Tal. Wir fingen an zu laufen und befanden uns bald dicht hinter der Kette. Wir stolperten über umgerissene Bäume, versuchten verzweifelt, auf den Beinen zu bleiben,und hielten unsere Kameras wie Waffen vor uns her.

Es war ein unglaublicher Anblick. Pinyonbäume fielen zu Hunderten. Staub und Schutt flogen uns ins Gesicht, und unsere Fotoobjektive mußten vor jedem Schuß abgestaubt werden. Das Dröhnen der Motoren und das Krachen und Splittern der umfallenden Bäume waren so gewaltig, daß wir kein Wort miteinander wechseln konnten. Wir konnten

(1) = Eine Art Pfannkuchen, die man gewöhnlich mit Ahornsirup ißt.

uns nur so dicht wie möglich hinter der Kette halten und versuchen, die Tragödie, die sich um uns herum abspielte, festzuhalten.

Plötzlich machten die Traktoren halt; die Stille war erschreckend. Wir waren bedeckt von Staub, Dreckklumpen und Holzsplittern. Wenn wir zurückschauten, erblickten wir nur tote, kreuz und quer liegende Bäume so weit das Auge reichte. Die riesige Kette war an den Stämmen der Bäume, die als nächstes an der Reihe waren, zum Stillstand gekommen. Ich fragte mich, ob diese Bäume wohl so etwas wie Erschrecken oder Entsetzen empfinden könnten. Die Pinyonbäume waren nicht so majestätisch wie die Redwoods, aber sie waren dennoch anmutig und schön. Dem Shoshonevolk boten sie mehr Nahrung als irgendeine andere Pflanze oder ein Tier, die in dieser Gegend angebaut oder gehalten werden konnten. "Schaut euch nur diese Bäume an", sagte Rolling Thunder, "manche von ihnen sind über fünfhundert Jahre alt."

Einer der Traktorführer stieg von seinem Bulldozer herunter und kroch über die Kette. Das 'Chaining' war für den heutigen Tag beendet. Wir sprachen ein paar Worte mit ihm und gingen dann zu den Autos. Unsere Unterhaltung war in freundlichem Ton verlaufen, und die Neugierde des Mannes hatte uns die Chance gegeben, nach ihrem Zeit- und Arbeitsplan zu fragen. Wir wollten wissen, wie viele Tage sie noch arbeiten und wo sie als nächstes ansetzen würden.

"Sie waren wesentlich netter, als ich erwartet hatte", sagte jemand. "Ja, sie bemühen sich, freundlich zu sein", antwortete Rolling Thunder. "Sie sind nur Arbeiter, die versuchen, ihren Lebensunterhalt zu verdienen. Ihnen kann man nicht die Schuld in die Schuhe schieben, weil sie eigentlich gar nicht wissen, was sie da überhaupt machen. Sie haben einen Vertrag unterzeichnet und machen dementsprechend ihre Arbeit. Sie haben keine Ahnung von der Tragweite dieser Zerstörung, überhaupt keine Ahnung. Die Schuld trifft das Bureau of Land Management und die Regierung. Die Schuld muß man dort suchen, wo Macht und Gier herrschen."

Die Arbeiter würden noch zwei Tage brauchen, um dieses Gebiet zu roden, so planten wir, am nächsten Morgen zurückzukommen. Dies bedeutete jedoch, daß wir übernachten und Lebensmittel einkaufen mußten. Geld war ein Problem. Das, was Rolling Thunder als Bremser verdiente, reichte gerade aus, um sowohl seine Familie als auch seine Arbeit zu unterhalten. Ich bekam zwar von der Menninger Foundation ein festes Gehalt, mußte aber meine Reisekosten damit bestreiten. Anne und Richard hatten ihre Ersparnisse, die für Richards Doktorarbeit beiseitegelegt waren, fast gänzlich aufbebraucht. Rolling Thunder bemerkte, wie absurd es sei, daß Leute ihre letzten Pfennige zusammenkratzen müssen, damit sie versuchen können, Bäume vor millionenschweren Ranchern zu retten.

"Einige unserer Medizinleute könnten auf einer anderen Ebene arbeiten und so das 'Chaining' der Bäume sicherlich aufhalten, aber das eigentliche Problem, die ganze Dummheit und Gier, wäre damit nicht beseitigt. Es ist am sinnvollsten, praktisch zu arbeiten, auf einer menschlichen Ebene."

Wir fanden billige Zimmer in einem alten Hotel in Ely. Die Zimmer waren alle gleich – durchhängende Matratzen auf alten Eisenbetten, das Bad an der anderen Seite des Ganges. Nach dem Abendessen sammelte Rolling Thunder fast ein Dutzend alter Zeitschriften in der Eingangshalle zusammen und nahm sie mit auf sein Zimmer. Ich saß mit Anne und Richard im Schneidersitz auf dem Bett und spielte Karten. Nachdem Rolling Thunder sich mit den Zeitschriften zurückgezogen hatte, rechneten wir damit, daß wir mindestens eine Stunde lang spielen konnten. Mitten in einer Spielrunde mußte ich plötzlich laut lachen. "Ich hab' mir gerade vorgestellt, wie Rolling Thunder auf dem Berg steht, seine 8mm Kamera vor sich hält und dem Traktorführer weismacht, wir wären von einem Fotoklub in der Stadt. Der muß wohl gedacht haben, daß Rolling Thunder unser Präsident ist, mit den ganzen Federn am Hut!"

Am nächsten Morgen fuhren wir nach dem Frühstück über den Sacramento-Paß. Gegen Mittag erreichten wir die Traktoren. Die Arbeiter hielten inne und boten uns an, daß jemand mitfahren könne, um Fotos zu machen. Richard kletterte mit Rolling Thunders Filmkamera hinauf, aber der Raupenschlepper vibrierte so stark, daß Richard nicht einmal die Kamera vor sein Gesicht, geschweige denn sich ruhig halten konnte. Richard bat den Fahrer anzuhalten. Als die Traktoren wieder losfuhren, versuchten wir, ihnen zu folgen, und machten nur ab und zu halt, um neue Filme einzulegen. Das Roden wurde reihenweise vorgenommen, und die Raupenschlepper wendeten wieder, um von einer Seite zur anderen den ganzen Hügel abzufahren und sich dann durch ein schmales Tal zum nächsten Hang vorzuarbeiten. Manchmal stellten wir uns direkt neben Bäume, die gerade gefällt werden sollten, um Fotos von der herannahenden Kette zu machen. Es war ein gefährliches Unternehmen, denn es war äußerst schwierig, nicht über umgestürzte Äste oder Bäume zu stolpern oder auf Schneeresten auszurutschen. Drei Schlepper, die etwa fünfzig Meter voneinander entfernt waren, waren im Einsatz, und die Fahrer konnten uns nicht sehen, wenn wir uns zwischen ihnen befanden. Es bestand immer die Gefahr, von der Kette zerdrückt oder verletzt zu werden. Die Sonne fing bald an unterzugehen, und die Traktoren fuhren den Hügel hinunter und in ein anderes Tal hinein. Wir liefen ihnen nach, gaben aber bald völlig erschöpft auf.

Rolling Thunder sammelte etwas indianischen Tee und andere Kräuter, band sie zu einem Bündel zusammen und ging zum Fuß des Hügels hinunter, um das Bündel bei der Straße zu verstauen. Dann kam er den Berg wieder herauf, wo wir uns ausruhten. "Sie haben alles genommen", sagte er, "haben jedes bißchen Leben hier ausgelöscht – Bäume, indianischen Tee, heilige Kräuter, einfach alles."

Er ging weg, und wir folgten ihm. Wir gingen nicht in Richtung der Autos, sondern spazierten einfach so durch die Gegend. Er hob immer wieder Pflanzen auf oder ließ sich neben einem gefällten Baum, dessen Wurzeln über seinen Kopf hinausragten, fotografieren. Er stand bewegungslos neben einem sterbenden Baum, füllte seine Pfeife und zündete sie an. Wir standen schweigend dabei. Er brachte ein einfaches Opfer und sprach mit ruhiger Stimme zum Großen Geist. Die Abendluft war frisch und kühl; die untergehende Sonne ließ die Wolken farbig aufleuchten. Uns war gesagt worden, daß der Große Geist in den Wolken, in den Bäumen, den Nüssen, dem indianischen Tee, in der Luft unserer Lungen und im Staub auf unseren Gesichtern lebe. Rolling Thunders

Gebet besagte, daß die Regierung der Vereinigten Staaten grotesk und anmaßend sei und daß sie zusammen mit all ihren gefährlich mächtigen Ämtern Mißklang und Zerstörung auf dem ganzen Planeten anrichte, indem sie manipuliere, indem sie sich in die Angelegenheiten der Indianer einmische, in die Angelegenheiten anderer Amerikaner, in die Angelegenheiten der Vietnamesen und Kambodschaner und in die Angelegenheiten der Pinyonbäume. Für ihn war die Sache eine spirituelle und keine politische Angelegenheit. Er sprach mit sanften Worten. Er betete, daß das 'Chaining' der Pinyonbäume von jenen gesehen werden möge, die es am dringendsten als Symbol des Mißbrauchs von Macht sehen sollten. Er betete darum, daß das 'Chaining' aufhören möge, daß die Bäume wieder überall dort wachsen könnten, wo sie vorher gestanden waren, und daß ihre sichere Rückkehr symbolisch sein möge für das souveräne Recht aller Wesen in allen Lebensbereichen, in ihrer eigenen natürlichen Umwelt zu leben.

Dann sprach er zu den Bäumen, als ob er die Notwendigkeit spürte, auch einige Worte an sie zu richten. Ich betrachtete ihn vor dem Hintergrund Tausender sterbender Bäume, die die Hänge bedeckten. Er war nicht nur gekommen, um einen Augenblick den vergeblichen Kampf gegen die Zerstörung zu führen. Er war gekommen, um den Bäumen nahe zu sein. Seine Gedanken waren jetzt bei ihnen. Seine Stimme wurde gedämpfter, und ich vernahm ein Würgen in seiner Kehle. Er sprach langsam, stotterte fast.

"Und wir bitten darum, daß die Bäume zurückkehren mögen, dort wachsen mögen, wo sie hingehören, und daß bis zu dem Tag Friede über dieses Land herrschen möge. Wir bitten darum, daß der Schock dieser Tragödie... daß die Verwirrung und Angst..." Seine Stimme verlor sich. Seine Augen wanderten über die Hügel, aber dann schaute er plötzlich wie gebannt zum Himmel. Ich konnte seinen raschen Atem hören. Dies war ein schmerzlicher Anblick für den Hüter des Landes.

KAPITEL 18
HÄUPTLING FRANK TEMOKE

BIS WIR ZUM Auto zurückgekommen waren, war es bereits dunkel. Wir waren müde, durchgefroren und hungrig.

"Wie wär's, wenn ihr nach der nächsten Kurve für 'ne Minute anhalten würdet", sagte Rolling Thunder, "ich hab' dort am Straßenrand ein Bündel Kräuter hinterlegt." Er hob sein Bündel auf und verstaute es im Kofferraum. Wir legten die ganze Strecke nach Ely in völligem Schweigen zurück. Nach einem herzhaften Abendessen und einer heißen Tasse Kaffee besprachen wir unser weiteres Vorgehen.

Ein formaler Protestbrief könne im Namen der Bäume und der Bevölkerung – Rolling Thunders, der Shoshone-Nation, der Gashutes und anderer Stämme – an die US-Regierung eingereicht werden. Dies war zwar schon einmal gemacht worden, aber ein zweiter Brief könnte zweifellos nicht schaden. Die Petition würde die Bitte beinhalten, die Bäume, auf indianischem Vertragsland auch weiterhin ungehindert wachsen zu lassen, da die Wälder für die Natur wertvoller seien als das Mästen von Vieh und da die gerodeten Hügel in kürzester Zeit weggespült würden, wodurch das Land ohnehin selbst für das Weidevieh wertlos würde. Die Indianer könnten darauf hinweisen, daß die Pinyonkerne ein wichtiger Nahrungsbestandteil der eingeborenen Amerikaner seien, die ansonsten nur der Wohlfahrt zu Lasten fallen würden. Jene Wälder sorgen für weitaus mehr Nahrung als das Vieh, das sich Indianer ohnehin kaum leisten können. Ein zusätzlicher Rechtsweg wäre, daß Rolling Thunders Freunde, die Leute des Komitees und andere US-Bürger einen formellen Protest vorbrächten, der besagt, daß – da dieses Land nach Aussage der US-Regierung öffentlicher Grund und Boden ist – seine Vernichtung für das ausschließlich kommerzielle Wohl der privaten Ranching-Interessen eine sehr fragwürdige Verwendung von öffentlichen Steuergeldern wäre.

Es war klar, daß ein Protest allein die Bäume nicht würde retten können. Es gab aber noch andere Möglichkeiten, z.B. eine einstweilige gerichtliche Verfügung gegen das 'Chaining'. Das würde jedoch ziemlich viel Zeit in Anspruch nehmen. Als erstes würde man wohl damit anfangen müssen, die Leute zu informieren, meinte Rolling Thunder. Wenige Menschen, selbst in Nevada, wußten um das Projekt, obwohl fast ein jeder davon betroffen war. Rolling Thunder fand, daß ein Treffen in Ely mit ortsansässigen traditionellen Indianern und den Komitee-Angehörigen aus San Francisco der beste Anfang wäre. Die lokale Presse würde auftauchen, und wir könnten zugleich eine Postwurfsendung verteilen. Das wäre ein guter Anfang, um Information unters Volk zu bringen.

Rolling Thunder hoffte, daß sie nach und nach immer mehr Unterstützung von Weißen erhalten würden, die sich damit letzten Endes auch selbst helfen würden. Er versuchte, im Kampf gegen das Unrecht am indianischen Volk, wo auch immer möglich, die Unterstützung der Weißen zu gewinnen. Der Weiße hätte gleichzeitig die Chance, sich selbst zu helfen, und zwar genau an dem Punkt, wo er der Hilfe bedarf – er würde mehr über sich selbst, über die Erde und ihre Bewohner und über das Zusammenwirken all dieser Dinge erfahren. Diese Art des Lernprozesses würde für weiße Schüler einige Überraschungen beinhalten.

Wir erkundigten uns bei der Hoteldirektion nach einem geeigneten Versammlungsraum. Man stellte uns für den nächsten Samstag nachmittag den 'Cooper Room' im Nevada Hotel in Ely kostenlos zur Verfügung. Der Geschäftsführer ging mit Rolling Thunder nach unten, um sich den Raum anzusehen.

"Das wird gut klappen", sagte Rolling Thunder. "Und es sind nette Leute, wirklich nette Leute. Na, ich denk', wir machen uns jetzt auf die Heimfahrt."

Ein paar Tage später waren wir so weit, daß wir Häuptling Frank Temoke in der Ruby Valley Reservation besuchen konnten. Rolling Thunder und Richard Clemmer hatten einen Brief an das Innenministerium entworfen, den Häuptling Temoke unterschreiben sollte. Der Brief protestierte sowohl gegen die Zerstörung von Tausenden Hektar Wald auf indianischem Vertragsland als auch gegen andere Vertragsverletzungen und Ungerechtigkeiten, die gegen die Western Shoshone und andere indianische Stämme verübt wurden. Er sprach auch die Frage der Zwangsadoption von indianischen Kindern an.

Seit dem Vortrag in Council Grove hatte ich Rolling Thunder schon mehrmals über das, was er 'die Entführung von indianischen Kindern' nannte, sprechen hören. Seit Generationen hat das Büro für Indianische Angelegenheiten, zusammen mit anderen US-Behörden und Angehörigen der verschiedensten christlichen Sekten, indianische Familien auseinandergerissen. Unter dem Deckmantel seines 'Erziehungs'-Systems schickte das BIA absichtlich indianische Kinder in Internatsschulen, die von ihrem Zuhause so weit weg waren, daß es für sie unmöglich wurde, eine sinnvolle Kommunikation mit ihren Familien aufrechtzuerhalten, und die ihnen untersagten, ihre eigene Sprache und ihre eigenen Gebräuche zu verwenden. Christen haben Indianer schon immer als Heiden betrachtet und haben die Zwangsadoption dazu• benutzt, indianische Kinder in christliche Erziehungsheime zu schleusen. Die Mormonen betrachten die Indianer als das auserwählte Volk von Israel und haben es sich in den Kopf gesetzt, sie zu 'retten'. Für die meisten Indianer kommt diese 'Rettung' einer Tragödie gleich. Die Wohlfahrsämter werden gewöhnlich von den verschiedensten Gruppen und Individuen dazu benutzt, solche einseitigen Adoptionsverfahren durchzuziehen. Der Bezirks- oder Hilfssheriff erscheint oft ohne Vorwarnung im Reservat, um völlig verängstigte Kinder von ihren entsetzten oder protestierenden Familien wegzuschleppen. Da dies alles zum Zweck der Umschulung oder kulturellen Anpassung der Kinder geschieht, um sie zu modernisieren oder christianisieren, ist die erzwungene Trennung indianischer Kinder von ihren Eltern eindeutig Entführung und Kindsraub und würde als Verbrechen verurteilt werden, wenn diese Methoden gegen ein weniger hilfloses Volk angewandt würden. Der zweite Abschnitt des Briefes wandte sich gegen diese Entführung indianischer Kinder.

"Die Häuptlinge sind nicht gerade freigebig mit ihren Unterschriften", erklärte uns Rolling Thunder, als wir in seinem Wohnzimmer gemeinsam das Manuskript durchgingen. "Deswegen will ich all diese Punkte unterbringen, damit er den Brief unterschreibt. Temoke gibt seine Unterschrift nicht allzu häufig, wenn er also einmal unterschreibt, dann bedeutet das sehr viel."

Spotted Fawn rief den Häuptling an und verhandelte mit ihm auf Shoshone. Spotted Fawn war Shoshone und somit mit dem Häuptling verwandt, während Rolling Thunder, der ein Cherokee war und von dem Sthoshonestamm adoptiert worden war, mit dem Häuptling englisch reden mußte. Ich fragte mich, wie das wohl möglich sei, denn ich hatte gehört, daß der Häuptling nur sehr wenig Englisch sprach.

Häuptling Frank Temoke war bereit, Rolling Thunder zu treffen, aber er würde wohl kaum nach Ely kommen. Die einzige Möglichkeit, seine Unterschrift unter die Petition zu bekommen, war, nach Ruby Valley zu fahren – eine Fahrt von über hundert Meilen, wobei fast die Hälfte der Strecke ungeteert war. Wir brachen um acht Uhr abends auf.

Ruby Valley erschien mir selbst im Dunkeln vertraut. Ich konnte in manchen Häusern Licht brennen sehen, in denen Rolling Thunder an jenem Tag im letzten Sommer niemanden vorgefunden hatte. Wir fuhren noch weit hinter diese Häuser hinaus, ehe wir das Anwesen des Häuptlings erreichten. Ich war noch nie hier gewesen. Alles sah geräumig und relativ modern aus. Wir fuhren durch ein Eingangstor eine lange Auffahrt hinauf, parkten hinter dem Haus und warteten im Auto, während Rolling Thunder zur Tür ging. Er war kaum eine Minute im Haus, als er schon wieder herauskam.

"Kommt ruhig rein, wir werden 'ne Weile warten müssen. Temoke schläft, aber sie wecken ihn."

Das war merkwürdig. Der Häuptling wußte, daß wir kommen würden, und es war eigentlich noch nicht so spät, daß er schon schlafen dürfte. "Wißt Ihr, der Häuptling steht sehr früh auf. Hier draußen herrscht eben der Rhythmus des Landlebens. Temoke steht gut vor Sonnenaufgang auf und er arbeitet schwer – körperliche Arbeit."

Ich wußte, daß das Ruby Valley Reservat zu einem grossen Teil von weißen Ranchern bewohnt war, die Land von der Regierung gepachtet hatten, die in dieser Sache mit dem Bureau of Land Management und dem BIA zusammenarbeitete. Frank Temoke war als Aufseher auf einer dieser Ranches angestellt. Daß ein Häuptling auf seinem eigenen Land für einen Weißen arbeiten mußte, schien seltsam. Dennoch sind Frank Temoke, Oscar Johnny und Rolling Thunder, die für das System arbeiten und trotzdem ihre spirituelle und traditionelle Identität beibehalten, vielleicht besser dran, als die, die sich ihrer wahren Funktion nicht bewußt sind, oder als die vielen Indianer, die ihre traditionellen Bezüge verloren haben und von der weißen Gesellschaft ebenso ausgeschlossen werden.

Wir gingen hinein und setzten uns ins Wohnzimmer. Frank Temoke war noch nicht im Zimmer, und der größte Sessel war leer, er gehörte offensichtlich dem Häuptling. Das Zimmer war groß und gemütlich eingerichtet. Die Wände, Sessel und Teppiche waren in sanften Schattierungen von Braun und Beige gehalten. Am hintersten Ende des Zimmers standen ein Sofa und einige Sessel dicht um einen Fernseher gedrängt. Ein alter Mann, eine Frau und ein Junge saßen mit dem Rücken zu uns und sahen fern. Vielleicht war das Temokes Frau und einer seiner Söhne. Den alten Mann erkannte ich als den Bruder des Häuptlings, den ich auf meiner ersten Fahrt nach Ruby Valley schon kennengelernt hatte. Ein ziemlich ungewöhnliches Kätzchen spielte auf dem Boden und sauste mit einem zerknüllten Stück Zeitungspapier unter den Sofas und Sesseln umher. Es hatte einen großen, eher eckigen Kopf mit winzigen Ohren und sehr großen, runden Augen. Anne sagte Richard, daß sie furchtbar gern so ein Kätzchen haben würde.

Rolling Thunder erzählte uns von einer Sache, die vor Jahren stattgefunden hatte, als nicht allzu weit von diesem Haus gerodet worden war. Als in jenem Jahr der Winter einbrach, hatten Frank Temoke und viele andere traditionelle Indianer große Schwierigkeiten, ihre Häuser so warm zu halten, daß man darin leben konnte. Nur einige der Bäume, die in der Gegend niedergemäht worden waren und nun still vor sich hin rotteten, hätten für genug Brennholz gesorgt, um das Heizungsproblem zu lösen. Das gerodete Gebiet war so nahe, daß man ohne nennenswerte Schwierigkeiten einige Bäume hätte herbeischleppen können. Die indianischen Bewohner erhielten jedoch keinen einzigen Baum. Irgendeine weiße 'Autorität' warnte sie, daß sie nicht das Recht hätten, sich auch nur einen einzigen der Bäume, die jetzt Eigentum der Regierung seien, zu holen. Es wurde ihnen ausdrücklich gesagt, daß sie in der Gegend nichts verloren hätten. In Wirklichkeit, betonte Rolling Thunder, waren Temoke und sein Volk die Autoritäten – falls es überhaupt eine Autorität über Bäume geben kann –, denn die Bäume befanden sich auf indianischem Vertragsland, und es hatte von vornherein keiner das Recht gehabt, sie überhaupt zu fällen.

Frank Temoke kam vom hinteren Teil des Hauses herein und setzte sich in seinen großen Sessel. Er hatte Stiefel, ausgewaschene Jeans und ein rotes Arbeitshemd an. Sein graues Haar war kurz geschnitten, aber sein Gesicht hatte die indianische Nase und die tiefen Falten, die für den weisen alten Indianer so typisch sind. Er hatte eine ruhige, sanfte Ausstrahlung. Er entschuldigte sich dafür, daß er schon geschlafen hatte. Mir fiel auf, daß er sich sehr wohl englisch unterhalten konnte, wenn er wollte. Rolling Thunder stellte ihm ein paar freundliche Fragen, kam dann aber sehr schnell zum eigentlichen Grund unseres Besuches. Es war nicht nötig, die Zeit eines Häuptlings mit irgendeiner trivialen Konversation in einer fremden Sprache zu verschwenden. Rolling Thunder faßte in seine Aktenmappe und sagte, daß er das Papier vorlesen würde, das wir für seine Unterschrift vorbereitet hatten. "Ich glaub', ich werde alt", erklärte er, während er in seine Brusttasche griff. "Ich muß heutzutage schon 'ne Brille aufsetzen, wenn ich was lesen will."

Der Häuptling schaute ernst durch seine eigene Brille und bemerkte nur lakonisch: "Ich auch."

Rolling Thunder machte es sich in seinem Sessel bequem und hielt den Brief in den Schein der Tischlampe. Er las laut vor:

Western Shoshones Nation of Indians

Eine Erkärung:
Betrifft: Die Verletzung von Vertrags- und Eingeborenen-Rechten

Wir, die versammelten amerikanischen Indianer, die die Western Shoshone, die ihnen angegliederten Stämme und die einzelnen Angehörigen dieser Stämme vertreten, erklären hiermit,

daß die momentane Politik der Vereinigten Staaten, wie sie vom BIA und anderen Regierungsbehörden ausgeführt wird, zerstörerisch ist und den kulturellen, ökonomischen und menschlichen Völkermord an den amerikanischen Indianern einleitet. Weiterhin, daß folgende katastrophalen und schädlichen Praktiken mit sofortiger Wirkung korrigiert und eingestellt werden sollen:

1) *Der gesetzliche Landraub unter dem Deckmantel des Landkaufs durch falsche Anspruchserhebungen und Betrügereien von seiten der Regierung, in Zusammenarbeit mit Rechtsanwälten, Marionetten-Indianern und von der Regierung eingesetzten Stammesräten, welche das traditionelle indianische Volk in keiner Weise repräsentieren.*
2) *Die Entführung indianischer Kinder, um sie in amerikanischen Schulen einer weißen Gehirnwäsche zu unterziehen und sie mit dem gleichen Ziel weißen Familien zur Adoption zu geben.*
3) *Die Aberkennung und der Diebstahl indianischer Wasser-, Weide- und Schürfrechte.*
4) *Die Aberkennung von Jagd- und Fangrechten, sogar in Gebieten, wo diese vertraglich zugesichert sind.*
5) *Das Abholzen von Pinyon-Bäumen, die Zerstörung der traditionellen indianischen Nahrungsbasis sowie der gesamten Ökologie des Landes, selbst auf Vertragsland.*

Während Rolling Thunder vorlas, fragte ich mich, ob die Worte das sprachliche Auffassungsvermögen des Häuptlings wohl überstiegen. Rolling Thunder hatte zuerst sehr laut gesprochen, als wäre Temoke schwerhörig. Jetzt aber sprach er zu leise und viel zu schnell, um gut verständlich zu sein. Der Häuptling schien sich gar nicht darum zu bemühen, etwas zu verstehen, denn als Rolling Thunder angefangen hatte vorzulesen, hat er sich dem Fernseher auf der anderen Seite des Zimmers zugewandt. Das Bild war von dort aus, wo er saß, nicht sehr gut zu erkennen, das Programm war englisch und der Dialog vermischte sich ständig mit Rolling

Thunders Worten. Bald fiel sein Kopf nach unten, offensichtlich war er eingeschlafen. Rolling Thunder las ungestört weiter. Als er zu Ende war, starrte er gedankenverloren auf das Blatt. Keiner im Raum sprach. Die Familie am anderen Ende des Zimmers schaute immer noch fern. Wir beobachteten die Katze, während Frank Temoke ein Nickerchen zu machen schien. Bald aber öffnete er seine Augen und sah Rolling Thunder an.

Rolling Thunder ging ans andere Ende des Zimmers und sprach mit Temokes Bruder. Er kniete sich neben den Sessel. Der alte Mann wandte sich vom Fernseher ab und drehte sich ihm zu. Ich konnte von dem,was Rolling Thunder sagte, nur wenig und den Bruder des Häuptlings gar nicht verstehen – falls er überhaupt etwas sagte. Ich hörte Rolling Thunder sagen: "Wenn ich mir ihrer nicht völlig sicher gewesen wäre, hätte ich keinen von ihnen hergebracht. Das weißt du doch." Ich vermutete, daß er über jenen Sommer sprach, als er uns alle zu einem Ausflug nach Ruby Valley mitgenommen hatte.

Frank Temoke begann plötzlich sehr leise zu sprechen. Es dauerte einen Moment, bis ich ihn verstand. Er wiederholte fast wortgetreu einige der Sätze, die Rolling Thunder vorgelesen hatte. Rolling Thunder ging zu seinem Stuhl zurück, und Temoke erzählte etwas über eine indianische Frau in einem Reservat, der man die Kinder weggenommen hatte. Er schaute Rolling Thunder an und sagte: "Weißt du, jetzt können sie von zu viel Alkohol sprechen. Lies das noch mal."

Rolling Thunder fand den Satz, auf den sich Häuptling Temoke bezog, und las ihn nochmals vor, während der Häuptling wieder ausdruckslos auf den Fernseher starrte.

2) Die Entführung indianischer Kinder, um sie in amerikanischen Schulen einer weißen Gehirnwäsche zu unterziehen und sie mit dem gleichen Ziel weißen Familien zur Adoption zu geben.

Der Häuptling schaute ihn wieder an und schwieg. Dann sagte er einfach: "Streich den Satz." Es gab keine Diskussion darüber.

Der Häuptling hörte mit offensichtlicher Aufmerksamkeit zu, während Rolling Thunder andere Teile des Briefes nochmals durchging. Manchmal wiederholte er Teile des Schriftstückes, die Rolling Thunder vorgelesen hatte, während ich geglaubt hatte, er schliefe. Manchmal ließ er Bemerkungen wie: "Das Chaining muß aufhören", fallen und als Rolling Thunder eine Protestklausel erwähnte, sagte er einfach: "Klar Mann!" Ansonsten saß er nur stumm, mit einem völlig zufriedenen Ausdruck im Gesicht da.

Ich war tief beeindruckt, wie der Häuptling die Situation meisterte. Er interessierte sich nicht nur für die Sachverhalte, sondern auch für das Formale des Dokuments, das er unterschreiben sollte. Er interessierte sich dafür, was gesagt wurde und wie es gesagt wurde. Häuptling Temoke schien mit dem Schriftstück so vertraut zu sein, als hätte er es selbst verfaßt. Während Rolling Thunder vorgelesen hatte, hatte der Häuptling, der kaum anwesend zu sein schien, offensichtlich intensiv zugehört und alles in seiner eigenen Sprache verstanden.

Als Rolling Thunder das Gefühl hatte, daß der Häuptling zufrieden und bereit sei zu unterschreiben, griff er in seine Tasche nach einem Füller. Als dem Häuptling das Schriftstück gereicht wurde, schaute er es nicht einmal an. Er unterschrieb genau dort, wohin Rolling Thunder zeigte, und gab dann den Brief zurück.

"Wir würden uns freuen, wenn du bei diesem Treffen dabei sein könntest, falls du es schaffst", sagte Rolling Thunder. "Es wird in Ely stattfinden, und zwar am Samstag nachmittag im Nevada Hotel." Rolling Thunder mußte seine Worte ein paarmal wiederholen, bevor der Häuptling darauf reagierte.

"Keine Zeit. Muß 'nen Zaun reparieren."

Wir gingen. Der Häuptling blieb in seinem großen, dickgepolsterten, braunen Sessel sitzen, während wir an ihm vorbei zur Tür gingen. Er nickte zum Abschied nur mit dem Kopf und schien wieder halb eingeschlafen zu sein. Als Anne Haberton neben seinem Sessel war, schaute er sie an, lächelte und sagte: "Sie können die Katze mitnehmen." Anne schaute zu Richard. Sie wollte die Katze, lehnte das Angebot jedoch ab.

Während der langen Fahrt nach Hause erzählte uns Rolling Thunder die Geschichte des Überfalls, der erst vor kurzem in Ruby Valley stattgefunden hatte, als er, Frank Temoke und einige traditionelle Shoshone ihre sogenannte Kriegsbemalung aufgetragen hatten und eine Gruppe von weißen Jägern aus dem Reservat vertrieben hatten:

"Hab' ich euch schon mal erzählt, wie wir diese betrunkene Bande von weißen Jägern aus dem Reservat vertrieben haben? Das Ganze wurde als 'Ruby-Überfall' bekannt. Heute ist die Geschichte wahrscheinlich schon längst in Vergessenheit geraten, aber als sie vor drei Jahren passierte, hat wirklich jeder darüber gesprochen. Die Jäger erzählten die Geschichte in den Bars, und sie wurde in der ganzen Gegend um Elko und Ely weitererzählt. Sie wurde sogar in den lokalen Zeitungen erwähnt. Und die Jäger, die es betraf, werden sie sicherlich nie vergessen.

Was unser Volk so wütend machte, war, wie die ganze Sache sich entwickelte, und wenn ihr verstehen könnt, wie alles geschah und was dazu führte, werdet ihr begreifen, warum wir so gehandelt haben. Ein paar Tage vor dem 'Überfall' wurde so ein junger Kerl von der McDermit-Reservation in Winnemucka dafür verurteilt, daß er außerhalb der Abschußzeit einen Bock erlegt hatte. Zum einen ist unserem Volk das Recht zugesichert worden, auf unserem eigenen Land und auf unsere eigene Weise nach Nahrung zu jagen. Wir brauchen keine Abschußzeiten und Jagdscheine, weil wir nicht zum bloßen Vergnügen töten. Wir jagen und erlegen die Tiere nur dann, wenn es für unser Überleben notwendig ist. Aber dieser Vertrag wurde, wie so viele, nicht eingehalten. Jetzt behaupten sie, daß unsere Rechte innerhalb der Reservatsgrenzen gelten, die sie festsetzen oder verändern können, wie es ihnen gerade paßt. Nun, unsere zugesicherten Rechte beziehen sich in Wirklichkeit auf die Grenzen, die in den Verträgen festgelegt wurden, und das sind nicht die Reservatsgrenzen. Zum anderen hatte der junge Mann ein Reh erlegt, das an der Hinterhand verletzt war und ohnehin bald sterben würde, und er wollte damit seine Frau und seine neun Kinder ernähren. Seine Familie war am Verhungern, weil er, während er in den Minen für den Weißen Mann gearbeitet hatte, vergiftet und ohne Abfindung entlassen worden war. Aber er wurde dennoch zu hundert Dollar Bußgeld verurteilt, was für so einen Mann ein Vermögen bedeutet.

Schon am nächsten Tag kamen weiße Jäger ins Reservat und bauten ihre Lager auf. Wie üblich fingen sie an, zu trinken und aus der Ferne auf unsere Leute zu schießen. Selbst wenn sie behaupten, daß wir wie Tiere aussehen, gibt es noch lange keinen Grund, auf unsere Leute zu schießen. Sie fingen an, Wild abzuknallen und die Kadaver auf den Müll zu schmeissen, weil sie ja nur an Trophäen interessiert sind. Nach all dem, was passiert war, konnten wir das einfach nicht mehr länger mit ansehen, und Oscar Johnny ging ihnen mit anderen Indianern nach, um sie im Auge zu behalten. Eine Gruppe von Jägern schlug ihr Lager direkt im Haus eines Indianers auf. Frank Temoke ging hin, um diesen Leuten klarzumachen, daß sie sich widerrechtlich auf indianischem Reservatsland befanden, aber sie lachten ihn nur aus und fingen an herumzualbern, beleidigten ihn und versuchten ihn dazu zu zwingen, von ihrem Whisky zu trinken. Temoke ist ein guter und ruhiger Mann, aber das brachte ihn innerlich auf. Ich war dabei, als er zurückkam und davon erzählte, was vorgefallen war, und ich konnte ihm ansehen, was in seinem Inneren vorging.

Ich frage ihn, ob er sie vom Reservat weghaben wollte und er sagte: "Ja, das will ich." Die Nachricht wurde an alle weitergegeben, ihr wißt ja inzwischen, wie das vor sich geht. Die Leute hatten kein Telefon, und viele von ihnen wohnten sehr weit weg, aber sie kamen trotzdem. Ihr werdet vielleicht wissen wollen, wie viele es waren, aber das verraten wir nicht. Wir wissen es, aber wir sagen es nicht. Ich kann euch nur das eine sagen, es waren viele, sehr viele, und die meisten von ihnen hielten sich unsichtbar in den Bergen zurück. Es waren – was auch immer zu tun war, – genügend Leute da; sogar Oscar Johnny's kleine Nichte war dabei. Viele dieser Leute waren mir zuerst nicht recht, aber ich wurde überstimmt, und ich gab meine Einwilligung zu ihrer Anwesenheit.

Wir haben die Angelegenheit nicht aus freiem Willen selbst in die Hand genommen, sondern wir sahen uns dazu gezwungen. Wir hatten zuerst den Sheriff verständigt, das BIA und das 'Department for Fish and Game'. Sie alle versuchten, uns davon zu überzeugen, daß sie sich mit der Sache befaßt und keine rechtliche Handhabe dagegen gefunden hätten. Der

Sheriff schlug sogar vor, wir sollten alle in ein Büro, das etwa hundertvierzig Meilen entfernt war, fahren und eine Beschwerde einreichen. Wenn ein weißer Mann von einem Reservat aus um Hilfe bittet, weil er angeblich von einem Indianer mißhandelt wurde, ist das Gesetz sofort zur Stelle; wir wußten also, daß sie uns nur hinhalten wollten.

Häuptling Temoke wies uns an, eine Minute nach Sonnenuntergang die weißen Lager zu stürmen. Es war ein Überraschungsangriff. Es gab keine Gewaltanwendung – zumindest nicht dieses eine Mal –, die Überraschung genügte völlig. Unsere jungen Männer saßen auf Pferden, waren bemalt und trugen Federn. Wir gingen auf eine Gruppe Weißer zu; sie standen da wie gelähmt, wie Statuen. Temoke und ich gingen mit einer Wache auf jeder Seite geradewegs auf sie zu. Unsere jungen Krieger waren hinter uns. Ihre Gewehre waren geladen und entsichert, aber zielten in die Luft.

Wir standen etwa zehn oder fünfzehn Minuten lang nur da und schauten diese Männer an, ich sah ihnen fest in die Augen. Sie konnten sich weder bewegen noch sprechen. Dann fing einer der Männer an, sehr leise zu stammeln: "Allmächtiger Himmel", sagte er, "allmächtiger Himmel." Ich weiß nicht, ob er fluchte oder betete. Dann sah ich etwas, was ich noch nie gesehen hatte. Der Mann, der direkt neben mir stand, fing an, seinen Mund lautlos zu bewegen. Sein Hals, seine Lippen, seine Zunge, alles bewegte sich, als ob er sprechen würde, aber es kam kein einziger Ton heraus. Das war das Eigenartigste, was ich je gesehen habe – wie sich der Mund von diesem Typen bewegte, ohne daß auch nur ein Flüstern herauskam. Und dann sprach plötzlich ein dritter. Er war ziemlich aufgerüttelt, aber seine Stimme war noch halbwegs normal. "Ich bin Hilfssheriff", sagte er. Dann machte er einen Fehler. Er faßte an seine Hüfte und unsere Männer richteten ihre Gewehre auf ihn.

"Keine Bewegung!" schrie ich, und er hielt inne. "Keine Bewegung, nur ein Zucken und du bist ein toter Mann." Jetzt hatte er wirklich Angst und winselte etwas über seinen Ausweis als Hilfssheriff. Wahrscheinlich hatte er sich eingebildet, der könne ihn retten."Gut", sagte ich, "ich schau ihn mir an, wenn du unbedingt willst, aber helfen tut er dir gar nichts." Er sagte, daß er das wisse, aber er wolle ihn mir trotzdem zeigen. Unsere jungen Krieger zielten auf den Mann; ich befahl ihm, sich auf die Seite zu drehen und mit einer Hand langsam, sehr langsam in die Tasche zu fassen. Er drehte sich also zur Seite und nahm vorsichtig seine Brieftasche heraus, während unsere Männer ihn durch ihr Zielfernrohr beobachteten. Dann zeigte er mir seinen Ausweis, und ich erinnerte ihn nochmals daran, daß er keinerlei Bedeutung habe, weil er sich im Reservat befände.

"Ich weiß", sagte er, "ich weiß. Ich hab' mich nur gefragt, wo eigentlich die Grenzen vom Reservat sind."

Ich sagte ihm, er könne sich das gern weiterhin fragen. "Es gibt nur eines, das du wissen mußt", und ich zeigte auf einen kleinen Weg am Fuße des Berges. "Siehst du den Pfad dort unten? Nun, wenn du und all diese besoffenen Freunde es über diese Straße schafft" – obwohl sie im Moment einen sehr nüchternen Eindruck machten –," wenn ihr es über diese Straße schafft, seid ihr ausserhalb des Reservats und in Sicherheit. Aber eure einzige Chance, das zu schaffen, ist innerhalb der nächsten fünfzehn Minuten." Sie standen wie gelähmt da und starrten gebannt auf die Straße. Ich beobachtete sie eine Weile und wies sie darauf hin, daß die fünfzehn Minuten bereits angelaufen seien. Dann schrie ich: "Los, Bewegung!"

Ihr hättet sie sehen sollen. Die haben sich so schnell aus dem Staub gemacht, daß ihr es nicht für möglich halten würdet. Innerhalb von fünfzehn Minuten war jeder einzelne dieser betrunkenen Trophäenjäger aus dem Reservat verschwunden – und sie haben sich nie wieder blicken lassen."

Wir fuhren eine Weile schweigend dahin. Dann sprach er weiter, als ob er geahnt hätte, daß wir zu diesem nächtlichen Ereignis noch Fragen hatten.

"Ich weiß, warum Temoke uns diesen Absatz mit den Entführungen streichen ließ. Der Häuptling ist gegen Alkohol – gegen Alkohol jeglicher Art. Wenn ein indianischer Erwachsener nur einen kleinen Teil von dem trinkt, was ein Weißer normalerweise zu sich nimmt, ist das schon Grund genug, ihm sein Kind wegzunehmen. Der Alkohol ist schon früher als Waffe gegen uns benutzt worden, und das wird auch heute noch getan, um in uns das Bild des hilflosen, unfähigen Indianers aufrechtzuerhalten. Ich weiß, daß der

Häuptling sehr empfindlich auf diese Sache reagiert. Dieses Image ist unserem Volk erfolgreich aufgesetzt worden, und je stärker es wird, desto größer werden die Probleme, denn jedes Problem, das ein Individuum oder eine Gesellschaft hat, entspricht immer dem einen Bild, das künstlich geschaffen worden ist. Der Häuptling findet, daß die Traditionellen Alkohol nicht einmal anrühren sollten, weil er glaubt, daß das der einzige Weg ist, dieses Image zu überwinden, und vielleicht werden wir das auch jetzt schaffen, denn die neuen jungen Menschen – Indianer und Weiße – sind in der Lage, diesen alten Vorstellungen und Vorurteilen zu widerstehen.

Temoke glaubt, daß, wenn wir diese ganze Entführungsgeschichte jetzt wieder zur Sprache bringen, wir ihnen auf der anderen Seite nur wieder die Chance geben, dieses Bild des unmündigen Indianers zu verstärken. Er kennt einige ziemlich schlimme Fälle, die in letzter Zeit passiert sind. Es ist ein schwer zu lösendes Problem. Die Zwangsadoption unserer Kinder ist Unrecht, und wir sollten in der Lage sein, dagegen anzukämpfen, aber wir werden warten müssen, bis wir stark genug sind, ihre Lügen und falschen Bilder ans Licht zu bringen.

Ich hatte mich gewundert, warum Rolling Thunder so ohne weiteres bereit gewesen war, den Punkt der Zwansadoption zu streichen. Jetzt glaubte ich, ihn zu verstehen. Ich wußte aus verschiedenen Geschichten, was für eine Beziehung Jäger zu diesem Häuptling hatten, und ich konnte mir gut vorstellen, wie die Ranch-Besitzer zu ihm standen, aber ich hatte das Gefühl, daß Rolling Thunders Beziehung zu ihm die eines Medizinmannes zu einem Häuptling war. Ich glaubte, daß beide eine Menge Kraft, Sensibilität und Standhaftigkeit brauchten, um das zu sein, was sie waren.

KAPITEL 19
ROLLING THUNDERS HEILKRAFT VON BOLINAS BIS VIRGINIA BEACH

RICHARD CLEMMER HATTE den Auftrag, Rolling Thunder drei Gebetsfedern von einem alten Hopi zu bringen; er erzählte mir davon, als wir im Oktober von Topeka nach Carlin zurückfuhren. Ich hatte Richard und Anne auf einen Besuch zur Menninger Foundation mitgenommen, und während ich dort meiner Arbeit nachging, waren sie in das Black-Mesa-Gebiet gefahren, um einem alten Hopi, den sie schon seit zwei Jahren nicht mehr gesehen hatten, einen kurzen Besuch abzustatten. Der alte Mann, einer der Stammesältesten, der im momentanen Kampf der Hopi stark engagiert war, lag wegen einer Krebserkrankung im Sterben. Er wehrte sich jedoch dagegen, gerade jetzt zu sterben, und hatte aus diesem Grund die drei Federn zusammengestellt, um sie über Richard Rolling Thunder, dem bekannten Cherokee-Medizinmann, zu überreichen. Mit Hilfe dieser Federn war es Rolling Thunder möglich, in das Wesen und die Herkunft der Krankheit dieses alten Hopi zu schauen, und falls er sich entschließen sollte, nach Hopiland zu reisen, würden sie eine sichere Fahrt gewährleisten.

Am frühen Abend erreichten wir Carlin. Die Oktobersonne war bereits hinter den Bergen, wo wir den Sommer verbracht hatten, untergegangen. Wir gingen ins Hotel und machten uns erst einmal gemütlich etwas zum Abendessen. Nach dem Essen überlegten wir uns, ob wir noch gemeinsam bei Rolling Thunder vorbeischauen sollten. Die drei Federn hatten Vorrang, entschieden wir, und so ging Richard zunächst einmal alleine zu ihm, um sie zu überreichen.

Er blieb lange Zeit weg. Ich wußte, daß Rolling Thunder zu Hause war, aber ich wußte auch, daß niemand einen Medizinmann in irgendeiner Sache zur Eile antreiben kann. Es muß immer gewartet werden. Wir fingen an, unser Hauptquartier wieder einzurichten, aber die Frage stand noch offen, wieviel wir auspacken sollten. Falls Rolling Thunder sich bereit erklären würde, nach Hopiland zu fahren, hofften wir, daß die Reise bald stattfinden würde und daß wir ihn begleiten könnten.

Richard kam ohne irgendwelche Antworten auf unsere Fragen zurück. Rolling Thunder würde die traditionellen drei Tage für sich beanspruchen, um die Sache zu überlegen. Wir entschieden uns, alles auszupacken und keine Pläne für eine eventuelle Reise zu machen. Richard hatte das Gefühl, daß irgend etwas mit Rolling Thunder nicht ganz in Ordnung war. Es war nichts Bestimmtes gesprochen worden, was einen Hinweis darauf gegeben hätte, aber Richard hatte dennoch den Eindruck, daß die Energie und die gute Grundstimmung, die gewöhnlich im Haus herrschten, fehlten.

Am nächsten Tag gingen Anne, Richard und ich zu Rolling Thunder und verbrachten den größten Teil des Vormittags damit, mit den Hunden zu spielen. Im Inneren des Hauses war kein Lebenszeichen zu vernehmen, Richards Hund Turtle hing an der Leine, da Hunde, die in Carlin frei herumliefen, von der Polizei ohne Ausnahme eingefangen wurden. Das einzige überlebende Junge von Turtle, Garnet, war zu klein, um allzu weit zu kommen, und durfte deshalb frei umherlaufen. Einer von Rolling Thunders größten Hunden, der den Sommer mit uns im Lager verbracht hatte, hing wieder an der Kette, und es fiel ihm äußerst schwer, sich wieder an die Gefangenschaft zu gewöhnen. Matuse, der schöne Schäferhund, war tagsüber an einer langen Kette, die bis zur Tür von Rolling Thunders Privathaus reichte. Nachts schlief er, wenn er nicht im Haus war, unter dem Wohnwagen. Es stand nicht im Einklang mit Rolling Thunders Weltanschauung, Tiere in Gefangenschaft zu halten, aber er sah sich dazu gezwungen, da er schon etliche Male bestraft worden war. Nur bei Brandy, dem Bernhardiner, konnte man sich darauf verlassen, daß er nicht umherstreunte.

Rolling Thunder brauchte seine Hunde. Er, seine Familie und sein Grundstück waren schon oft Opfer von Feindseligkeiten und üblen Streichen geworden. Diejenigen, die zum Schnüffeln oder Stehlen kamen, wurden lediglich als lästig betrachtet, aber die, die versuchten, die Häuser oder Autos zu beschädigen, waren regelrecht gefährlich. Oft waren schon Radmuttern am Auto gelockert, oder es war mit dem Kabelsystem gespielt worden. Einmal, als Rolling Thunder gerade verreisen wollte, stellte sich heraus, daß die Lenksäule angesägt worden war. Nur seine Intuition hatte ihn vor einem Unglück bewahrt.

Spotted Fawn kam plötzlich aus dem Haus, während wir immer noch mit den Hunden beschäftigt waren. Sie sagte uns, daß Rolling Thunder zwar wach sei, daß er aber vermutlich den ganzen Tag über würde ausruhen wollen. Aber Rolling Thunder kam nach nicht allzu langer Zeit aus seinem Haus heraus und ging zum Hauptwohnhaus auf der anderen Seite der Straße. Wir gingen ebenfalls hinein, um ein bißchen zu reden und Kaffee zu trinken. Eine eigenartige graue Statue, die vielleicht einen Meter hoch war, stand direkt unter den ausgebreiteten Schwingen des riesigen ausgestopften Adlers. Sie glich einem orientalischen Bild, einer Hindu-Figur, vielleicht einer Bodhisattva, aber sie hatte den Feder-Kopfschmuck eines amerikanischen Indianers auf dem Haupt. Keiner fragte nach ihrer Bedeutung und Herkunft. Während wir in der Mitte des Wohnzimmers saßen, befand sich die Statue genau hinter uns an der Wand. Rolling Thunder fing an, von einem schwarzen Magier zu erzählen, dem er während unseres Aufenthaltes in Topeka begegnet war. Als er einige Bemerkungen zu den Werkzeugen dieser Magie machte, nickte er zu der fremdartigen grauen Statue hin.

Mitglieder der früheren und heutigen 'Grateful Dead' - Rock-Gruppe waren mit Rolling Thunder befreundet. Er nannte sie 'die Grateful Dead Familie'. Die Gruppe unterhielt eine Art Hauptquartier in San Rafael und die vielen Mitglieder der 'Familie' lebten auf einer Ranch in Novato. Kurz bevor wir nach Topeka gefahren waren, hatte Rolling Thunder ein Telegramm von ihnen erhalten. "Ich werd' schauen, daß ich so bald wie möglich dort raus fahren kann", sagte er, als das Telegramm kam. "Die scheinen irgendein Problem zu haben, aber davon kann ich sie nicht ohne weiteres befreien"

Ein zweites Telegramm folgte zwei Wochen später, das Rolling Thunder veranlaßte, sofort aufzubrechen. "Ich hatte das Gefühl, daß ich sehr dringend gebraucht würde", sagte er, "darum entschied ich mich, gleich hinzufahren.

Als ich auf der Ranch ankam, war keiner da, alles war total verlassen. Ich hatte keine Ahnung, was eigentlich los war. Selbst die Pflanzen schienen zu sterben." Er erzählte, daß er das Haus und das gesamte Grundstück nach irgendwelchen Anzeichen abgesucht hatte, und je länger er sich umsah, desto mehr hatte er das Gefühl, daß irgendein fremdes Wesen oder eine Krankheit anwesend sei. "Nun, wenn ich Hilfe brauche, oder wenn ich dringend nach einer Antwort suche, setze ich mich hin, zünde mir eine Pfeife an, rauch' 'ne Weile, und mit der Zeit finde ich eine Lösung." Er saß in der Ecke eines Zimmers auf dem Boden und steckte sich seine Pfeife an. Er war darauf gefaßt, daß er eventuell Stunden würde ausharren müssen, bis er erfuhr, was seinen Freunden zugestoßen war. Die Antwort kam früher als erwartet. Ein junger Weißer in einer schwarzen Jacke stieß die Tür auf und stampfte in das Zimmer. Er schien wütend und verwirrt zu sein. Dann sah er Rolling Thunder, der in der Ecke saß und seine Pfeife rauchte. Als er den Indianer mit der Feder und der Pfeife erblickte, wurde er geradezu rasend. Er schrie Rolling Thunder an und beschuldigte ihn, seine Arbeit gestört zu haben. Er setzte sich neben ihn auf den Boden und schrie weiter. Er behauptete, mächtig und gefährlich zu sein und, versuchte zuerst, Rolling Thunder Angst einzujagen und dann, ihn zu erzürnen.

"Ich saß nur da und schaute ihn an", erzählte Rolling Thunder. "Ich saß ruhig da, paffte meine Pfeife und ließ ihn toben. Ich erfuhr alles, was ich wissen wollte. Nun, es stimmte, er war ein mächtiger junger Mann. Damit will ich sagen, daß er gelernt hatte, Macht zu mißbrauchen und auch gewillt war, das zu tun. Er konnte seine Macht nur dazu benutzen, Schaden zu verursachen. Das war das Wesen der Helfer, die sich ihm angeschlossen hatten. Er war in Südamerika gewesen und hatte sich bei einem Zauberer diese Kräfte angeeignet. Dafür hatte er Geld bezahlt und wollte auch damit wieder an Geld kommen. Aber worauf er wirklich abzielte, war Ruhm. Er wollte mächtig und berühmt werden. Als er dieses Ziel nicht erreichte, richtete er nur noch Schaden an. Das ganze Anwesen und dessen Bewohner wurden krank. Genauso hatte ich die Dinge hier vorgefunden. Selbstverständlich war dieser Kerl nun gegen mich."

In seiner Wut verriet er sich, und je wütender er wurde, desto mehr enthüllte er. Er hatte bald begriffen, wer Rolling Thunder war und warum er gekommen war, und bald entwikkelte sich das, was Rolling Thunder einen Willenskampf nennt. Der Mann war keineswegs hilflos: seine Feindseligkeit war mächtig, sein Wille stark, und er trug die Hilfswerkzeuge bei sich, mit denen er in Südamerika umzugehen gelernt hatte. Während er versuchte, Rolling Thunder mit seinem Zorn zu vernichten, richtete Rolling Thunder seine ganze Willenskraft gegen die Ziele und Werkzeuge dieses jungen Mannes. Es war ein harter und anstrengender Kampf, der so lange anhalten würde, bis einer von ihnen unterlag. Es gab einmal eine Zeit, erzählte uns Rolling Thunder, wo er solchen Konfrontationen aus dem Weg ging. Herausforderungen wie diese, die so direkt und entscheidend waren, so voller Angst, Wut und Feindseligkeit, schienen am besten vermieden zu werden. Jetzt aber besaß er die Fähigkeiten und die Selbstsicherheit von vielen Jahren praktischer Arbeit als Medizinmann. Er hatte die Hintergründe des Kampfes erkannt und konnte so die Oberhand behalten. Die Kräfte des Mannes konnten ihm nichts anhaben. Die Angst, Wut und Feindseligkeit berührten ihn nicht. Wie eine Stimmgabel, die rhythmisch mitschwingt, oder ein Ohr, das auf Geräusche von außen mit seinen eigenen Schwingungen reagiert, kann auch der menschliche Geist auf seine Weise Dinge aufnehmen und auf sie reagieren. Rolling Thunder konnte die Wut und die Feindseligkeiten des Mannes nicht empfangen, da er diese Dinge selbst nicht in sich hatte.

"Der Mann ist kein schwarzer Zauberer mehr", sagte Rolling Thunder. "Seine Kraft ist verloren. Er hat mit ihr nichts Gutes erreicht, nicht einmal für sich selbst. Sein Medizinbeutel liegt auf dem Grund des Flusses. Das geschah, während wir im Zimmer saßen. Als der Mann hereinkam, hatte ich gesehen, daß er dunkle Kleidung trug, von einer dunklen Ausstrahlung umgeben war und daß er einen Medizinbeutel am Gürtel trug. Dieser verschwand plötzlich während des großen Wettkampfes. In dem Moment wußte er ziemlich genau, daß er erledigt war." Rolling Thunder grinste verstohlen und tat verblüfft. "Ist das nicht merkwürdig? Ich saß nur da und hörte mir die Beschimpfungen dieses Mannes an, und plötzlich verschwand einfach sein Medizinbeutel und landete irgendwie in dem Fluß, der am Haus vorbeifließt. Der Medizinbeutel liegt wie gesagt auf dem Grund des Flußes. Nun, solche Dinge sind durchaus im Bereich des Machbaren. Der Beutel liegt heute noch dort – für jedermann zu sehen –, und er wird auch dort bleiben. Ich hab' ihn auch um seine Hilfsmittel erleichtert." Er machte eine schnelle Handbewegung in die Richtung der Statue. "Seine Werkzeuge der Magie – ich habe sie befreit."

Rolling Thunder hatte mir im Sommer am Lagerfeuer einmal eine interessante Geschichte aus der Vergangenheit erzählt, die mich an diese ungewöhnliche Begegnung mit dem Medizinbeutel des 'schwarzen Zauberers' erinnerte:

"In vergangenen Tagen waren Dinge, die uns heute ziemlich merkwürdig erscheinen, an der Tagesordnung. Unsere Großväter erzählten uns oft von großen Zusammenkünften – Ratsversammlungen und Festen – während ihrer Kindheit, wo die Häuptlinge und Medizinmänner sich trafen und ein bißchen herumspielten. Ich habe immer betont, daß Kräfte nicht mißbraucht werden dürfen sie dürfen nicht dem persönlichen Gebrauch oder der Zurschaustellung dienen; aber vor langer Zeit, als es noch nicht dieses Konkurrenzdenken und diese Entwurzelung gab, die heute vorherrschen, haben sich die alten Häuptlinge und Medizinmänner ab und zu ein bißchen Spaß erlaubt.

Zum Beispiel würde ein alter Häuptling einen Stock oder etwas Ähnliches nehmen, ihn in einen Busch werfen und dann mit den anderen eine Wette abschließen, daß sie nicht scharfsichtig genug seien, um zu sehen, in welchem Busch er gelandet war. Natürlich würde einer hingehen und nachschauen, und der Stock wäre plötzlich verschwunden oder ganz woanders, in einem anderen Busch. Er würde also fortfahren, irgendwelche Gegenstände in die Büsche zu werfen, und keiner würde sie finden, da er sie ständig hin und her bewegte. Dann würde irgendein alter Medizinmann kommen und sich dumm stellen, behaupten, daß er ziemlich gute Augen hätte, und der Häuptling würde einen Stein in einen weit entfernten Busch werfen, den er sofort, nachdem er aufgekommen war, woandershin bewegen würde. Der alte Mann würde suchend hinauslaufen, während alle anderen ihn auslachten, aber er würde den Stein, während er lief, genau wieder dorthin bewegen, wo er ursprünglich aufgekommen war. Dann würde er mit dem Stein und allem, was im Lauf des Spiels in die Büsche geworfen worden war, zurückkommen und behaupten, daß alles am gleichen Fleck gelandet sei, und alle anderen würden sich vor Lachen kugeln. Es war natürlich alles nur so 'ne Art Spielerei, die sie da betrieben, um sich sozusagen in Form zu halten."

Rolling Thunder hatte alles gesagt, was er über die ganze Angelegenheit zu sagen beabsichtigte. Spotted Fawn brachte mir noch eine Tasse Kaffee.

"Habt ihr schon mal was von Bolinas gehört?" fing er noch mal an. "Ein herrliches Fleckchen Erde nördlich von San Francisco. Ich hab' schon oft davon geträumt. Ich hab' es auf dieser letzten Fahrt entdeckt. Natürlich wußte ich nicht, wie es hieß, bis ich dort war – wußte nicht einmal, wo es war." Plötzlich unterbrach er sich und ging aus dem Zimmer. Drei Katzen sprangen in seinen Sessel und machten es sich bequem. Als er zurückkam, sprangen sie wieder davon. "Das hier ist der Platz", sagte er, indem er mir ein paar Postkarten zeigte, "das ist Bolinas, bildschön, genau wie in meinen Träumen. Ich wußte beim ersten Anblick, daß das der Platz war, nach dem ich schon lange gesucht hatte. Komischerweise schienen die Leute, die ich dort traf, mich auch erwartet zu haben."

Wir schauten die Postkarten an, während Rolling Thunder uns erzählte, was in Bolinas vorgefallen war. Als er mit dem 'schwarzen Zauberer' fertig gewesen war, hatte er angenommen, daß seine Arbeit mit den 'Grateful Dead' nun erledigt sei, und sich entschlossen abzureisen. Während er losfuhr, überkam ihn ein Gefühl, daß ein bestimmter Ort, von dem er schon oft geträumt hatte, nicht allzu weit weg sei.

"Ich wußte, der einzige Weg, den Ort zu finden, war hinzufahren, und ich wußte, um hinfahren zu können, mußte ich den Ort erst einmal finden. Ich bin also sozusagen meiner Antenne gefolgt und fuhr Straßen entlang, die sich durch die Marin Hills schlängelten. Ich mag vielleicht nicht dem direktesten Weg gefolgt sein, aber ich bin hingekommen."

Die kleine Stadt Bolinas liegt auf einer engen Landzunge, die in südlicher Richtung nach San Francisco hin in den Pazifik hinausragt und parallel zur Küste verläuft. Von den Straßen aus, die durch die waldbedeckten Hügel führen, kann man den blauen Ozean überblicken und die Adubon Canyon Ranch auf der anderen Seite der Bolinas-Lagune erkennen. Hunderte von Vögeln kommen hierher, um auszuruhen und nach Futter zu suchen, und amerikanische Silberreiher und große blaue Reiher haben hier ihre Brutplätze. Von den Bergen aus kann man in der Nacht fernen Lichterglanz der Stadt erkennen. Langhaarige Kinder laufen barfuß durch die Straßen, zwanglos und sorglos wie die vielen Hunde an ihren Fersen. Rolling Thunder 'erkannte' diesen Ort. Er wußte, daß in alten Tagen Medizinmänner hierhergekommen waren, um heilende Kräuter zu finden, die sonst nirgendwo wuchsen. Dies war eines der 'Energiezentren' der Erde.

"Ich fragte die erste Person, die mir begegnete, nach dem Namen der Ortschaft, und er sagte mir, daß es Bolinas sei. Ich spazierte also herum, sprach mit einigen Leuten und traf ein paar Ärzte, die eine kleine medizinische Klinik dort betreiben. Es ist keine gewöhnliche Klinik, und sie sind keine gewöhnlichen Ärzte. Sie sind zwar ganz normale Mediziner mit allen nötigen Zeugnissen des Establishments, aber sie wissen eine Menge mehr als 'Normale'. Aus diesem Grunde waren diese Ärzte auch in der Lage, einen Fall von Besessenheit zu erkennen:

Eine junge Frau, die bei ihnen in Behandlung war, hatte sich eine Zeitlang sehr unberechenbar und merkwürdig verhalten und sich schließlich erhängt. Einer der Ärzte fand sie und versuchte vergeblich, sie durch Mund-zu-Mund-Beatmung wieder ins Leben zurückzuholen. Als genau dieser Arzt denselben merkwürdigen Gesichtsausdruck annahm und innerhalb kürzester Zeit sich auf die gleiche befremdende Art und Weise verhielt, vermuteten seine Kollegen, daß die junge Frau besessen gewesen war und der Arzt ihre Identität angenommen hatte.

Diese Sache verstärkte mein Gefühl, an einem Ort zu sein, wo ich gebraucht wurde," sagte Rolling Thunder. "Als ich auftauchte, haben sie um Hilfe gebeten, wie ihr es nennen würdet. Ich hab' sie ziemlich lange bei ihrer Arbeit in der

Klinik beobachtet und war von dem, was sie machten und wie sie es machten, sehr angetan. Aus diesem Grund stellte ich mich vor, und sie wußten sofort, daß ich derjenige war, auf den sie gewartet hatten. Sie erzählten mir die Geschichte von dem besessenen Mädchen, das sich erhängt hatte, und wie der Mann, der versucht hatte, sie ins Leben zurückzuholen, sich völlig verändert hatte – sein Gesichtsausdruck, seine Sprache, einfach alles. Seine Frau war davon überzeugt, daß ein anderes Wesen in seinem Körper wohnte. Dies war einige Wochen lang so gegangen.

Frau und Kinder des Arztes hatten Angst, die ganze Stadt war in Aufregung, und die anderen Ärzte waren sich nicht sicher, was getan werden sollte – ob ihre Theorie überhaupt zutraf. Sie fragten mich, ob ich dem kranken Arzt helfen würde, und ich sagte: "Nun, es gibt sicherlich etwas, was ich für ihn tun kann, aber wenn ich einen eurer Ärzte behandeln soll, dann wäre es vielleicht gut, wenn ihr mich als offizielles Mitglied in eure Belegschaft aufnehmt, als Berater oder so etwas ähnliches.' Sie fanden das eine gute Idee, und darum bin ich jetzt Teil ihrer Belegschaft."

Daraufhin wurde eine indianische Austreibungszeremonie abgehalten. Rolling Thunder beschrieb keine Details des Rituals, nur, daß ein Feuer am Strand gemacht worden war: "Das war eine harte Arbeit, die sehr viel Zeit in Anspruch nahm. Der fremde Geist war nämlich sehr mächtig und hatte eine starke und dominante Willenskraft. Der Geist des Arztes war zwar die ganze Zeit noch anwesend gewesen, aber der fremde Geist hatte ihn völlig beherrscht. Ich konnte beide Wesen sehen, sie waren beide anwesend. Es gibt oft Fälle, wo zwei Wesen in einem Körper wohnen und einmal das eine und dann wieder das andere dominiert, denn beide kämpfen um die Oberhand. Nun, dieses fremde Wesen wollte einfach nicht aufgeben; es bedurfte eines großen Kraftaufwandes, und als es endlich aufgab, konnte man es regelrecht hören. Der Mann schrie laut auf, kippte um und verfiel in einen schockartigen Zustand. Danach war er wieder er selbst."

Ich versuchte, mir die Zeremonie und ihren genauen Ablauf vorzustellen, und ich fragte mich, welche Kraft Rolling Thunder wohl benutzt und wie er sie eingesetzt hatte. Obwohl ich für gewöhnlich immer mehr hören wollte, als gesagt wurde, stellte ich ihm niemals Fragen über den Verlauf der Rituale oder über die Geheimnisse, die dahinterlagen. Oftmals spukten, während ich mir meine Notizen machte, Fragen durch meinen Kopf, als ob sie von anderen gestellt werden würden: "Was ist es, was Rolling Thunder wirklich macht? Wie funktioniert seine Heilkraft? Ist sie wirklich eine Kraft oder eine Macht? Oder handelt es sich vielleicht nur um Placebo-Effekte oder vielleicht sogar um Hypnose?" Rolling Thunder erklärte niemals etwas bis ins letzte Detail oder versuchte mir nie Verständnis für sich und sein Wissen einzuflößen. Wenn er mich tatsächlich zum Punkt des Verstehens führte, dann, indem er mich mit den Grundlagen, den Strukturen und dem Anreiz, selbst zur Erkenntnis vorzudringen, versorgte. Rolling Thunder hatte mir früher einmal gesagt, daß man die Wahrheitsfindung nicht so erklären könne, wie das Funktionieren einer Maschine. Ich glaubte, mich langsam meinen eigenen Antworten und Erklärungen zu nähern, aber ich hatte dennoch das Gefühl, daß mein Weiterkommen jetzt mehr denn je von Rolling Thunders Wissen und Erklärungen abhing. Er lauschte in die Stille, die seiner Geschichte folgte, und fing plötzlich an, meine unausgesprochenen Fragen zu beantworten.

"Der menschliche Körper teilt sich in zwei Hälften, plus und minus. Alles, was in sich eine Einheit bildet, setzt sich aus zwei gegensätzlichen Hälften zusammen. Jeder Energiekörper besteht aus zwei Polen, einem positiven und einem negativen. Wir können diese Energie lenken, genauso wie wir unseren physischen Körper unter Kontrolle halten können. Indem wir diese Energie bewußt leiten, produzieren wir Kräfte. Wir können auch lernen, diese Kräfte zu lenken – auf die richtige Art und Weise, am richtigen Ort und zur richtigen Zeit, so wie ich jenen fremden Geist verjagte, indem ich meine Energie gegen ihn einsetzte; in diesem speziellen Fall hab' ich dazu meine Handflächen benutzt.

Diese beiden Hände sind mit den Polen verbunden, eine Seite minus und eine Seite plus. Die physikalischen Gesetze der Elektrizität sind überall gültig. Sie ist in sich bereits eine Art spirituelle Kraft. Darum können wir in gewisser Weise behaupten, daß wir mit elektrischer Energie arbeiten. Ihr habt gesehen, wie ich auf meine Handflächen spucke, sie hochhebe und dann zusammenklatsche. Zumindest schaut es für euch so aus, stimmt's? Das erfüllt einen ganz speziellen Zweck, aber ihr würdet es als eine Art Hilfsmittel bezeichnen."

Er machte eine Pause und schaute auf seine offenen Hände. Sein Gesichtsausdruck war entschlossen, aber zugleich entspannt, fast glücklich. "In diesem Moment könnte ich jemandem die Hand auflegen und ihm damit einen gefährlichen Schlag verpassen, und zwar nicht nur im physischen Bereich. Ihr seht also, daß es möglich ist, großen Schaden anzurichten.

Der junge Zauberer auf der Ranch – vielmehr, der ehemalige Zauberer – wußte einiges über Medizinkraft, aber er hat sie auf eine falsche Weise benutzt. Es sind immer dieselben Grundregeln, dieselben Techniken an der Arbeit, aber sie können für gute und schlechte Zwecke eingesetzt werden. Aus diesem Grund gibt es eine gute und eine schlechte Medizinkraft. Die Vorstellung, die ich bei vielen modernen Menschen entdeckt habe, daß es weder Gut noch Böse gibt, daß alles gleich ist, ist ein völliger Blödsinn. Ich weiß zwar, was sie damit sagen wollen, aber sie verstehen es nicht. Da, wo wir hier in diesem Leben stehen, gibt es Gut und Böse, und sie sollten das lieber erkennen.

Solang so viele Menschen den modernen Wettbewerb, den Willen, auf Kosten anderer Profit zu machen, akzeptieren und noch glauben, daß es etwas durchaus Gutes ist, solang wir weiterhin andere Menschen und anderes Leben ausbeuten, die Natur mit eigensüchtigen, unnatürlichen Mitteln benutzen, solang wir zulassen, daß sich in diesen Bergen Jäger mit Whisky vollaufen lassen und zu ihrer bloßen Unterhaltung fremdes Leben zerstören, solang sind spirituelle Techniken und Kräfte potentiell gefährlich. Die Medizinmänner und traditionellen Indianer, die über ein reichhaltiges Wissen verfügen, wissen ebenso, daß viele Dinge im Moment nicht preisgegeben werden dürfen.

Das Establishment bildet sich ein, daß es Teil einer ganz schön fortgeschrittenen Zivilisation ist. Nun, technisch gesehen haben sie vielleicht viel erreicht, obwohl wir Zivilisationsformen kennen, die in der gleichen Richtung viel weiter gegangen sind. In vieler Hinsicht ist das eine äußerst rückschrittliche Zivilisation. Das Establishment scheint völlig unfähig zu sein, einige der universalen Grundwahrheiten zu erkennen.

Eines der wichtigsten Grundprinzipien ist, daß anderen nicht geschadet werden darf, und dieses Prinzip schließt alle Menschen, alles Leben und alle Dinge dieser Welt mit ein. Es besagt, daß man weder andere kontrollieren noch manipulieren darf, daß man nicht versuchen sollte, fremde Angelegenheiten in die eigene Hand zu nehmen. Es besagt, daß man nicht in irgendein fremdes Land eindringen und dort Menschen aus religiösen, politischen oder sonstigen Gründen umbringen darf. Kein Wesen hat das Recht, einem anderen Wesen Schaden zuzufügen oder es zu beherrschen. Kein Individuum und keine Regierung haben das Recht, andere dazu zu zwingen, sich einer fremden Gruppe oder einem fremden System unterzuordnen oder zur Schule, zur Kirche oder in den Krieg zu gehen. Jedes Lebewesen hat das Recht, sein eigenes Leben nach seinen eigenen Vorstellungen zu gestalten.

Jedes Wesen hat eine eigene Identität und Bestimmung. Um dieser Bestimmung gerecht zu werden, hat jedes Wesen die Kraft der Selbstkontrolle, und genau da setzt spirituelle Kraft ein. Wenn einige dieser grundlegenden Dinge erkannt werden, wird die Zeit reif sein, um noch mehr zu offenbaren, und die spirituelle Urkraft wird wieder in dieses Land einkehren."

Rolling Thunder hatte für den heutigen Tag genug gesagt, und wir verabschiedeten uns von ihm und Spotted Fawn, die beide in ihren Sesseln saßen. Ich erinnerte mich an einen koreanischen Ausspruch, der oft gebraucht wird, wenn man sich von Älteren verabschiedet: "Es ist viel Gutes gesprochen worden!" Wir sagten nur Auf Wiedersehen.

Die nächsten drei Tage sahen wir weder Rolling Thunder noch seine Familie wieder. Am vierten Tag, nachdem Richard Clemmer die Federbotschaft überreicht hatte, gingen wir schließlich wieder zum Haus, in der Hoffnung, daß Rolling Thunder mehr über Richards kranken Freund in Hopiland erfahren habe. Als uns Spotted Fawn im Garten erblickte, kam sie heraus, um uns mitzuteilen, daß Rolling Thunder seit unserem Besuch im Bett gelegen sei. Er war offensichtlich völlig erschöpft. Auch Spotted Fawn hatte sich schlecht gefühlt, aber jetzt ging es ihr schon wieder besser. Sie überquerte die Straße zu Rolling Thunders kleinem Haus und ging für ein paar Minuten hinein. Sie kam zurück, um uns mitzuteilen, daß er bald aufstehen würde und zum Haus herüberkäme, wenn wir solange warten wollten.

"Gestern ist eine meiner Katzen gestorben", erzählte sie uns, "eine der orangefarbenen." Unter den vielen Haustieren gab es zwei kräftige Kater mit langem, glänzendem Fell. Sie hießen beide Orange Julius, zumal sie ohnehin – außer Spotted Fawn – niemand auseinanderhalten konnte. "Es ist schon eigenartig, daß einer von ihnen plötzlich stirbt, während der andere völlig gesund bleibt."

Als Rolling Thunder hereinkam, wirkte er müde, aber er bemühte sich, sich fröhlich zu geben und betonte schnell, daß sich alle schon viel besser fühlten.

"Habt ihr schon euren Kaffee bekommen?" fragte er mich.

"Ja, ja, danke. Ich hab'hier schon 'ne Tasse."

"Nun, dann werd' ich mir auch 'ne Tasse genehmigen. Die Woche war ganz schön anstrengend."

Rolling Thunder setzt sich in seinen großen Sessel und schaute in die Richtung, wo die eigenartige Statue an der Wand gestanden war. Erst jetzt bemerkte ich, daß sie verschwunden war, und auch, daß das Haus mit Zedernholz ausgeräuchert worden war. Manchmal ging ich durch die Tür in eine dichte Wolke von wohlriechendem Rauch hinein und konnte Rolling Thunder, der am anderen Ende des Zimmers eine große Büchse Zedernspäne auf einem altmodischen Gasofen erhitzte, kaum erkennen. Vielleicht war es seit unserem letzten Besuch jeden Tag gemacht worden, und irgend jemand hatte die Statue entfernt.

Ich zog den Schluß, daß die Statue mit den Krankheiten der letzten Woche in Zusammenhang gestanden haben könnte. Das hatte zwar keiner ausdrücklich gesagt, aber Rolling Thunder hatte uns bei unserem letzten Besuch wissen lassen, daß die Statue ein Hilfswerkzeug des "Zauberers" gewesen sei. Jetzt war sie verschwunden, und alles schien besser zu gehen. War sie vielleicht auch für den Tod der Katze verantwortlich gewesen?

"Ich hätte das Ding niemals hierherbringen dürfen", sagte Rolling Thunder, indem er mich anschaute. "Na, jetzt ist es weg, endgültig weg."

"Wir müssen uns ständig in acht nehmen. Manchmal geraten wir in die Versuchung, etwas herauszufordern, was nicht notwendig ist. Es ist so 'ne Art Befriedigung. Ich hatte keine Verwendung für das Ding, aber es war wie das Ende eines Wettbewerbs, ein Teil des Erfolgs. Nun, manchmal müssen auch Gegenstände behandelt werden, nur gut, daß ich dazu noch in der Lage war." Als Rolling Thunder seine Erklärung beendet hatte, kam Spotted Fawn herein und setzte sich eine Weile zu uns. Sie machte jetzt einen gesunden Eindruck. Wieder einmal schien in Rolling Thunders Haus alles zum besten zu sein.

Wir kehrten wieder in unser Appartement zurück, ohne daß Richard Clemmer die Möglichkeit gehabt hätte, Rolling Thunder auf die Federn anzusprechen. Durch die lange Zeit, die wir im Garten verbracht und im Haus auf Rolling Thunder gewartet hatten, war es spät geworden. Der Himmel färbte sich gräulich. Richard hatte von Rolling Thunder erfahren wollen, was er hinsichtlich seines Hopi-Freundes zu unternehmen gedenke. Richard hatte das Gefühl, daß die ganze Angelegenheit sehr dringend sei. Er war sehr enttäuscht, daß es keine Entscheidung von seiten Rolling Thunders gegeben hatte.

"Warum hast du ihn denn nicht danach gefragt?" sagte Anne. "Die drei Tage sind vorbei. Du hättest wirklich etwas sagen können." Richard war sich nicht sicher. Ich konnte sein Gefühl gut verstehen. Im Umgang mit Rolling Thunder hatten wir alle gelernt, niemals ungeduldig zu sein oder auf etwas zu drängen, sondern uns auf seinen Sinn für 'den richtigen Zeitpunkt für alles' zu verlassen. Rolling Thunder würde die Bitte des Hopi-Medizinmannes wohl kaum vergessen haben.

Richard entschloß sich dennoch nachzufragen. Er fühlte seinem alten Freund gegenüber eine gewisse Verantwortung. Dieser würde sich vielleicht fragen, ob die Botschaft überhaupt übermittelt worden war. Richard wollte auch wissen, ob er eine Reise nach Hopiland vorbereiten mußte. Er ging also ganz alleine zrurück, um mit Rolling Thunder zu reden. Ein paar Minuten später kam er wieder und erzählte uns, was Rolling Thunder gesagt hatte. Er hatte ihm erzählt, daß sein Hopi-Freund in einen weitreichenden und schwierigen Kampf verwickelt war, der sich auf vielen Ebenen abspielte. Der Krebs des alten Mannes war nur ein kleiner Teil dieses Kampfes. Er erklärte, daß diese Dinge in einem größeren Zusammenhang gesehen werden müßten. Es ist immer notwendig, sich der ganzen Situation bewußt zu sein und alle Aspekte zu berücksichtigen und sich über das zu unterrichten, was die Geister beabsichtigen zu tun. Es ist ein Fehler zu glauben, daß man einem kranken Mann dadurch helfen kann, daß man nur die Krankeit von ihm nimmt. Nachdem Rolling Thunder dies gesagt hatte, schwieg er so lange, daß Richard sich erhob und ging.

"Auf alle Fälle', sagte Rolling Thunder, "ist es schon zu spät. Der alte Mann lebt zwar noch, aber er wird tot sein, bevor wir ihn erreichen können."

Wir erfuhren später, daß der alte Hopi am nächsten Tag gestorben ist.

Zu Weihnachten fuhren Anne, Richard und ich wieder zur Menninger Foundation nach Topeka. Zu der Zeit hatte Charles Thomas Cayce, der Enkel von Edgar Cayce, der im April bei der Tagung in Council Grove gewesen war, Rolling Thunder zur Edgar Cayce Foundation in Virginia Beach eingeladen, um vor der 'Association for Research and Enlightment zu sprechen.

Nach Weihnachten fuhr ich allein nach Nevada zurück, und Rolling Thunder erzählte mir von der Heilungszeremonie, die er in Virginia Beach abgehalten hatte. Er hatte verlangt, daß vier der Leute, die an der Konferenz teilnahmen, in ärztlicher Behandlung stehen und medizinische Probleme mit einer medizinischen Vorgeschichte haben sollten. Drei der Patienten wurden ausgewählt, bevor die Heilungszeremonie angesetzt war. Über den vierten war noch nicht entschieden worden. Kurz vor der Zeremonie teilte Rolling Thunder mit, wer die vierte Person sein würde. "Ich werde den vierten selbst aussuchen, und er wird der erste sein', sagte er.

Während er – umgeben von vielen Menschen – auf einem offenen Hang stand, beschrieb er den Mann so genau, daß dieser unter den Zuschauern gefunden werden konnte. Er ließ seine eigenen Hände verknotet und verkrüppelt erscheinen und hielt sie in die Luft, damit sie jeder sehen konnte. "Seine Hände", sagte er den Versammelten, "sehen so aus. Er hat sie die ganze Zeit in den Manteltaschen. Er wird nichts unternehmen, um euch zu helfen, darum sucht nach einem Mann, der die Hände in den Manteltaschen hat."

Der Mann wurde nach vorn gebracht,und Rolling Thunder hielt sein Ritual ab. Wie immer, erzählte er mir nahezu nichts von den Vorgängen, aber ich hatte so viel von seiner Arbeit gesehen und gehört, daß ich mir die ganze Szene gut vorstellen konnte. Was er aber erwähnte, war der Geruch.

"Ich habe die verkrüppelten Hände und die üble Macht, die die Hände in dieser Stellung hielt, gerochen. Der Gestank war unglaublich. Er war so schlimm, daß er mir für einen Moment fast den Atem nahm." Rolling Thunder erzählte etwas über den Mann und seinen Zustand. Er erwähnte Details, von denen man sich schwer vorstellen konnte, daß er sie überhaupt wissen konnte. "Heute geht es dem Mann gut", fügte er hinzu. "Seine Hände sind normal. Das ist etwas, was man nachprüfen kann. Das waren alles ganz normale Leute, die eine gewöhnliche Krankeitsgeschichte hatten und sich in ärztlicher Behandlung befanden; deshalb kann das alles nachgewiesen werden."

Wieder einmal hatte Rolling Thunder einen Bericht beendet, ohne weitere notwendige Erklärungen dazu zu geben. Warum hatte Rolling Thunder gerade diesen Mann ausgesucht? Wie hatte er von seinem Zustand gewußt, sogar davon, daß er nicht freiwillig kommen würde? Es vergingen noch viele Wochen, bevor ich von Rolling Thunder den Teil der Geschichte erfuhr, der meine Fragen beantwortete. Im Zusammenhang mit einer anderen Unterhaltung kam Rolling Thunder wieder auf den Mann zu sprechen. Er erzählte mir die Geschichte genau wie damals, aber fügte hinzu, daß der Mann während der Nacht auf sein Zimmer gekommen war und ihn aufgeweckt hatte. An diesem Punkt fing die Geschichte an, verworren zu werden. Rolling Thunder erzählte, daß der Mann darauf bestanden hatte, ja förmlich verlangt hatte, daß er ihm helfe. Aber dann behauptete er, daß die Natur und die Persönlichkeit dieses Mannes es ihm unmöglich gemacht hatten, auf ihn zuzugehen und um

Hilfe zu bitten.

Rolling Thunder bemerkte meine Verwirrung. Dann fing er an, statt 'der Mann' oder einfach 'er', 'der Geist' zu sagen. "Der Geist dieses Mannes war so fordernd und die Persönlichkeit so zurückhaltend, daß nur zusätzliche Probleme für die Persönlichkeit geschaffen wurden und sich diese Probleme, wie die verkrüppelten Hände, kompensierten. Selbstverständlich war es das eigentliche Ziel des Geistes, dem Mann zu helfen."

"Aber es war doch der Geist des Mannes, oder?" fragte ich. "Es war nicht irgendein anderes Wesen?"

"Nein, es war der Geist des Mannes, und darum war es auch das Problem des Geistes. Und er war so beharrlich. Er kam unverblümt in das Zimmer, in dem ich schlief. Ich stand auf, und er ließ sich nicht abweisen, folgte mir sogar ins Badezimmer – bestand darauf, daß ich ihm helfe. Ich sagte zu, und immer noch ließ er nicht locker und bestand darauf,daß ich ihm mein Versprechen gebe."

"Hat sich denn der Mann selbst daran erinnert? Hat er sich bei der Heilungszeremonie daran erinnert, daß er um Hilfe gebeten hatte?"

"Der Mann wußte nichts davon. Er war sich dessen nicht bewußt."

Dann kam mir der Gedanke, daß dies nicht nur eine Frage der Logik war, sondern auch wesentlich mit der Frage zu tun hatte, wie Rolling Thunder weiß, was er behandelt und was dem Patienten fehlt. Dr. Elmer Green war schon früher auf diese Frage gestoßen und hatte mich gefragt: "Wie erstellt Rolling Thunder eine Diagnose?" Offensichtlich war es seine Methode, mit dem Geist des Patienten in Verbindung zu treten. Das war zwar keine wissenschaftliche Erklärung, aber Rolling Thunder bedurfte keiner solchen Erklärungen. Er setzte lediglich seine Heilkraft ein; andere konnten es sich erklären, wie es ihnen Spaß machte.

Während meiner Bekanntschaft mit Rolling Thunder traf ich oft Leute, die in Council Grove oder bei einer anderen Gelegenheit, bei der Rolling Thunder ein Heilungsritual durchgeführt hatte, anwesend gewesen waren. Viele von ihnen fragten sich, ob diese Heilungsrituale als stichhaltige Versuche betrachtet, ob die Ergebnisse wissenschaftlich nachgewiesen werden konnten oder ob nur irgendeine Art von Placebo-Effekt die augenscheinliche Besserung erklärte.

Aber ein Heilungsritual kann mit einem wissenschaftlichen Test nicht verglichen werden. Es wird lediglich jemandem geholfen, der verletzt oder erkrankt ist.

KAPITEL 20
MEHR SEHEN ALS DEM AUGE BEGEGNET

IM JANUAR 1971 WAR ich nahe daran, meine Arbeit mit Rolling Thunder abzuschließen, als ich mit Elmer und Alyce Green zum 'University of California Medical Center' fuhr, um einen Vortrag über Swami Rama und Jack Schwarz zu hören. Schwarz ist ein Naturheilkundiger, der Methoden der Selbstheilung und die Kontrolle über Schmerz und Blutfluß beherrscht und beratende Funktion bei dem Forschungsprojekt der Greens über die selbständige Kontrolle von inneren Zuständen hat.

Nach dem Vortrag traf ich mich mit Pat Shaffer, einer Freundin von Schwarz und Programmleiterin der bevorstehenden Tagung über Heilmethoden, die im Mai von der 'Association for Humanistic Psychology' in San Francisco abgehalten werden sollte. Schwarz sollte ebenso wie Elmer und Alyce Green auf dieser Tagung sprechen. Stanley Krippner, der Rolling Thunder nach Council Grove eingeladen hatte, hatte Rolling Thunder als einen wichtigen Redner für die Konferenz vorgeschlagen. Pat Shaffer hatte Rolling Thunder in dieser Sache bereits zweimal angeschrieben, aber bisher keine Antwort erhalten. Sie dachte sich, daß ich, zumal ich mit ihm zusammenarbeitete, herausfinden könnte, ob er bereit sei, einen Vortrag zu halten. Rolling Thunder ließ sich fast nie auf feste Termine ein, und ich bezweifelte auch jetzt, ob er eine verbindliche Zusage vier Monate im Voraus geben würde. Ich wußte, daß er noch niemals vor einem so gemischten Publikum gesprochen hatte. Ich befürchtete, daß ich wenig dazu tun konnte, Rolling Thunder für die Tagung zu gewinnen, aber ich versprach dennoch, mit ihm zu sprechen.

Am späten Abend sprach ich bei einer Tasse Kaffee mit

Jack Schwarz. Er sagte mir, daß meine Bekanntschaft mit Rolling Thunder gerade erst am Anfang sei. Er sagte mir voraus, daß meine Arbeit bisher nur das zaghafte Öffnen einer Tür gewesen war und daß weitaus interessantere Entwicklungen noch vor mir lägen. Ich war nur leicht erstaunt über seine 'Vorhersage', aber ich fragte mich dennoch, wie sich in den kommenden Monaten mein Projekt mit Rolling Thunder wohl noch entwickeln würde.

Ein paar Tage später kehrte ich – in Begleitung eines japanischen Freundes, den ich im Sommer in San Francisco kennengelernt hatte – nach Carlin zurück. Tsutomu Hayashi hoffte, einige Indianer zu treffen und das Land, das so viel weiter und mannigfaltiger war als das seine, aus einer anderen Sicht kennenzulernen. Ich erzählte Hayashi über die Stämme, die sich einst frei über dieses Land bewegen konnten, über die Häuptlinge und Medizinmänner und die friedlichen Dörfer. Ich berichtete über das Kommen des Weißen Mannes, das Dahinschlachten der Büffel, das Verhungern der Menschen, die absichtliche Verbreitung von Pocken und die unzähligen gebrochenen Verträge und Versprechen. Ich erzählte ihm, wie das BIA behauptete, daß das indianische Volk unfähig sei, über sich selbst zu bestimmen. Ich erzählte ihm über die erzwungene Trennung von indianischen Familien und das 'Chaining' der Pinyon-Bäume. All diese Informationen waren für ihn völlig neu, aber er glaubte sie dennoch und war sehr daran interessiert. Im Gegensatz zu vielen von meinen amerikanischen Freunden, verspürte ich keine persönliche Notwendigkeit, diese Tatsachen zu rechtfertigen oder zu verleugnen.

Als es schon so spät war, daß man nicht einmal mehr die Umrisse der riesigen Salbeibüsche erkennen konnte, war Hayashi von den Bergen, der Sonne und zu vielem Englisch völlig erschöpft, er schloß die Augen. Er konnte so lange schlafen, bis der Bremser zurückkam, um uns in Carlin aussteigen zu lassen. Vielleicht begleitete derselbe Bremser, den ich bereits bei meiner ersten Fahrt kennengelernt hatte, diesen Zug.

Ich saß die restlichen zwei bis drei Stunden schweigend da und schaute durch die spiegelnden schwarzen Fenster. Ich war irgendwie völlig aufgekratzt und hatte keinerlei Bedürfnis zu schlafen. Ich starrte gedankenverloren auf die Fensterscheibe und beobachtete die Spiegelung der altmodischen Deckenbeleuchtung. Meine Gedanken drehten sich um vier Fragen, die ich Rolling Thunder stellen wollte.

Auf eine dieser Fragen war ich erst vor ein paar Tagen mit Elmer und Alyce Green in San Francisco gestoßen. Am Tag nach dem Vortrag hatte ich mich mit ihnen bei Dolly Gattozzi in den Berkeley-Hills zu einem angenehmen Nachmittag mit Tee, Käse, Keksen und organischem Vitamin C getroffen. Dolly Gattozzi hatte in ihrem Eisschrank eine Flasche mit natürlichen Vitamin-C-Tabletten, die sie, wie sie uns erzählte, schon seit langem aufhob. Sie benutzte die Tabletten nur selten, aber sobald irgend jemand nieste oder eine Erkältung anzeigte, erinnerte sie sich an ihren Vitamin-C-Vorrat. Die Flasche befand sich bald als Teil unseres Teetrinkens und unserer Unterhaltung auf dem Tisch.

Während meines Besuches bei meiner Schwester war mir aufgefallen, daß sie sowohl Ascorbin-Säure als auch natürliches Vitamin C benutzte. Meine Schwester behauptete, daß Ascorbin-Säure so gut wie wertlos sei. Ich hatte jedoch das Gefühl, daß, falls dieser Vitamin-C-Ersatz überhaupt einen Wert hatte, er auf alle Fälle im Verhältnis zu seinem Preis mit natürlichem Vitamin C zu vergleichen war. Im Lager hatten Anne Haberton und Richard Clemmer tagtäglich synthetische Vitamine zu sich genommen, was mir ziemlich widersprüchlich erschien, in Anbetracht der Tatsache, wie ‘zurück-zur-Natur’ sie sonst mit allem verfuhren, und – ich sagte es ihnen.

Nun war das Thema wieder aufgetaucht. Es war bei weitem kein neues Thema für die Greens. Elmer Green sagte, daß er sich nicht sicher sei, ob natürliche und synthetische Vitamine das gleiche seien, selbst wenn sie sich chemisch gesehen glichen, denn die Yoga-Theorie besagte, daß bestimmte nicht-chemische Unterschiede, im wesentlichen ein unterschiedlicher Aufbau der Moleküle, zwischen organischen und unorganischen Elementen bestehen konnten. Ich erinnerte mich an Erzählungen der Greens, wonach Jack Schwarz Menschen ‘angeschaut’ und offensichtlich chemische Mängel in ihnen entdeckt hatte.

Dieses Phänomen oder Talent war noch nie wissenschaftlich geprüft worden. Ich fragte mich laut, ob Schwarz wohl in der Lage sei, den Unterschied zwischen einer natürlichen Vitamin-C-Tablette und einem synthetischen Produkt zu erkennen. Und ich entschloß mich, Rolling Thunder darüber zu befragen.

Beim Mittagessen hatte mich Elmer Green daran erinnert, was Jack Schwarz über meine Zukunft gesagt hatte und was dies für eine Bedeutung haben würde, falls diese Vorhersage einträfe. Es hatte in meiner Beziehung zu Rolling Thunder noch nie einen festgelegten Plan oder ein festgelegtes Programm gegeben. Unsere Beziehung war ohne irgendeine Steuerung von außen abgelaufen, und das war höchstwahrscheinlich der Grund, warum sie funktionierte. Trotzdem war ich noch Angestellter der Menninger Foundation, obwohl ich bereits meine eigenen Unkosten deckte und freiwillig für den halben Lohn arbeitete, um Forschungsgelder zu sparen. Es war ziemlich zweifelhaft, ob diese Abmachung noch länger bestehen konnte. Wenn ich meine Arbeit mit Rolling Thunder fortsetzen wollte, würde ich gezwungen sein, Urlaub zu nehmen. Es war offensichtlich an der Zeit, mit Rolling Thunder darüber zu beraten, ob es noch sinnvoll sei, unsere Zusammenarbeit fortzusetzen. Falls er einen Plan in dieser Richtung hatte, wäre ich nur mehr als bereit, an seiner Ausführung weiterhin mitzuarbeiten.

Später erzählte ich den Greens und Dolly Gattozzi von Rolling Thunders Zusammenstößen mit dem 'Zauberer' und den Heilungszermonien in Bolinas und Virginia Beach. Alle waren von der Tatsache beeindruckt, daß Ärzte in diese speziellen Fälle miteinbezogen gewesen waren. Elmer Green hielt es für nützlich, mit diesen Ärzten zu sprechen, um Beweis- und Dokumentationsmaterial und eine Ergänzung zu Rolling Thunders Geschichten zu erhalten. Er äußerte die Vermutung, daß Rolling Thunder die Vorfälle eventuell in der Hoffnung geschildert hatte, daß ich eine Dokumentation darüber zusammenstellen würde. Dies war ein weiterer Punkt, zu dem ich Rolling Thunder befragen wollte.

Es sah aus, als würde dieses Treffen mit Rolling Thunder mehr eine geschäftliche Zusammenkunft als ein Besuch werden. Ich hatte schon drei wichtige Fragen, die ich ihm stellen wollte. Unglücklicherweise war es mir nur selten möglich, eine Diskussion mit ihm nach meinen Vorstellungen zu gestalten. Meine erste Frage war, ob er an meiner weiteren Anwesenheit und Zusammenarbeit interessiert sei, ob es noch mehr für mich zu lernen und zu tun gäbe. Als zweites wollte ich ihn daran erinnern, daß er bei verschiedenen Anlässen von der Möglichkeit, eine Dokumentation zusammenzustellen, gesprochen hatte, und ich wollte wissen, ob er die Durchführung eines solchen Projektes mir zugedacht hatte. Die dritte Frage war, ob er glaubte, daß es zwischen natürlichen und synthetischen Vitaminen einen wesentlichen Unterschied gäbe. Diese Frage trug ich eigentlich schon seit unserer Diskussion im Lager vor etlichen Monaten mit mir herum. Jetzt, wo wir wieder darüber gesprochen hatten, nahm ich mir fest vor, ihn danach zu fragen. Alyce Green hatte mich an die vierte Frage erinnert: Ich sollte ihn fragen, ob er bereit sei, im Mai auf der Tagung der 'Association for Human Psychology' über Selbstheilung und psychische Heilverfahren zu sprechen.

Ein Rucken des Zuges erinnerte mich daran, daß Carlin vor uns lag und daß ich mir überlegen mußte, was und in welcher Reihenfolge ich alles erledigen wollte. Ich war auch hergefahren, um meine Wohnung in Carlin aufzulösen. Damit würde ich jedoch warten, bis ich mit Rolling Thunder gesprochen hatte, da unser weiterer Bedarf an der Wohnung davon abhing, ob wir in Zukunft noch zusammenarbeiten würden.

Ein anderer Bremser, den ich noch nicht kannte, ging durch unser Abteil. Ich schüttelte Hayashi wach. Dieser Bremser war dick und hatte eine eigenartige Ausstrahlung. Er ging vorbei, ohne uns auch nur eines Blickes zu würdigen. Ich ging ihm nach, um ihn daran zu erinnern, daß wir in Carlin aussteigen wollten. Er sagte, daß es noch ein ganzes Stück nach Carlin sei. Er würde mir schon Bescheid sagen, wenn es soweit sei. Kein Grund zur Panik, versicherte er mir, der Zug würde ohnehin dreißig Minuten Aufenthalt in Carlin haben.

Als wir in Carlin ankamen, war die Luf unglaublich warm und mild. Ich hatte Hayashi die ganze Zeit gewarnt, wie kalt es werden würde, da ich ihn auf den anstrengenden Weg vom Zug zur Wohnung vorbereiten wollte. Ich hatte ihm erzählt, daß unsere Hände steifgefroren sein würden. In Carlin konnte es kälter werden als in Topeka – im Januar fielen die Temperaturen gewöhnlich unter den Gefrierpunkt. Jetzt jedoch war es viel wärmer, als es im Herbst im Canyon gewesen war. Die klare, warme Nacht und die Überraschung, mit der sie kam, hob meine Stimmung. Hayashi schien ebenso fasziniert. Seine Überraschung zeigte sich darin, daß er, als er in den Himmel schaute, mehr Sterne erblickte, als er jemals in Osaka gesehen hatte.

Es war eine gute Zeit, um Rolling Thunder zu besuchen. Eigentlich hatte ich vorgehabt, bis zum nächsten Morgen damit zu warten, aber die Nacht war gerade angenehm dafür. Zudem wußte ich, daß mich Rolling Thunder nicht erwartete, und ich wollte ihn wissen lassen, daß ich wieder da war. Er würde höchstwahrscheinlich eher nachts zu Hause sein als morgens. Wenn wir unser Gepäck in meiner Wohnung abstellen und von dort aus direkt zu Rolling Thunders Haus gehen würden, könnten wir noch vor zehn dort sein. Eventuell würde ich ihn nur um einen Termin für ein privates Treffen bitten, was es mir erleichtern würde, unser Gespräch geschäftlich zu halten.

Als wir in meiner Wohnung ankamen, ließ uns Frau Elder herein. Sie freute sich, mich wiederzusehen,und hatte viel zu erzählen. Offenbar glaubte sie, daß ich wiedergekommen sei, um zu bleiben, aber es war zu spät, um ihr noch mitzuteilen, daß ich eigentlich geplant hatte, die Wohnung aufzugeben und Carlin zu verlassen. Das mußte warten. Mit einigen Geschenken für Rolling Thunder und Spotted Fawn gingen wir durch die Stadt zu dem vertrauten Haus. Rolling Thunder schien über mein plötzliches Kommen nicht überrascht zu sein und begrüßte Hayashi äußerst ungezwungen. Er rief in das angrenzende Zimmer. Eine japanische Frau kam herein. Sie hieß Yasumi und war etwa in Hayashis Alter. Auch sie kam aus Osaka und war mit Hayashi auf die Schule gegangen. Ich hatte Yasumi vor drei Monaten getroffen, als sie in San Francisco bei Freunden von Rolling Thunder zu Besuch gewesen war. Rolling Thunder sagte, daß sie gerade dabei war, Spotted Fawn einige japanische Gerichte zu zeigen, und daß sich Hayashi daher ganz wie zu Hause fühlen sollte. Yasumi sprach auch gut Englisch und konnte daher für ihn übersetzen. Rolling Thunder fand an diesem Zufall offensichtlich nichts Außergewöhnliches.

Spotted Fawn brachte Kaffee herein und setzte sich zu uns. Ich verteilte die Geschenke, die ich mitgebracht hatte: ein Exemplar des neuesten 'Whole Earth Catalogue', für die ganze Familie Räucherstäbchen und eine kleine Figur als Ständer dafür, für Rolling Thunder 'Kinnikinnik', eine traditionelle indianische Tabakmischung, andere indianische Kräutermischungen zum Rauchen, reinen Tabak und einen handgemachten Medizinbeutel. Rolling Thunder entspannte sich und plauderte freundlich mit Hayashi. Ich trank meinen Kaffee und schaute Spotted Fawn zu, wie sie die Räucherstäbchen in dem Ständer mit anderen Gegenständen auf dem Tisch arrangierte. Ich schaute zu Rolling Thunder. Er sah mich an.

"Nun, es gibt noch mehr zu tun", sagte Rolling Thunder und räusperte sich, "es kommt natürlich darauf an, was du unter mehr verstehst. Es muß noch eine Menge erledigt werden, aber andererseits ist es unmöglich, dafür eine bestimmte Zeit festzulegen." Das war die Antwort auf meine erste Frage. Es würde jetzt bedeutend leichter sein, meine zweite Frage zu stellen. Das könnte ich noch heute nacht erledigen.

"Zum einen werden wir Verbindung mit vielen Leuten aufnehmen müssen. Es gibt eine Menge Menschen, die durchaus bereit wären, etwas zu tun, aber nicht wissen, wie und was. Mit diesen Leuten müssen wir uns zusammentun. Viele sind bereit, etwas zu lernen, und wissen nicht, wohin sie sich wenden sollen. Das ist schon eine ganze Menge Arbeit. Natürlich steht die Sache mit dem 'Chaining' noch an, und die paßt ganz gut rein. Aber das ist bei weitem nicht alles. Es gibt viele Ärzte und Psychiater – besonders die jungen –, die gedanklich neue Wege gehen, Wege, die sich von denen des Establishments völlig unterscheiden. Viele von uns werden mit diesen Leuten zusammenarbeiten und sie mit uns. Wie ich bereits gesagt habe, besitzen wir ein Wissen und Fähigkeiten, die sie brauchen werden, und sie haben Fähigkeiten und Methoden, über die wir auch etwas lernen könnten. Ich möchte, daß ihr mit diesen Ärzten in Bolinas und Virginia Beach sprecht und euch Unterlagen über das, was ich euch erzählt habe, einholt."

Er machte eine Pause und kniff die Augen zu. Mir war merkwürdig zumute. Vielleicht war es tatsächlich ein Zufall, aber alles lief ab, als ob er meine Fragen bereits kannte.

"Wenn ihr diese Ärzte trefft, werdet ihr feststellen, daß es sich gut mit ihnen reden läßt. Und es wird noch mehr geben – mehr Ärzte, wie sie es sind. Sie lassen sich durch unsere Heilmethoden weder verunsichern noch beunruhigen. Sie haben keinen Sinn für Wettbewerb innerhalb der Medizin und fühlen sich nicht bedroht. Nicht, daß sie was von indianischer Heilkraft verstehen, das ist viel zu neu für sie, aber sie sind aufgeschlossen und denken in vielen Dingen ähnlich wie wir. Sie würden in manchen Punkten, auf die wir schon seit ewigen Zeiten hinweisen, mit uns übereinstimmen. Vor Jahren zum Beispiel, wäre es noch nicht an der Zeit gewesen, zu euren Leuten zu gehen und ihnen zu sagen, daß sie aufhören sollten, chemische Konservierungsmittel und synthetische Lebensmittel zu benutzen. Wir wußten, daß diese Zeit kommen würde, wo euer Volk sich über diese Dinge Gedanken machen und darüber sprechen wollen würde." Damit war er bei meiner dritten Frage angelangt. Er unterbrach und schaute mich prüfend an. Seine Mundwinkel zuckten leicht nach oben. Rolling Thunder amüsierte sich. Ich setzte meine Tasse Kaffee ab.

"Ich glaube an natürliche Vitamine", sagte er ruhig. Er nickte mir zu. Er legte seine Pfeife weg, setzte ein Kätzchen, das auf seinem Schoß geschlafen hatte, auf den Boden, ging in die Küche und kam mit so vielen Flaschen zurück, wie seine Hände umfassen konnten. "Das sind Vitamine, die wir nehmen. Das sind die, die ich gern empfehle, wenn ich danach gefragt werde."

Ein merkwürdiges Gefühl machte sich auf meiner Hautoberfläche – besonders auf meinem Gesicht – breit. Es war nicht Überraschung oder Erstaunen, sondern eher ein Gefühl der Anerkennung, des Dankes. Dies war schon einmal geschehen, als es mir ermöglicht wurde, an einer Form der Kommunikation oder des Begreifens teilzuhaben, das meine eigentlichen Fähigkeiten weit überschritt. Ich spürte Dankbarkeit.

"Vitamine bedeuten Leben, eine bestimmte Lebenskraft, die nicht synthetisch hergestellt werden kann. Viele unterschiedliche Dinge mögen den meisten Menschen unter dem Mikroskop gleich erscheinen, aber es gibt mehr, als das Auge alleine erfassen kann. Es wird sich noch ein Weg finden, um diesen Unterschied sichtbar zu machen – wie zum Beispiel den Unterschied zwischen synthetischem und natürlichem Vitamin C. Ich bin sicher, daß es Verfahren gibt, dies sichtbar zu machen, und ich habe das Gefühl, daß wir kurz davor sind." Er setzte sich wieder und sprach über die neuen Ärzte, über ihre Ansichten, über die Zusammenarbeit und das gegenseitige Bemühen, welche in der Zukunft erwachsen würden. "Es gibt natürlich vieles, was die alten bürgerlichen Ärzte niemals lernen werden, egal wie groß die Chancen sind, es zu tun. Hauptsächlich aus dem Grund, weil sie gar nicht lernen wollen, aber das ist im Endeffekt ihre Sache. Es gibt auch Menschen, die sich einbilden zu verstehen und es sich sehr leicht machen. Sie behaupten, daß sie begierig darauf sind zu lernen und daß sie über all diese Dinge etwas erfahren wollen, und trotzdem sind sie nicht bereit, sich auf die erforderliche Disziplin und Reinigung einzulassen, sich vorzubereiten. Darum besteht noch immer die Gefahr, zu vieles zu früh zu offenbaren.

Auf der anderen Seite weiß ich, daß es viele Leute gibt, die bereit sind zu lernen und auch einen Weg zu suchen. Wenn diese Menschen sich zusammentun, um wirklich zu lernen – Ärzte, Studenten, Arbeiter, die ein echtes Anliegen haben –, wenn es ihnen wirklich ernst ist und sie nicht nur neugierig sind, dann wäre ich bereit zu sprechen."

Das Gespräch war beendet. Ich hatte nichts mehr hinzuzufügen. Es würde sich vermutlich niemals eine passende Gelegenheit ergeben, ihn danach zu fragen, woher er meine Fragen gekannt hatte, und zwar genau in der Reihenfolge, wie ich sie vorbereitet hatte. Es gab zwar noch mehr zu besprechen, aber darüber machte ich mir im Augenblick keine Sorgen. Vielleicht gab es keine Fragen und hatte noch nie welche gegeben. Nur die unveränderliche, gesetzmäßige Ordnung der Dinge, die richtige Zeit und den richtigen Ort für alles.

Hayashi und ich blieben noch eine Woche in Carlin. Das Wetter war die ganze Zeit über herrlich frisch und klar. Eines Morgens stand Hayashi bei Sonnenaufgang auf und stieg auf den Gipfel der fernen Hügel. Er wollte stundenlang in der Stille und dem freien Raum dahinspazieren und die Sonne aufsteigen sehen. Er hatte viele Fragen über Rolling Thunder.

Wir sprachen über seine Medizin, über indianische Sitten und das BIA. Hayashi war sehr interessiert, aber unsere Unterhaltung mußte langsam und vorsichtig geführt werden, und jedes tiefergehende Gespräch beanspruchte Stunden. Ich vereinbarte mit Frau Elders, daß ich die Wohnung beibehalten und meine Sachen während meiner Abwesenheit unterstellen würde. Hayashi besuchte Yasumi. Rolling Thunder und Spotted Eagle planten, nach San Francisco zu fahren, und boten uns eine Mitfahrgelegenheit an. Im Moment war Rolling Thunder jedoch mehrere Tage mit der Eisenbahn unterwegs. Wir verbrachten viel Zeit im Haus, und Spotted Fawn bestand jedesmal darauf, uns zu verköstigen.

Eines Abends saßen Hayashi und ich im Wohnzimmer und genossen die Essensdüfte, die durch die Küchentür hereinzogen. Rolling Thunder wurde zurückerwartet. Der Zug hatte Verspätung, also würde er hungrig sein. Ich redete mit Spotted Fawn englisch, während sich Hayashi mit Yasumi auf japanisch unterhielt. Spotted Eagle hörte auf seinem Zimmer Platten. Als der Zug im Bahnhof einfuhr, trennte sich Spotted Eagle von seiner Musik und fuhr mit dem Camaro los, um Rolling Thunder abzuholen. Ich fragte mich, wie sie wohl den einfahrenden Zug trotz der lauten Rockmusik gehört haben konnten, aber als er einfuhr, hatte es Spotted Fawn irgendwie gewußt und nach Spotted Eagle gerufen.

Rolling Thunder spazierte in seinem Arbeitskittel und seiner Eisenbahnermütze herein. Er grinste uns wie üblich freundlich zu und begrüßte alle herzlich. Er stellte seine Bremserlampe auf den Tisch und strich sich langsam und nachdenklich mit dem Handrücken über die Stirn.

"Schaut aus, als würde uns hier was Gutes erwarten", sagte er, indem er zur Küche hinblinzelte und den Duft einsog. Plötzlich zog er nochmals sehr scharf die Luft ein. Dann hielt er sein Gesicht nach oben und blies seine Nasenlöcher auf und zu. Ich fragte mich, ob wohl irgend etwas in der Küche anbrannte. Ich selbst konnte keinen außergewöhnlichen Geruch feststellen. Vielleicht versuchte er nur, jeden einzelnen Gang herauszuriechen.

Er rief Spotted Fawn in die Küche zu: "Wer ist alles hier?"

"Nur die, die du siehst," antwortete sie.

"Wer war hier? Irgendwelche Fremden?"

"Nicht, daß ich wüßte."

Er schnupperte nochmals in die Luft. "Sie sind irgendwo da draußen!" Er rief nach Spotted Eagle. Rolling Thunder nahm sich eine Pistole aus der Schublade und trat mit Spotted Eagle in die Nacht hinaus. Ich ging an die offene Türe; Hayashi schaute über meine Schulter. Rolling Thunder schnupperte wieder. "Ich glaub', sie sind da draußen im Schuppen", hörte ich ihn flüstern. Er zeigte zum Schuppen hinter seinem Haus auf der anderen Straßenseite. Er schwenkte seinen Arm, und Spotted Eagle bewegte sich von links auf die Hütte zu. Die Nacht war lautlos und dunkel. Nichts regte sich. Ich konnte die Hütte auf der anderen Straßenseite nicht erkennen. Rolling Thunder schlich an den Schuppen heran. Ich sah seine Umrisse. Ich ging auf die Straße hinaus, wo ich ihn besser erkennen konnte. Er bewegte sich wie ein lautloser Schatten. Plötzlich stieß er ein haarsträubendes Geheul aus, das die Luft förmlich durchschnitt. Ein elektrischer Schlag traf meinen Hinterkopf. Er fuhr über meinen ganzen Rücken und in meine Brust hinein, ich mußte nach Luft schnappen. Ein lautes, krachendes Geräusch kam aus dem Schuppen heraus, und dann hörte man das Gepolter von Stiefeln. Eine Gestalt lief auf mich zu, drehte sich plötzlich weg und flüchtete über die Straße. Meine Augen gewöhnten sich an die Dunkelheit, und ich konnte erkennen, wie Spotted Eagle jemandem nachlief und Rolling Thunder am Schuppen stand und in die Nacht spähte; ich schaute zum Haus hin und sah Hayashi noch im Türrahmen stehen.

"Hast du jemanden gesehen?" Rolling Thunder kam auf mich zu.

"Irgend jemand ist dort drüben über die Straße gelaufen!"

"Ich glaub', es waren drei", sagte er. "Zwei von ihnen sind dort rübergelaufen."

Er schaute in die Richtung, in die Spotted Eagle verschwunden war. "Keine Ahnung, wer sie waren."

Wir blieben auf der Straße stehen, bis Spotted Eagle zurückkam. "Ich konnte sie nicht finden", sagte er. "Ich war hier auf der anderen Seite, als sie loszischten. Sie hatten einen ziemlichen Vorsprung."

"Na ja, gehen wir rein und essen, und dann kannst du schauen, ob du rausfindest, wer sie waren und was sie wollten."

"Ich werd' mir noch ein paar Hunde anschaffen", fuhr Rolling Thunder fort, als wir zum Haus zurückgingen. "Grosse! Und dort hinten ein paar Lampen anbringen." Er umschrieb einen weiten Bogen mit seinem Arm. Alle Hunde befanden sich im Haus, sonst hätten die Schnüffler sie sicherlich aufgescheucht. Der einzige Hund, der niemals ins Haus gekommen war, war Brandy, aber Brandy war tot.

Spotted Fawn hatte bereits das Essen auf den Tisch gestellt. Nachdem wir uns hingesetzt hatten, erzählte Rolling Thunder, was mit Brandy passiert war. Ich kannte die Geschichte schon, zumindest den ersten Teil. Rolling Thunder hatte vor einiger Zeit, als er in Berkeley zu Besuch war, die traurige Nachricht erwähnt.

Er erzählte, daß jemand nachts gekommen war und Brandy verschleppt hatte. Die anderen Hunde hatten gebellt, aber da die Familie das nächtliche Gebell schon gewohnt war, war niemand auf die Idee gekommen nachzuschauen. Brandy war trotz seiner Größe noch ein sehr junger Hund und freundete sich schnell mit jedem an. Er hatte keinen Laut von sich gegeben, aber offensichtlich hatte er mit diesem Fremden nicht mitgehen wollen, denn Rolling Thunder untersuchte am folgenden Morgen den Gehsteig und die Straße und stellte an den Spuren im Staub fest, daß Brandy offenbar sitzend über die Straße zu einem Auto gezogen worden war. Jetzt erzählte uns Rolling Thunder, daß der tote Hund Wochen später gefunden worden war. Einer von Buffalo Horses Freunden hatte einen toten Bernhardiner auf dem Rollfeld in der Nähe der alten Mine entdeckt. Buffalo Horse war hingegangen um nachzuschauen und hatte Brandys verwesenden Körper gefunden, der von nahezu einem Dutzend Kugeln durchsiebt war.

Rolling Thunder hatte Hayashi die ganze Geschichte erzählt, Yasumi war nicht am Tisch, um zu übersetzen.

Verstehst du's?" fragte ich Hayashi. "Ja." "Meinst du wirklich, daß du's verstehst?" fragte Rolling Thunder und fügte ruhig hinzu: "Ich glaub', ich versteh's selber nicht." Er sagte kein Wort mehr, und von da an war unser Abendessen weniger fröhlich als sonst.

KAPITEL 21
EIN UNSICHTBARER FEIND

IM MAI 1972 VERLIESS Rolling Thunder eines Tages mit einer Decke, seiner Pfeife und seinem Medizinfächer das Haus der Greatful Dead in Novato und ging alleine in den Wald. Sobald er einen passenden Platz gefunden hatte, breitete er die Decke unter einem Baum aus und setzte sich hin; seinen Medizinfächer legte er vor sich. Er war schwach und abgemagert, und sein Haar war plötzlich stark ergraut. In den vergangenen Wochen hatte er kaum Zeit gehabt, sich gegen die Versuche von außen zu wehren, ihn zu zerstören. Er hatte keinen Kampf gewünscht. Er hatte gehofft, ungestört mit seiner Arbeit fortfahren und dieser zerstörerischen Kraft ausweichen zu können, aber bald fing er an, sich müde, verwirrt und selbst seiner Arbeit gegenüber gleichgültig zu fühlen. Nun war er mit seiner Pfeife und seinem Medizinfächer an diesen Platz gekommen, um an sich zu arbeiten, um zu sich selbst zu finden und mit diesem unsichtbaren Feind fertig zu werden. Er wußte wohl, daß er nicht eine Minute zu früh gekommen war.

Er nahm sich vor, einige Kräuter und eine besondere Pflanze für seine Pfeife zu finden, ließ seinen Fächer auf der Decke zurück und streifte mit seiner Pfeife suchend durch den Wald. Er verlor seinen Orientierungssinn und wurde völlig verwirrt. Im Gebüsch unter der stechenden Sonne konnte er weit und breit kein Anzeichen dafür entdecken, wo er sich im Moment befand. Irgend etwas stimmte nicht. Er fing an, sich zu fragen, wie er hierhergekommen war und warum. Er hatte vergessen, von wo er gekommen war. Er erinnerte sich nur noch schwach daran, daß er hier war, um sich selbst zu behandeln, und daß er unter einem Baum eine Decke ausgebreitet hatte, aber er hatte keinerlei Ahnung, wo sich diese Decke befand. Er kämpfte, um bei Bewußtsein zu bleiben. Er wußte, daß er mit all seiner Kraft versuchen mußte, weiterzuatmen, seine Augen offenzuhalten und zu seiner Decke zurückzufinden. Er mußte zu seinem Medizinfächer zurück, aber seine Gedanken schweiften immer wieder ab, und er konnte sich nicht darauf konzentrieren. Er war zu müde und zu schwach. Er ließ los und die Dunkelheit überfiel ihn.

Eine Gruppe von traditionellen Indianern traf sich Ende Januar in San Rafael, um mit der Aufbauarbeit für eine neue Stiftung anzufangen, die dem Zweck dienen sollte, die traditionelle Kultur und die Lehren der eingeborenen Amerikaner zu bewahren. Es hatte schon lange vor Ankunft der Weißen in Amerika innerhalb der einzelnen Stämme und unter den verschiedenen Stämmen Powwows und Ratsversammlungen gegeben, aber die Menschen, die sich jetzt in San Rafael versammelt hatten, versuchten, mit modernen Mitteln zu arbeiten. Sie hatten sich entschlossen, sich auf jene komplizierten Verfahrensbedingungen einzulassen, die ihnen ermöglichen würden, vor dem Weißen Mann und seinen Gesetzen Anerkennung zu finden und die gesetzlichen Vorteile einer Stiftung zu genießen. Das Januartreffen fand im Büro der Greatful Dead in San Rafael mit Mitgliedern der Gruppe und anderen weißen Freunden statt. Die Greatful Dead boten sich für ein Benefizkonzert in San Francisco an, dessen gesamte Einnahmen der neuen Stiftung zufließen würden.

Bei diesem Treffen war auch Semu Huaute, ein Medizinmann aus dem südlichen Kalifornien, anwesend, der oft mit jungen Indianern der verschiedensten Stämme umherzog. Eine indianische Frau, die Rolling Thunder bei einer seiner 'Pressekonferenzen' in Caliente zum ersten Mal getroffen hatte, war mit ihrem Anwalt aus Berkeley gekommen. In den darauffolgenden Wochen wurden eine ganze Anzahl derartiger Versammlungen in San Rafael und San Francisco abgehalten. Jedesmal reiste Rolling Thunder die 650 Meilen von Carlin und Semu Huaute von Los Angeles eigens an, um an den Treffen teilzunehmen. Während die Statuten der Stiftung langsam Gestalt annahmen, traten auch schon die ersten Schwierigkeiten auf. Der Anwalt der indianischen Frau, der ursprünglich freiwillig seinen juristischen Rat und seine Dienste zur Verfügung gestellt hatte, hatte sich plötzlich selbst zum Anwalt der Stiftung ernannt und verlangte nach Ansicht von Rolling Thunder und Semu Huaute ein überhöhtes Honorar für seine Arbeit. Als nächstes hatte er seine indianische Bekannte zur Vorsitzenden der Stiftung ernannt und dies durch die Statuten und Satzungen, die er aufstellte, bestätigen lassen. Daraufhin gründeten sie in Berkeley mit Spendengeldern, die eigentlich für die Reisekosten und Auslagen der auswärts wohnenden Mitglieder aufgewendet werden sollten, ein eigenes Büro. Rolling Thunder und Semu waren über diese eigenmächtige Handlungsweise ziemlich verstört. Sie fingen an, sich zu fragen, ob die Frau und ihr Anwalt nicht eher gegen sie und die Ziele, die sie so lange geteilt hatten, arbeiteten als dafür.

Da die Frau das einzige Mitglied der ursprünglichen Arbeitsgruppe, die sich in der Bay Area zusammengefunden hatte, war, hatte ihr persönlicher Einfluß von Anfang an dominiert. Hinzu kam, daß sie den Anwalt gestellt hatte. Rolling Thunder hatte sich schon oft gefragt, worin wohl der Sinn lag, diese Leute in die ganze Sache einzubeziehen, aber er war in dem festen Glauben gewesen, daß dies einem Wunsch von Semu entsprach, da sich die Frau als gute Bekannte von ihm ausgab. Semu hingegen war der Ansicht, daß Rolling Thunder sie nach der Pressekonferenz in Caliente eingeladen hatte mitzuarbeiten. Bei einem gemeinsamen Treffen unter vier Augen kamen diese Mißverständnisse zutage.

Am 5. März gaben die Greatful Dead im Winterland in San Francisco ihr Benefizkonzert. Rolling Thunder kam mit Spotted Fawn, seinen beiden Söhnen Buffalo Horse und Spotted Eagle und seiner Tochter Morning Star mit deren Ehemann. Das Konzert war ein voller Erfolg und eine beträchtliche Summe Geldes konnte für die Stiftung aufgebracht werden. Aber die Ereignisse, die folgten, waren weniger schön und zudem noch gefährlich. Die Stiftung war gesetzlich noch nicht anerkannt, da es zur Fertigstellung der Statuten noch einige Hindernisse zu überwinden gab. Aus diesem Grund hatten sich die Anwälte der Greatful Dead bereit erklärt, das Geld solange zurückzuhalten, bis die notwendigen gesetzlichen Formalitäten erfüllt wären. Die Vorsitzende jedoch bestand darauf, die Spendengelder sofort in

Besitz zu nehmen oder zumindest unter ihrer Aufsicht zu haben. Nach mehreren Tagen der ausgesprochenen Feindseligkeiten, bis hin zur Androhung von Gewalt und gerichtlichen Schritten, tauchte das Geld in Form eines Schecks, der auf die zukünftige Stiftung ausgestellt war, in ihren Händen auf,und zwar so, als sei das Ganze ein Versehen gewesen.

Rolling Thunder fing an zu begreifen, daß die Gruppe, die durch die Vorsitzende und deren Anwalt vertreten war, bereit war, alle ihr zur Verfügung stehenden Mittel einzusetzen, um Kontrolle über die Stiftung und die Spendengelder zu bekommen. Nachdem der Scheck eingelöst worden war, befanden sich Rolling Thunder und Spotted Fawn gerade im Büro der Greatful Dead, als jemand anrief, der behauptete, einer der 'Krieger' der indianischen Vorsitzenden zu sein, und damit prahlte, daß das Büro abgebrannt werden und Rolling Thunder bald ein toter Mann sein würde. Diese 'Krieger' machten, ohne zu wissen, wo sich Rolling Thunder überhaupt aufhielt, unentwegt Jagd auf ihn und drangen sogar ein- oder zweimal gewaltsam in Privathäuser ein, wo sie ihn gerade vermuteten. Sie schickten nach einem jungen indianischen Zauberer, der seine 'mächtige Medizin' gegen ihn einsetzen sollte. Dieser Mann kam von weit her angereist und fing mit seiner Voodooähnlichen Tätigkeit an, während die anderen dafür sorgten, daß Rolling Thunder von allen Einzelheiten der gegen ihn eingesetzten Medizinkraft erfuhr. Damit wollten sie ihn wohl einschüchtern.

Rolling Thunder hatte keine Lust, darauf einzugehen. Er wollte das Ganze als eine nicht ernstzunehmende Störaktion abtun; die Gegenseite war nicht von Bedeutung und seiner Ansicht nach auch nicht besonders geschickt. Aber die Arbeit dieser Leute und ihres Zauberers begann sich langsam aber sicher in Rolling Thunder abzuzeichnen. Er und seine Freunde erfuhren eine nicht zu übersehende Schwächung an sich und ihrer gemeinsamen Arbeit. Rolling Thunder war immer der Ansicht gewesen, daß gute, brauchbare Gedanken und Handlungen stets Hand in Hand gehen mit einer oppositionellen Kraft. Er sah sich jetzt gezwungen zuzugeben, daß dieser destruktive Wille und diese negative Energie widerstreitende Kräfte repräsentierten, die von der guten Arbeit, die er, Semu und viele andere geleistet hatten, angezogen worden waren.

Das wirkliche Ziel der destruktiven Partei mußte mehr als nur Geld sein. Sie hatten von Anfang an innerhalb der Stiftung führende Rollen gespielt, und es hätte unzählige Taktiken und Möglichkeiten gegeben, zu Macht zu gelangen, ohne sich so schnell zu verraten. Jetzt hatte der Kampf bereits ungeheure Ausmaße angenommen, und die bloße Existenz der Stiftung schien plötzlich in Frage gestellt.

Rolling Thunder bemühte sich weiterhin um eine Form der einigermaßen friedlichen Einigung. Er hoffte, daß die Bemühungen der Greatful Dead letzten Endes doch noch den ursprünglichen Zielen zugute kommen würden und daß eine Stiftung, wie sie anfänglich konzipiert worden war, doch noch zustande kommen würde. Er hielt, selbst als die Situation schon hoffnungslos verfahren zu werden drohte und er zunehmend erkrankte, noch an dieser Hoffnung fest. Bald erkannte er jedoch den Ernst der Situation. Er erkannte, daß dies eine Herausforderung an ihn war, der er auf jeder der Ebenen, auf der sie auf ihn zukam, begegnen mußte. Es war fast schon zu spät.

Der große Hund, der auf der Ranch lebte, kam mit einem vogelähnlichen Gegenstand im Maul zum Haus zurückgetrottet. Als Spotted Fawn, die sich im Haus mit den anderen unterhielt, genauer hinsah, erkannte sie in dem 'Vogel' Rolling Thunders Medizinfächer. Sie erfaßte die Situation im Nu.

Spotted Fawn hatte Rolling Thunder seit dem Konzert im Winterland bei all seinen Aufgaben und Schwierigkeiten beigestanden – zuerst, als es um die halbfertigen Statuten und die fehlenden Spendengelder ging und dann, als die feindlichen Drohungen und die Medizin gegen ihn einsetzten, die zu seinem Tode führen sollten. Sie war sicher gewesen, daß Rolling Thunder durch die Pläne des Zauberers nicht ernsthaft zu Schaden kommen würde. Sie hatte fest geglaubt, daß er sich ihrer würde entledigen können und sie völlig ohne Wirkung auf ihn bleiben würden, aber in letzter Zeit konnte auch sie sich nicht mehr vormachen, daß diese feindlichen Kräfte ohne nennenswerten Schaden an Rolling Thunder abprallen würden. Sie hatte zusehen müssen, wie er immer schwächer wurde. Jetzt wußte sie, daß sie ihn sofort finden mußte. Der Hund führte sie zu der Decke unter dem Baum. Sie mußten nicht lange suchen, um auch Rolling Thunder, der bewußtlos im Gebüsch lag, zu finden. Er wurde zur Ranch zurückgetragen.

Rolling Thunder rief mich in Dolly Gattozzis Haus in den Bergen von Berkeley an. "Kannst du dich noch an den Anwalt erinnern, von dem du mir mal erzählt hast – ich weiß seinen Namen nicht mehr, derjenige, mit dem wir uns dauernd treffen wollten?" "Mel Dayley?" "Genau, den meine ich. Falls du es schaffst, möchte ich, daß du jetzt mit ihm ein Treffen arrangierst. Es ist sehr dringend,und ich muß so bald wie möglich mit ihm sprechen." "Ich versuch', ihn gleich anzurufen und was auszumachen, und ruf dich dann zurück." "Gut. Ich komm' gleich nach Berkeley. Ich kann's bis heute Abend schaffen und dich dort treffen. In der Zwischenzeit versuch' du für morgen was mit ihm zu vereinbaren."

Bis ich Rolling Thunder abends traf, hatte ich Mel Dayley bereits erreicht und für den nächsten Tag ein Treffen vereinbart. Ich hatte schon oft mit ihm gesprochen und bereits zweimal versucht, ein Treffen zwischen ihm und Rolling Thunder zu arrangieren. Einmal, als Rolling Thunder an einer großen indianischen Versammlung in Reno teilnahm, hatte ich Dayley irreführende Anweisungen gegeben. Er kam in Reno an und wartete zwei Tage lang im falschen Hotel. Ein anderes Mal, als Rolling Thunder seine Pressekonferenz in Caliente, Nevada, gab und viele Leute von San Francisco hinfuhren, hatte ich ihm eine Mitfahrgelegenheit und ein Zimmer besorgt, aber es hatte bis zur Abfahrt so lange Verzögerungen gegeben, daß es ihm schließlich nicht mehr möglich war mitzukommen. Jetzt, wo Rolling Thunder dringend seiner Hilfe bedurfte, wünschte ich mir, daß sie sich zuerst unter anderen Umständen hätten kennenlernen können, als Rolling Thunder noch in besserer Verfassung war.

Seit dem Benefizkonzert schaute Rolling Thunder hagerer und müder aus als je zuvor, und es schien, als ob er nach und nach immer schwerhöriger würde. Dennoch hatte er seine gute Laune, sein häufiges Lachen und seinen unerschütterlichen Enthusiasmus beibehalten. Er war in Marin County gewesen, und wir hatten schon seit Tagen nichts mehr von ihm gehört, als er mich an jenem Tag anrief. Ich ahnte schon, daß die Dinge sich wohl nicht zum Besten gewandt hatten, und erwartete, ihn mut- und kraftloser als sonst vorzufinden, aber er machte einen erstaunlich guten Eindruck, als er kam. Er war zwar noch stark abgemagert, aber seine gesunde Farbe und seine übliche ruhige und sanfte Ausstrahlung waren bereits wiedergekehrt.

Wir redeten bis lange in die Nacht hinein. Ich erfuhr in allen Einzelheiten, wie Rolling Thunder die Dringlichkeit seines Zustandes erkannt hatte und in den Wald gegangen war, um alleine zu sein, wie er im Gebüsch gefunden, zurückgetragen und gesundgepflegt worden war. Dann erzählte er mir von den jungen 'Kriegern', die ihn gesucht hatten und damit angaben, daß sie ihn mit Hilfe ihres indianischen Zauberers krank werden und sterben lassen konnten. Er berichtete weiter, wie die Konzertgelder aus dem Büro in San Rafael verschwunden waren und wie er sich bemüht hatte, dem nachzuforschen. Zu der Zeit hatte der Anwalt sich bereits geweigert, mit irgend jemand zu verhandeln oder irgendwelche Fragen zu beantworten. Sobald Rolling Thunder einigermaßen wieder auf den Beinen sein würde, hatte er sich entschieden, 'auf allen Ebenen' vorzugehen. Als erstes wollte er Mel Dayley um seine juristische Hilfe bitten, dann würde er nach Semu schicken. Falls Semu sich von seiner eigenen Arbeit in Süd-Kalifornien trennen konnte, würde er vielleicht bereit sein, einige Tage mit Rolling Thunder zu verbringen.

Nach dem Treffen mit Mel Dayley begleiteten mich Rolling Thunder und Spotted Fawn zur Wohnung von Dolly Gattozzi, die zu einem zweiwöchigen Seminar nach Hawaii geflogen war und Rolling Thunder für diese Zeit ihr Haus zur Verfügung gestellt hatte. Es schien im Moment der geeignetste Platz für ihn zu sein – hoch in den Bergen, ruhig gelegen und schwierig zu finden. Wir hielten es für notwendig, niemand wissen zu lassen, wo er sich aufhielt.

Rolling Thunder und Spotted Fawn verbrachten den größten Teil des Nachmittags damit, in den Bergen umherzuwandern. Sie kamen mit einer Vielzahl von Pflanzen und Kräutern für einen frischen Salat zum Abendessen zurück.

"Vielleicht werden wir heute nacht wieder Waschbären sehen", sagte ich zu Spotted Fawn. "Sie kommen gewöhnlich kurz nach Mitternacht, manchmal zu viert oder fünft. Sie trauen sich bis zur Tür hin und lassen sich füttern."

"Ja, die solltest du wirklich erleben", stimmte mir Rolling Thunder zu. "Sie kommen bis vor die Türe und betteln, schauen aus wie kleine, maskierte Banditen. Ziemlich klug, die kleinen Kerle, sie lernen schnell."

Im ersten Stock führten hohe Glastüren auf eine breite Sonnenterrasse, die von Bäumen umgeben war. Die Waschbären hatten sich angewöhnt, nachts durch jene Türen hindurchzuspähen, um auf Kekse und Nüsse zu warten. Ich war mit Rolling Thunder schon einmal hier gewesen, und er hatte die Waschbären bei ihrer nächtlichen Mahlzeit beobachten können und sie durch sein Zuschauen völlig davon abgelenkt. Sie hielten plötzlich wie gebannt inne und starrten zu ihm zurück.

"Warum schauen Tiere so wissend auf die Augen eines Menschen?" hatte ihn damals meine Schwester gefragt. "Warum schauen sie nicht auf die Haare oder Ohren? Wie können sie wissen, was die Augen für eine Funktion haben?"

"Sie wissen es nicht, sie fühlen es", antwortete Rolling Thunder. "Manche Leute glauben, daß Sehen nur eine Sache des Lichteinfalls ist, aber die optische Wahrnehmung ist in Wirklichkeit eine Kraft, die durch die Augen ausgestrahlt wird und anziehend oder abstoßend wirken kann; darum dieses starke Gefühlserlebnis, diese Fixierung, wenn sich zwei Augenpaare treffen." Wir standen auf der Terrasse und schauten über Berkeley zur Bucht, nach Alcatraz und zur Golden-Gate-Brücke hin.

"Es ist wirklich gut, hier zu sein. Genau das habe ich gebraucht – hier oben zu stehen, alles unter mir zu lassen, in der frischen Luft zu sein, außer Reichweite und dennoch umgeben von Bäumen, Vögeln, Rehen und Waschbären. Dies ist ein wirklich gesunder Platz."

Ich hoffte, daß Rolling Thunder länger würde hierbleiben können. Er schaute jezt schon ausgeruht aus. "Der Kampf ist noch nicht vorbei – ich meine, der auf der psychischen Ebene. Übrigens hat mir dieser Mel Dayley gut gefallen, ich hatte ein gutes Gefühl ihm gegenüber. Er wird sich jetzt mit dem anderen Anwalt in Verbindung setzen, und dann werden wir gemeinsam versuchen herauszufinden, was da eigentlich vor sich geht. Aber diese Geldgeschichte ist eigentlich zweitrangig. Ich stehe einer negativen spirituellen Kraft, dem Versuch, uns und unsere Gruppenarbeit zu zerstören, gegenüber. Ich habe die ganze Zeit darüber nachgedacht und mich jetzt entschlossen, Mad Bear zu verständigen."

KAPITEL 22
GUTE MEDIZIN

MAD BEAR ANDERSON ist im Bereich der indianischen Medizinkraft schon fast eine legendäre Figur. Ich hatte bereits viel über ihn gehört und stellte ihn mir als einen großen, bärenhaften Mann vor, der zwar etwas langsam, aber doch so kraftvoll ist, daß seine äußere Erscheinung völlig nebensächlich ist. Erst vor ein paar Wochen hatte mir Rolling Thunder eine Geschichte erzählt, die diese Vorstellung noch verstärkte. Rolling Thunder hatte gerade der Familie meiner Schwester gezeigt, wie man das Haus mit Zedernrauch reinigt. Um hervorzuheben, wie wichtig es sei, während des Räucherns mindestens eine Tür oder ein Fenster offen zu halten, erzählte er folgende Geschichte:

"Mad Bear hatte einmal für irgendwelche Leute das Haus gereinigt und dabei einen großen Fehler begangen – er hatte weder Fenster noch Türe geöffnet. Er hat es regelmäßig vergessen. Mad Bear ist jemand, der eine ganze Menge weiß. Sie sagen ihm nach, daß er so viel im Kopf hat, daß er sich gar nicht alles merken kann. Nun, dazu kann ich nichts sagen. Er führt zwar eine Zeremonie richtig durch, aber vergißt dabei grundsätzlich irgendeine Kleinigkeit.

In diesem Haus hielten sich also fremde Wesen auf, die den Bewohnern ziemliches Kopfzerbrechen bereiteten. Sie wohnten zwar nicht in den Leuten selbst, aber doch im Haus und verursachten dadurch eine ganze Menge Probleme. Mad Bear erkannte die Situation und was man dagegen unternehmen mußte, deswegen führte er das Ritual selbst durch. Es war kein einfaches Ausräuchern, sondern eine wesentlich kompliziertere Zeremonie.

Seine Medizin arbeitete zwar gut, aber, wie gesagt, er vergaß es, irgendeine Tür oder ein Fenster im Haus offenzulassen – vielleicht, weil er sich so stark auf die Vorgänge des Rituals konzentrierte. Nun, was sich im Haus aufhielt, mußte auch irgenwo wieder rauskommen. Im ersten Moment sah es so aus, als wäre es der Zedernrauch, der entweichen wollte, aber er verhielt sich ganz anders, als es Rauch für gewöhnlich tut. Die ungewöhnliche Kraft sauste auf den Dachboden, hob eine Falltüre hoch und entwich geradewegs durch ein Fenster, das sie samt Rahmen und allem Drum und Dran mit sich nahm! Das Fenster lag unten auf der Erde, und der Rauch war verschwunden und hatte alles mit sich genommen. Schade um das Fenster, aber eines hat es doch bewiesen: daß Mad Bears Medizin ganz schön stark ist!"

"Weißt du, wo sich Mad Bear gerade aufhält?"

Rolling Thunder schaute lange Zeit schweigend auf die Bucht hinaus, als würde er durch einen Moment des Nachdenkens und Wartens zu diesem Wissen kommen. Mad Bear genoß den Ruf eines Weltenbummlers, der manchmal schlicht und einfach verschwindet.

"Ich weiß es nicht", antwortete er schließlich. "Manchmal weiß man, wo er ist, und manchmal nicht." Wieder starrte er gedankenverloren in die Ferne. "Und manchmal ist er einfach nicht aufzufinden – nirgends. Und dennoch kann man ihn erreichen. Ein Medizinmann kann mit einem anderen Medizinmann auf eine spirituelle Art in Verbindung treten, in einer Weise, wo es weder Zeit noch räumliche Entfernung gibt."

Er ging die ganze Terrasse entlang, schaute über das Geländer, suchte die Erde und den Himmel in allen Richtungen ab. Er schaute zu den Bergen im Osten und über die Stadt und das Wasser im Westen, dann in einen nahebeistehenden Baum und beobachtete die Vögel. Er ging so schnell und lautlos wieder hinein, daß ich plötzlich alleine dastand, ohne es gleich zu merken. Ich beobachtete immer noch die Vögel und dachte über Mad Bear nach. Vielleicht war Rolling Thunder nach unten gegangen, um seine Pfeife zu rauchen. "Wenn ich mit jemand Kontakt aufnehmen will", hatte er oft gesagt, "setze ich mich ruhig hin und zünde mir meine Pfeife an." Ich schaute ebenso wie Rolling Thunder über das Geländer in alle Himmelsrichtungen und fragte mich, ob der Rauch seiner Pfeife an Orte gelangen konnte, die mein Auge nicht erfassen konnte.

Mel Dayley rief am nächsten Nachmittag an. Er war einer der wenigen, die wußten, wo sich Rolling Thunder aufhielt. Er hatte sich mit dem Anwalt in Verbindung gesetzt und sie hatten sich darauf geeinigt, daß sich alle betroffenen Parteien zu einem Anhörungsverfahren treffen sollten, das für nächste Woche im Gericht von Alameda County, südlich von Berkeley, angesetzt worden war.

Wenige Stunden später rief jemand für Rolling Thunder an. Ich hatte diese Stimme nie zuvor gehört, was mir Unbehagen verursachte. Ich befürchtete, daß es ein Trick sei, um herauszufinden, ob sich Rolling Thunder unter dieser Adresse aufhielt. Ich wollte höflich, aber ohne zu lügen oder irgend etwas zu verraten, erst einmal herausfinden, wer der unbekannte Anrufer war.

"Er schläft", rutschte mir plötzlich heraus. Das war nicht gerade das, was ich hatte sagen wollen. "Vielleicht ist er jetzt wach", sagte die Stimme ruhig und bestimmt. "Hier ist Mad Bear."

Semu Huaute rief Rolling Thunder einen Tag vor der Anhörung in Alameda von Los Angeles aus an. "Sie werden alle zusammen ankommen", berichtete Rolling Thunder. "Semu, Mad Bear und einige von Semus Leuten. Sie kommen von L.A. Wenn sie also jetzt losfahren, sind sie am frühen Abend da. Ich denke, wir werden heute nacht einen kleinen Powwow abhalten, vielleicht auch eine Medizin-Zeremonie. Du solltest deine Schwester benachrichtigen, vielleicht will sie daran teilnehmen. Ich glaube, daß es auch okay wäre, wenn Mel Dayley mitkommt, falls er Interesse hat. Ja, sag ihm, daß er herzlich willkommen ist."

Rolling Thunders Sohn Buffalo Horse kam am Nachmittag an. Er hatte sich seit dem ersten Treffen in San Rafael in der Bay Area aufgehalten und einen Großteil der Kopf- und Fußarbeit, die für die Vorbereitungen des Konzerts anfiel, erledigt.

"Wenn sie hier ankommen", sagte ihm Rolling Thunder, "das heißt, wenn sie irgendwo in Berkeley ankommen, werden sie uns anrufen, um uns Bescheid zu geben, wo sie sind. Dann mußt du runterfahren und sie hierheraufführen, weil sie ja niemals im Leben alleine herfinden würden. Ich hoffe nur, daß sie's in dem VW-Bus raufschaffen."

Wir gingen an dem Nachmittag einkaufen. Rolling Thunder rechnete mit einer ganzen Menge Leute für die nächsten paar Tage. "Semu wird auf alle Fälle seine Leute mitbringen,und dann wird natürlich noch Mad Bear da sein und Mel, einige Leute vom Komitee und ein paar andere Freunde, und wir sind jetzt schon sechs. "Ich dachte einen Moment nach. Es würden etwa zwei Dutzend Leute in dem kleinen Haus versammelt sein.

"Ich glaube nicht, daß wir uns irgendwelche Sorgen machen müssen", sagte Rolling Thunder. "Es werden eine Menge Leute dasein, und es wird ein ziemliches Durcheinander geben; es könnte unter Umständen ganz schön zugehen,aber keine Angst, es wird schon alles werden. Spotted Fawn wird sich um das Kochen und den Haushalt kümmern, und dann wird alles wie am Schnürchen klappen."

Als wir vom Einkaufen zurückkamen, besprachen wir die mitternächtliche Zeremonie. Sie müßte an einem geeigneten Platz im Freien abgehalten werden, wo sich viele Leute versammeln könnten. "Wir müssen ein Feuer machen, zwar nur ein kleines, aber ein Feuer ist auf alle Fälle notwendig, wie ihr wißt. Wo, meint ihr, wäre der beste Platz dafür?"

Ich kannte einen geeigneten Platz auf einer Anhöhe, wo ein paar Freunde einmal eine Hochzeitsfeier abgehalten hatten. Es war möglich, mit dem Auto bis hin zu fahren,und auf dem Hügel war eine große Lichtung, von der aus man einen Rundblick über die Städte, Brücken und die 'Bay' hatte. Ich ging zum Holzstapel hinaus und füllte ein paar Schachteln mit den kleinsten Scheiten und Ästen.

Rolling Thunder stand auf der Terrasse und lehnte sich pfeiferauchend gegen das Geländer. "Das ist ein guter Platz, ein natürlicher und gesunder Ort. Ich fühle mich hier wohl. Mad Bear war in Los Angeles, als er mich anrief; er sagte, er würde auf alle Fälle herkommen, Semu auch. Er hatte sich überlegt, nach Washington D.C. zu fahren – aus der Gegend kommt er nämlich, von der Irokesen-Nation. Er gehört zum Stamm der Tuscarora. Jemand vom Weißen Haus hat ihn schriftlich gebeten, sich einige Proben des Mondgesteins anzusehen, aber er hat bis jetzt noch nicht darauf reagiert. Die Regierung ist wegen einiger dieser Steine, die vom Mond mitgebracht worden sind, ziemlich beunruhigt, weil sie nämlich ständig größer werden, und sie finden keine vernünftige Erklärung dafür. Sie haben sie in einem Museum ausgestellt, und sie wachsen, als wären sie lebendige Wesen. Diese Leute kommen mir vor wie ein paar Kranke, denen es nicht im Traum einfallen würde, einen Medizinmann zu Rate zu ziehen, bis sie schon am Abkratzen sind – und dann versuchen sie einfach alles. Die Regierung hat sich wirklich angestrengt, die indianische Kultur und besonders den indianischen Medizinmann durch den Schmutz zu ziehen, aber es hat immer wieder Zeiten gegeben, wo sie sich um etwas so viele Sorgen machten, daß sie ihn schließlich doch um seine Hilfe baten. Mad Bear hat auch über das Erdbeben gesprochen, das im April in Los Angeles erwartet wird. Darüber hab' ich mir auch schon eine Menge Gedanken gemacht. Wir legen Dinge eigentlich nicht gerne zeitlich fest, obwohl man viele Probleme auf die verschiedenste Weise angehen kann, wenn man im voraus um sie weiß. Aber Mad Bears Voraussage war beim letzten Erdbeben in L.A. ziemlich genau, und er hat sich jetzt wieder dort umgesehen; er hat den Zeitpunkt des nächsten Erdbebens wieder sehr genau festgelegt. Wenn es nicht vermieden werden kann, wird es irgendwann in den ersten zwei Aprilwochen so weit sein. Das ist nicht mehr allzu lange hin. Mad Bear wird uns noch einiges darüber erzählen, wenn er hier ist. Voraussagen und Prophezeiungen sind wie wissenschaftliche Berechnungen, sie erfordern, daß man alle Bestandteile des Prozesses kennt, daß man Zeichen erkennt und zu deuten versteht. Soweit es die meisten Naturereignisse angeht, verstehen die Indianer, glaube ich, sehr viele Vorzeichen."

Ich traf alle notwendigen Vorbereitungen. Als der VW Bus in Berkeley ankam, riefen sie an, und ich erkannte Semus Stimme von dem Treffen in San Rafael. Buffalo Horse führte sie die Straße herauf, und bald war das ganze Haus zum Bersten voll.

Semu hatte seine Gefolgschaft mitgebracht. Er ist ein spiritueller Führer, und junge Indianer von vielen Stämmen folgen ihm und nennen ihn Großvater.

Mad Bear entsprach in keiner Weise meinen Vorstellungen. Ich hatte noch niemals jemanden wie ihn kennengelernt, und dennoch schien es mir nicht ungewöhnlich, daß es einen solchen Menschen geben sollte. Sein Name paßte gut zu ihm, oder vielleicht war es eher umgekehrt. Er war groß und dick, hatte kurzgeschorene, schwarze Haare, trug ein Hawaii-Hemd und grinste über das ganze Gesicht, während er die ganze Zeit eine Zigarre zwischen die Zähne geklemmt hatte.

Rolling Thunder hatte am meisten zu sagen. Er erzählte von den Schwierigkeiten der Stiftung, von der Unterschlagung der Benefiz-Gelder, den Drohungen und der schlechten Medizin, die gegen ihn eingesetzt worden war. Semu wußte bereits um alle diese Einzelheiten, da er ja die meiste Zeit dabeigewesen war. Ich hatte den Eindruck, er würde am liebsten alles vergessen, aber hätte sich jetzt entschlossen, es bis zum Ende durchzustehen. Er sehnte sich jedoch nach einem baldigen und problemlosen Ende der ganzen Angelegenheit.

Richard Oakes war auch anwesend. Ich habe nie erfahren, wie und mit wem er ankam, aber als ich seinen Namen hörte, wußte ich sofort, daß er der bekannte Mohawk-Führer und einer der Initiatoren der Alcatraz-Bewegung war. Er machte brauchbare Vorschläge, wie man mit der anderen Seite und deren Methoden am wirkungsvollsten umgehen könnte, da er selbst schon einmal mit ihnen zu tun gehabt hatte.

Das Wohnzimmer im ersten Stock war völlig überfüllt. Überall auf dem Boden saßen Menschen im Schneidersitz. Man konnte sich kaum von der Stelle bewegen, aber dies trug zum allgemeinen Gefühl der Geschlossenheit nur bei. All diese Leute kamen von den verschiedensten Stämmen und sprachen die unterschiedlichsten Dialekte und Sprachen, aber dennoch waren sie alle Rolling Thunder sehr ähnlich. Sie benutzten die gleiche einfache und klare Redeweise. Offensichtlich herrschte auch bei jedem einzelnen die gleiche Toleranz und der unbegrenzte Respekt für andere, wie ich es schon so oft an Rolling Thunder festgestellt hatte. Wären diese Menschen die ersten Indianer gewesen, die ich kennengelernt hätte, hätte ich in den drei oder vier Stunden jener Nacht unter ihnen zwei wesentliche Dinge gelernt: einmal den gewaltigen Unterschied, der zwischen Menschen, Rassen und ethnischen Gruppen, wie immer wir sie auch nennen, herrscht. Ein Unterschied in der Gefühlswelt, in ihrem Gruppenverhalten, in der Atmosphäre, die sie untereinander

Trikont unsere Stimme

neue schallplatten

SWEET GRASS
Indianermusikfestival
Best.Nr. US-89 20,- DM
Im Frühjahr 1980 trafen sich Sänger & Musiker der Indianerstämme Canadas & Alaskas zu einem Festival. Dieser Livemitschnitt dokumentiert, wie wertvoll die Gefühlsstärke von Musik bei der Behauptung & Entwicklung der traditionellen indianischen Kultur ist.

DARIO DOMINGUES
Die Reise der Yahgan ist zu Ende
Best.Nr. US-90 20,- DM
Die Musik dieses Flötenspielers, Percussionisten & Sängers aus Argentinien ist den Indianern Feuerlands gewidmet. Es sind sensible, oft meditative Stücke, die uns die alte indianische Musikkultur Lateinamerikas im Spektrum der akustischen Musik anderer Kontinente aufschließen.

ULI AHNEN'S GEMISCHTE GEFÜHLE
Best.Nr. US-83 20,- DM
Aus seinen Liedern spricht das Umweltverständnis der Indianer Nordamerikas. Öko-Rock, Bio-Punk, Zen-Folk sind Bezeichnungen, die einem dazu einfallen können, denn: die Stilmittel seiner Musik reichen von Rockmusik bis zum Chanson, vom Underground bis zum Schlager, zum apokalyptischen Klangerlebnis, zur Wandergitarre am Lagerfeuer.

ULI HUNDT & DIE BETABLOCKER
Schweinehundt
Best.Nr. US-88 20,- DM
Die 1., Solo-LP des Songschreibers von Schroeder Roadshow. Wir mußten gleich irgendwie lachen über diesen radikalen, ungeheuerlichen Irrwisch & was für einen Schwerkraft-Nein-Danke-Rock er schon wieder erfunden hat.

SIGURD KÄMPFT
Da Elefant is fertig
Best.Nr. US-92 20,- DM
Zubereitet worden ist der Elefant nach einem altbayrischen Rezept, das der alte Hannibal, der Elefantenschinder, bei seinem Abstecher ins Voralpenland einer halbblinden Pfarrersköchin für ein paar windige Kröten hinterlistig abgeluchst hat. Aber daß der Elefant auf der Zunge zergeht wie Karamelsoß ist keine Sache des Rezepts, sondern wie der Zubereiter gefühlsmäßig bei der Sache war. Dazu Sigurd Kämpft: "Mia kennan vasichern, mia warn sauguat drauf!" Das ist ein Wort, oder?

SCHROTT & SPOTT
Es ist zum Kotzen
Best.Nr. US-82 20,- DM
Schrott & Spott ist ein Trio aus Franken, das zu keltisch inspirierter akustischer Musik Lieder singt, die auf die schwarzen Löcher der bundesrepublikanischen Wirklichkeit gemünzt sind. Stunkfolk.

Don't escape
Best.Nr. US-81 20,- DM
Kapingbdi leben in Liberia/Westafrika. Dies ist ihre 3. LP bei Trikont. Kapingbdis Musik ist eine Verbindung von traditioneller afrikanischer Musik mit Rock, Soul & Jazz. Weil sie von den Problemen des einfachen Menschen in Afrika singen, nennt man ihre Musik dort message-music.

GEIER STURZFLUG
Runtergekommen
Best.Nr. US-91 20,- DM
Es gibt sie schon lange, die Reggae- und Ska-Band aus dem Ruhrgebiet, seit kurzem ist auch die Dicke Lippe mit von der Partie. Wenn sie nach jedem "Halli, galli" eine sprachlose Presse und durchgetretene Tanzböden hinterlassen, trinken sie "Noch ein Täßchen Mokkadischu, made in Germoney".

MEK BOCHUM
Eine kleine Militanzmusik
Best.Nr. US-85 20,- DM
Straßenmusik aus'm Ruhrpott – wir sind froh, wenn's weiterhin solch klassische Musik, die von unten kommt, zu veröffentlichen gibt.

verbreiten. Diese Menschen scheinen ein wesentlich stärkeres Gruppenzusammengehörigkeitsgefühl, ein Gefühl der Einheit, zu haben als jede Gruppe von Weißen. Zum anderen, daß das Bild des Indianers, seiner Wesenszüge und Lebensweise, das mir so geschickt und sorgfältig durch meine 'Erziehung' aufgedrängt worden war, der Wahrheit um diese Menschen so fern ist wie nur überhaupt möglich. In jener Nacht wurde keine Zeremonie abgehalten. Die Phase des Mondes war dafür nicht geeignet, und Mad Bear hielt ein Ritual im Morgengrauen für angebrachter. Die Gespräche hielten bis weit nach Mitternacht an, als wir plötzlich alle zur gleichen Zeit realisierten, daß wir, wenn wir zur richtigen Zeit mit einem Feuer auf dem Berg bereit sein wollten, eine Stunde vor Sonnenaufgang aufstehen mußten.

Ich schlief auf dem Küchenboden unter einer antiken Wanduhr, die die ganze Nacht laut tickte und jede Stunde schlug.

Wir verließen das Haus im Morgengrauen, verteilten uns auf vier Autos und fuhren die ausgefahrene, sich windende Straße zum Gipfel des Hügels hinauf. Das Feuer wurde angefacht, dann standen wir in einem weiten Halbkreis, der nach Osten hin offen war, versammelt und warteten auf den Sonnenaufgang. Im entscheidenden Moment stieß Mad Bear drei schrille Schreie aus, und das Ritual nahm seinen Anfang. Es war ein sehr reichhaltiges Ritual; Gegenstände und Substanzen, die ich nicht erkennen konnte, wurden entweder ins Feuer geworfen oder daneben gelegt, auf der Erde umhergeschoben und wieder aufgehoben. Ich konnte weder den Worten noch dem gesamten Handlungsablauf folgen. Mad Bear sprach in seiner eigenen Sprache und bewegte sich dabei in ungewohnter Schnelle und Anmut. Sein Verhalten ging über mein Vorstellungsvermögen hinaus. Als die Zeremonie zu Ende war, war ich mir zwar nicht sicher, ob ich überhaupt gesehen hatte, was wirklich vor sich gegangen war, aber der Sinn und der Charakter des Rituals an sich waren mir klar. Die Sonnenaufgangszeremonie wehrt schlechte Medizin ab. Es war nicht notwendig, eine Gegenkraft heraufzubeschwören oder den Zauberer und seine Machtmittel zu zerstören. Mad Bear hatte uns das in der vorangegangenen Nacht klargemacht. Das Ritual wies einfach das zurück, was unternommen worden war, um die Gruppe zu zerstören, die es sich zum Ziel gemacht hatte, das Überleben und den Fortbestand der indianischen Lebensweise zu sichern. Das Übel würde dorthin zurückkehren, woher es gekommen war.

Als Mad Bear alle Schritte seines Rituals durchgeführt hatte, traten Semu und Rolling Thunder in die Mitte des Kreises, stellten sich abwechselnd vor das Feuer und sprachen. Ihre Stimmen waren gedämpft. Wir konnten nicht alles, was sie sagten, verstehen, aber sie sprachen auch nicht für uns, sie beteten zum Großen Geist und baten um das bestmögliche Ende aller Schwierigkeiten und um die Verwirklichung der ursprünglichen Ziele der Stiftung.

Als die Zeremonie zu Ende war, sprach wiederum Mad Bear: "Wir müssen irgendwie schauen, daß wir diese Asche in das Anhörungsverfahren reinbringen können. Vielleicht schafft es sogar jemand, sie unter den Stuhl der Frau zu streuen." Es wurde viel über diesen Plan und seine Ausführung diskutiert, dann fuhren wir wieder zum Haus zurück.

Spotted Fawn und Morning Star fingen nach unserer Ankunft mit dem Kochen an. Es waren so viele Leute anwesend, und es gab so viele verschiedene Speisen, daß sich das Frühstück über Stunden hinzog. Nach dem Essen schauten Semu und ich lange Zeit den Vögeln zu. Als er anfing, über sie zu reden, merkte ich, daß er sie durch völlig andere Augen betrachtete als ich. Er beobachtete Vögel, wie ich Menschen in einem Laden oder einem Park beobachten und feststellen würde, wer sie sind und was sie tun. Er hatte schon einen Eindruck von diesem Platz und vom Ablauf der nächsten Tage gewonnen.

Im Süden sind die Zeichen anders, erzählte er mir. In der Umgebung von Los Angeles wurden Häher an Plätzen gesehen, wo sie sich gewöhnlich nicht aufhalten, weit hinter den Grenzen ihrer natürlichen Standorte, und dies hatte eine ganz besondere Bedeutung. Nach Semu Huautes Meinung konnte man den Grad der Luftverschmutzung, den Zustand von Menschen, den Pegel von Angst und Feindseligkeit, sogar den Zustand der Erde oder das Herannahen eines Erdbebens oder einer Flutwelle im Verhalten der Vögel erkennen. Er war mit diesen Vögeln und ihren Gewohnheiten ebenso vertraut, wie mit den natürlichen Phänomenen, die sich durch sie ankündigten. Ich war bereit, eine solche Fähigkeit als wirkliche Wissenschaft zu betrachten, als eine Analyse eingehendster und genauester Beobachtungen, gekoppelt mit in unzähligen Jahren gespeicherten Meßwerten. Bürgerliche Weiße würden es 'übernatürlich' nennen. Welche Ironie, daß wir, die in kürzester Zeit das natürliche Gleichgewicht der Erde zerstört und in Unordnung gebracht haben, einen Begriff wie 'übernatürlich' geschaffen haben, um damit viele der grundlegenden Naturphänomene, die wir lieber ignorieren, abzutun. Die Indianer sind die Menschen, die am natürlichsten sind, und die übernatürlichsten Menschen sucht man am besten unter den bürgerlichen weißen Technologen, die, was die Natur betrifft, so elend wenig wissen und doch so viel manipulieren.

Plötzlich stand eine Menge Leute auf der Sonnenterrasse. Ich hatte die Vögel beobachtet und dabei mit Semu gesprochen, ohne sie zu bemerken. Semu hat immer zwei junge Krieger bei sich, die oft so still sind, daß man ihre Anwesenheit kaum wahrnimmt, aber jetzt hatten sich Rolling Thunder, Mad Bear und der Rest von Semus Leuten ebenfalls zu uns gesellt. Rolling Thunder zog den Medizinkoffer mit seinem Zubehör hervor. Er öffnete ihn und entnahm ihm seinen Medizinfächer und eine weiße pulvrige Substanz. Alle standen schweigend herum, während Rolling Thunder seine Medizin an Mad Bear, Semu und alle, die nacheinander an ihn herantraten, verabreichte. Es geschah ohne sichtbare Vereinbarung und ohne ein einziges Wort. Danach stiegen wir in unsere Autos und fuhren zum Gerichtsgebäude von Alamada County.

Der Zuhörersaal war klein und völlig überfüllt. Die Beratungstische waren so groß, daß sich die Zuhörer an die Wände drängen mußten. Rolling Thunder, Semu Huaute und Mel Dayley saßen mit der indianischen Frau, ihrem Anwalt und anderen Vorsitzenden an einem Tisch. Mad Bear saß neben der Frau und lächelte sie dermaßen unverhohlen an, daß sie nicht umhinkonnte zurückzulächeln. Dann streckte er ihr die Hand entgegen und stellte sich vor. Das war merkwürdig, denn die Frau kannte Mad Bear sehr wohl und brachte dies auch zum Ausdruck. Nichtsdestoweniger schüttelte Mad Bear ihr kräftig und herzlich die Hand, obwohl sie sich dagegen wehrte. Dann schob er seinen Stuhl gegen die Wand zurück, kreuzte die Arme über seinem umfangreichen Bauch und grinste jeden an, der in seine Richtung schaute. Dieses Grinsen behielt er während der ganzen Verhandlung bei. Selbst wenn gestritten wurde und die Atmosphäre äußerst gespannt war, veränderte sich Mad Bears Gesichtsausdruck nicht.

Mitten in der Anhörung kamen drei junge Indianer herein. Sie zwängten sich durch die Türe und stellten sich zu den Leuten, die sich dort zusammengedrängt hatten. Zwei von ihnen, die ich schon oft in Begleitung der indianischen Frau gesehen hatte, erkannte ich sofort wieder. Der dritte war etwas kleiner als die anderen und stellte sich genau hinter sie, damit er weder sehen noch selbst gesehen werden konnte. Er zog seinen Kopf ein, als ob er sich verstecken wollte. Ich sah, wie sich Mad Bear in seinem Stuhl nach vorne beugte und versuchte, diesen dritten Mann zu erspähen. Dieser warf Mad Bear einen kurzen, ängstlichen Blick zu. Dann versuchte er, aus Mad Bears Gesichtsfeld herauszukommen, aber dies war völlig unmöglich, zumal er selbst seine Augen von Mad Bear nicht abwenden konnte. Er schien unter einer Art Zwang zu stehen, immer wieder nachzusehen, ob Mad Bear ihn noch sehen konnte. Mad Bear grinste unablässig weiter. Diejenigen, die um den Tisch versammelt waren, fuhren mit ihren Verhandlungen fort, aber viele, die um Mad Bear und diesen dritten Mann herumstanden, schauten dem merkwürdigen Versteckspiel fasziniert zu. Mad Bear streckte plötzlich seine Hand aus und deutete in Richtung des Mannes. Wie hypnotisiert ging dieser auf seinen Finger zu, bis er knapp vor ihm stand. Er war klein und trug eine Brille. Er hatte ein angespanntes Gesicht und nervöse Bewegungen. Mad Bear grinste und schüttelte ihm herzlich die Hand. Bei dieser Berührung riß der Mann seine Hand weg, als sei sie verbrannt worden. Er starrte auf seine Handfläche und bahnte sich einen Weg durch die Menschenmenge zurück, wo er sich wieder hinter seine Begleiter stellte und seine Hand unablässig an seinen Levis und seiner Jacke abrieb.

Der junge Mann war ein Zauberer, der gekommen war, um seine Medizin gegen Rolling Thunder einzusetzen. Aber Mad Bear hatte ihn mit seinem strahlenden Lächeln gefangen. Als wir in jener Nacht darüber diskutiert hatten, was mit der Asche von der Zeremonie geschehen sollte, hatte sich Mad

Bear dafür entschieden, sie selbst in seiner Tasche zu tragen. Ich hatte bemerkt, wie er seine Hand in die Tasche gesteckt hatte, bevor er der Frau die Hand gab, und wieder, bevor er dem jungen Mann die Hand schüttelte. Dieser hatte versucht, Mad Bears Handschlag zu entkommen, es jedoch nicht geschafft. Später versuchte er selbst, etwas zum Treffen beizutragen. Er ging zum Tisch hin, stellte sich hinter Rolling Thunder und sprach so laut, daß sich alle nach ihm umdrehten. Seine Stimme klang feindselig. Alle schauten ihn mit einer Art merkwürdigen Beschämung an – außer Mad Bear, der immer noch über das ganze Gesicht grinste. Es war unmöglich, den Worten dieses jungen Mannes genau zu folgen, aber es ging wohl im wesentlichen darum, daß die Indianer endlich begreifen sollten, daß alle ihre Schwierigkeiten nur von der Bekanntschaft mit Weißen herrührten. Nach ein paar unangenehmen Minuten versuchte er, wieder unterzutauchen.

Das Hearing zog sich über Stunden hin. Der Anwalt der Frau verließ den Saal demonstrativ, bevor es zu irgendeiner Form der Einigung gekommen war, aber wir harrten aus. Einmal gingen alle außer Mad Bear und den Ältesten der Organisation hinaus und warteten. Als wir wieder hereinkamen, schien es, daß die Ältesten zu einer Einigung gekommen waren. Sie waren gerade dabei, ein weiteres Treffen zu vereinbaren, bei dem entschieden werden sollte, wie die Konzertgelder zu verteilen seien. Eine Zeitlang herrschte die feste Überzeugung, daß ein Einvernehmen erreicht worden war, und deshalb entschloß man sich, die Vereinbarung mit dem Anwalt, der frühzeitig gegangen war, endgültig festzumachen. Mad Bear und die anderen fuhren zu seinem Büro in Berkeley. Dort kehrten jedoch wieder alle alten Schwierigkeiten zurück, und die Situation war wieder genauso verfahren wie eh und je. Es war ein merkwürdiger Tag.

Rolling Thunder, Semu und Mad Bear trafen sich am selben Abend noch mit Mel Dayley, um die Situation auszuwerten. Die indianische Frau und ihr Anwalt hatten sich ursprünglich bereiterklärt, alle Feindseligkeiten fallenzulassen. Später jedoch, als man sich in gewissen Punkten geeinigt hatte und weitere Pläne gemacht worden waren, hatten sie es sich plötzlich wieder anders überlegt. Die drei Medizinmänner kamen zu dem Schluß, daß jetzt endgültig bewiesen sei, daß es keinerlei Hoffnung auf eine friedliche Einigung gäbe. Die Spendengelder wurden immer noch festgehalten und die Statuten der Stiftung standen immer noch offen. Die ganze Zeit und Energie der letzten Wochen waren umsonst gewesen.

Falls Rolling Thunder enttäuscht war, sah man es ihm nicht an, während Semu offene Resignation zeigte. Er hatte eine gangbare Lösung erhofft, da er sich nur ungern auf Unentschlossenheit und Meinungsverschiedenheiten einließ. Er wollte die ganze Sache am liebsten vergessen. Er sagte, daß er am liebsten einen Weg finden würde, um das Geld und die fehlgeschlagene Organisation einfach verschwinden, die ganzen Probleme sich selbst verschlucken zu lassen, als hätte es sie niemals gegeben.

Mad Bear war hoffnungsvoller. Die gute Medizin hatte ihre Aufgabe erfüllt. Das Hearing war immerhin friedlich verlaufen, obwohl es zu keiner Lösung geführt hatte. Es hatte weder Gewaltanwendung noch Verletzungen gegeben, und alle waren einigermaßen höflich miteinander umgegangen. Man hatte sich ehrlich darum bemüht, mit der Gegenpartei eine konstruktive Lösung auszuarbeiten, und jetzt, wo es sich gezeigt hat, daß dies nicht mgölich ist, mußte man eben einen anderen Weg einschlagen. Es wurde beschlossen, daß Mel Dayley ein Schriftstück entwerfen sollte, das ihren gemeinsamen Standpunkt darstellen sollte und von den drei Medizinmännern unterschrieben werden würde. Ich holte meine tragbare Schreibmaschine herein und ließ mir von Mel diktieren. Mad Bear schaute mir fasziniert zu und machte ein paar anerkennende Bemerkungen zu meiner Tipparbeit. Er unterschrieb das Schriftstück und erklärte sich bereit, seinen Namen auch unter ein neues Statut zu setzen, sobald Rolling Thunder und Semu wieder so weit seien. Die Ereignisse des Tages wiesen darauf hin, daß es ihnen freistand, mit frischer Kraft einen neuen Anfang zu machen, sagte er, und wenn sie seinen Namen bräuchten, könnten sie ihn jederzeit wieder verwenden. "Ihr könntet mich am Anfang so lange als Mitglied betrachten, wie ihr mich braucht, aber ich hoffe, daß das nur vorübergehend notwendig ist, denn ich kann mich an nichts binden, wie ihr wißt."

KAPITEL 23
GESPRÄCH MIT MAD BEAR

SEMU UND SEINE Leute fuhren noch mitten in der Nacht nach Los Angeles zurück, während Mad Bear bis zum nächsten Morgen blieb. Wir unterhielten uns noch beim Frühstück und während er seine Sachen zusammenpackte. Da Semu und seine Begleiter, die Leute vom Komitee, Richard Oakes und alle anderen schon abgefahren waren, herrschte im Haus eine ungewohnte Ruhe.

"Das ist ein schönes Haus, ein schönes Fleckchen Erde", sagte er. "Man kann sich hier wirklich wohl fühlen. Es ist ein wunderbarer Platz mit einem herrlichen Ausblick. Ja, ein wirklich gesunder Platz."

"Ich fühle mich hier auch wohl. Ich bin aber nur vorübergehend da, ich lebe und arbeite in Topeka, Kansas." "Was machst du denn?" "Ich arbeite für die Menninger Foundation." "Du tippst wirklich gut. War das deine Schreibmaschine?" "Ja." "Das ist ein guter Platz. Man kann im Haus sitzen, nach draußen schauen und feststellen, daß alles in Ordnung ist. Siehst du,wie die Bäume stehen? Die Farbe und der Wuchs der Bäume und Pflanzen sind gute Zeichen. Man kann von den Pflanzen und Tieren vieles ablesen, auch von den Bäumen und Vögeln."

"Dasselbe hat mir erst neulich Semu erzählt."

"In seiner Gegend stehen die Dinge nicht so gut; die Bäume biegen sich in Verzweiflung nach unten und suchen den Schutz der Mutter Erde. Die verschmutzte Luft und die starken Schwingungen sind schmerzhaft für die Bäume und Lebewesen, schmerzhaft für die Erde. Diese äußeren Zustände, denen wir uns gegenübersehen, sind die Probleme der ganzen Erde, und Los Angeles ist einer dieser Problemherde. Alle Anzeichen deuten auf ein bevorstehendes Erdbeben hin –

ähnlich wie das, das noch nicht allzu lange zurückliegt. Damals gab es auch Vorzeichen, und unser Volk hat sie erkannt und über das Erdbeben gesprochen, lange bevor es überhaupt passierte; viele von ihnen sind vorher weggezogen. Falls es in absehbarer Zeit wieder ein Erdbeben gibt, dann um die Aprilmitte herum. Vielleicht kann aber diesmal etwas dagegen getan werden; es gibt immer Mittel und Wege, um mit diesen Dingen fertig zu werden. Die Überschwemmungen hingegen sind eine andere Sache, sie werden später kommen, oben in meiner Gegend um New York und Pennsylvania, und ich bezweifle sehr, daß man sie wird verhindern können. Das ist ein anderes Problem. Unsere ersten ernsthaften Schwierigkeiten tauchten auf, als der Mensch anfing, sich auf der Erde umherzubewegen, als sei sie ihm untertan. Dies ist der Grund dafür, daß wir uns heutzutage ernsthaft fragen müssen, ob ein zukünftiges Leben auf diesem Planeten überhaupt noch möglich sein wird. Jetzt fängt der Mensch an, sich auf dem Mond zu bewegen, als gehöre er ihm, und ein neues Problemfeld tritt damit auf.

Die Geschichte vom fast tödlichen Unfall von Richard Oakes und seiner Genesung in San Francisco mit Hilfe zweier Medizinmänner wurde im Januar 1970 ziemlich breit veröffentlicht. Jetzt hörte ich sie von Mad Bear zum zweiten Mal:

Er hatte sich damals mit Peter Mitten, einem angesehenen Medizinmann, über den ich schon von Rolling Thunder eine Menge gehört hatte, in Oklahoma aufgehalten, als Oakes in einem Billiardsalon in San Francisco mit einem Billiardqueue niedergeschlagen wurde und bewußtlos ins Krankenhaus eingeliefert werden mußte. Während meiner kurzen, aber intensiven Bekanntschaft mit Mad Bear hatte ich gelernt, daß er ein aufgeklärter und redegewandter Medizinmann war, der schon weit gereist war und zusammen mit Druiden, Tibetanern, Hindu Yogis und eingeborenen Menschen in Asien und Afrika gelebt und gearbeitet hatte. Wenn er jedoch von Peter Mitten sprach, gewann ich den Eindruck, daß sein Verhältnis zu ihm das eines Schülers zu seinem Lehrer war.

In Oklahoma sagte Peter Mitten eines Tages zu Mad Bear,

daß er das Gefühl habe, als würde jemand aus dem Westen nach ihm rufen. Jemand verlangte nach ihm, aber er glaubte nicht, daß er dem Ruf folgen würde. "Ich bin nicht aus der Gegend", sagte Peter Mitten. "Es gibt Medizinmänner, die da draußen arbeiten, warum sollten sie ausgerechnet nach mir rufen?"

(Rolling Thunder hatte uns einmal erklärt, daß es in den alten Tagen für jedes Gebiet einen speziellen Medizinmann gegeben habe und keiner, falls er nicht ausdrücklich darum gebeten wurde oder die Erlaubnis dazu erhielt, jemals im Bereich eines anderen Medizinmanns arbeitete.)

Aber es kam jemand persönlich von Kalifornien angereist, um ihn aufzusuchen. Sie hatten herausgefunden, wo er sich aufhielt, und zunächst einmal versucht, ihn auf indianische Weise zu erreichen. Als er darauf nicht reagierte, hatten sie jemand bis nach Oklahoma geschickt, um mit ihm zu sprechen. Der Mann erzählte Peter, daß sie schon seit Tagen nach ihm gerufen hatten.

"Ich weiß", gab Peter Mitten zu.

Der Mann berichtete, was Richard Oakes zugestoßen war. Er hatte kaum noch Überlebenschancen. Er befand sich schon seit Tagen im tiefen Koma, und die Ärzte hatten ihn bereits aufgegeben. Er hatte nach der Hilfe eines Medizinmannes verlangt, und dies entsprach auch dem Wunsch seiner Frau. Es war die einzige und letzte Hoffnung.

"Es gibt andere in der Gegend. Warum sollten sie mich brauchen?" Peter blieb zunächst unerbittlich.

Die Situation war nicht nur dringend, sondern auch schwierig. Richard Oakes lag im Krankenhaus des Weißen Mannes im Sterben, die Ärzte würden weder 'ihren' Patienten herauslassen, noch andere hereinlassen, um ihn zu retten, obwohl sie selbst kaum noch Hoffnung für ihn hatten.

Peter Mitten fuhr schließlich doch mit Mad Bear nach Kalifornien.

Sie kamen im Krankenhaus von San Francisco an, und Mad Bear übernahm die Verhandlungen. Es wurde eine Menge diskutiert, wobei wertvolle Stunden verstrichen, denn, obwohl die Ärzte schon jegliche Hoffnung für Oakes aufgegeben hatten, waren sie erwartungsgemäß äußerst abgeneigt, zwei Medizinmännern die Erlaubnis zu erteilen, in ihrem

Krankenhaus zu praktizieren. Erst verhandelte Mad Bear mit einem Arzt und dann schließlich mit mehreren. Die Ärzte zogen sich mehrmals zur Beratung zurück und ließen sie warten.

"Es ist der Wunsch des Sterbenden, daß wir zu ihm kommen", erklärte Mad Bear. "Wenn er Katholik wäre und nach einem Priester verlangte, würden Sie es auch erlauben."

"Aber er war die ganze Zeit bewußtlos und kann nicht nach etwas verlangen, noch viel weniger jemanden empfangen", war die Antwort.

"In dem Fall ist der Wunsch seiner Frau genauso viel wert, und sie hat in seinem Sinn gesprochen. Es ist nicht notwendig, daß er uns sieht, um das für ihn zu tun, was wir tun müssen", entgegnete Mad Bear.

In Anbetracht der Tatsache, daß Richard Oakes ein Indianer war, war es den Ärzten möglich, diese zwei Medizinmänner als religiöse Persönlichkeiten und nicht als medizinische Instanzen zu betrachten. Es wäre vielleicht einfacher zu erreichen gewesen, im Beisein der Ärzte eine religiöse Andachtsminute am Bett des Sterbenden abzuhalten, was Mad Bear und Peter Mitten jedoch brauchten, war die Gelegenheit, alleine und unbeobachtet mit ihm zu sein, damit sie ihre indianische Medizinkraft einsetzen konnten.

Zuerst beharrten die Ärzte darauf, im voraus über jeden Schritt der Medizinmänner unterrichtet zu werden, damit sie eventuell gegen bestimmte Punkte der Behandlung Einspruch erheben konnten. Dann bestanden sie darauf, daß sie zumindest zuschauen durften; der Patient würde in einem Beobachtungsraum liegen und durch ein Fenster beobachtet werden. Als Mad Bear ihnen klarmachte, daß sie keinerlei Überwachung zulassen würden, bestanden sie wiederum darauf, daß das Ganze im voraus besprochen und genehmigt werden müsse. Jedesmal, wenn die Ärzte erneut den Raum verließen, um sich zu beraten, kehrten sie mit einer neuen Bedingung zurück. Jedesmal weigerte sich Mad Bear aufs neue, der Bedingung nachzukommen; er bestand darauf, mit Oakes alleine sein zu können, und die Ärzte lehnten diese Forderung immer wieder ab. Mad Bear redete ohne Unterlaß, und Peter Mitten stand die ganze Zeit daneben, ohne auch nur ein einziges Wort zu verlieren – schweigsam und stoisch. Schließlich und endlich willigten die Ärzte ein, Mad Bear und Peter Mitten alleine und unbeaufsichtigt zu Oakes vorzulassen, unter der Bedingung, daß sie eine Erklärung unterschreiben, mit der sie die volle Verantwortung für Richard Oakes weiteren Zustand übernehmen. Mad Bear war erzürnt. Er empfand diese Bedingung als ungerecht und unverschämt.

Während die Ärzte zur Beratung ein und aus gegangen waren, hatte Mad Bear mit einem Reporter des San Francisco Chronicle gesprochen, der den Fall verfolgte. Der Journalist wollte die weiteren Ereignisse im Krankenhaus abwarten, da er erfahren hatte, daß die Ärzte Oakes noch etwa zwölf Stunden gaben.

"Sie glauben, daß Oakes heute noch sterben wird, ob wir ihn sehen oder nicht", protestierte Mad Bear. "Und dann können Sie ernsthaft von uns verlangen, daß wir so einen Wisch unterschreiben?"

Zum ersten Mal sprach Peter Mitten. "Sei ruhig und unterschreibe", sagte er. "Während du hier verhandelst, stirbt er. Jetzt haben wir noch eine Chance, und du willst dich weiter herumstreiten. Ich werde unterschreiben. Was für einen Unterschied macht das schon?"

Peter Mitten und Mad Bear unterschrieben also das umstrittene Schriftstück und wurden daraufhin unverzüglich in das Zimmer geführt, wo Oakes lag. Eine Krankenschwester wartete für den Fall, daß sie etwas benötigten, vor der Türe. Oakes lag tatsächlich im Sterben; seine Haut verfärbte sich bereits, und es waren kaum noch Lebenszeichen festzustellen. Die Seele verließ bereits den Körper, sie würden schnell handeln müssen. Peter Mitten sagte Mad Bear, daß es gut wäre, zwei Vögel um seinen Kopf fliegen zu lassen.

"Ich besorgte also ein paar Vögel, und während ich das tat, hatte Peter Mitten erreicht, daß Oakes Haut wieder ihre normale Färbung annahm. Dann verlangte er nach kochend heißem Wasser. Ich öffnete also die Türe, um die Schwester nach Wasser zu schicken. Sie hatte einen wirklich merkwürdigen Ausdruck im Gesicht. 'Ich bildete mir ein, dort drinnen Vögel gehört zu haben', sagte sie. Ich sagte einfach: 'Ja, das stimmt, ich habe das Fenster geöffnet', und sie antwortete nur: 'Ach so.' "

Richard Oakes kam wieder zu Bewußtsein. Er erholte sich

wieder so weit, daß er an unserem jetzigen Powwow hatte teilnehmen können und wieder gesund und kräftig ausgesehen hatte.

Meine Vermutung über den fremden jungen Indianer, der zu spät zur Verhandlung gekommen war, erwies sich als richtig. Nach Mad Bears Aussagen war er ein ehrgeiziger Zauberer, mit dem er schon früher zu tun gehabt hatte, als er nach Alcatraz gefahren war, um sich in die Umstände des Todes von Richard Oakes Tochter Einblick zu verschaffen. Während der indianischen Besetzung der ehemaligen Gefangeneninsel war Oakes kleine Tochter beim Sturz von einer hohen Treppe tödlich verunglückt. Mad Bears Besuch diente dem Zweck, die Ereignisse, die zu dem Unglück geführt hatten, zu rekonstruieren und hinter seine wahre Ursache und Bedeutung zu kommen. Er bereitete eines Nachts auf der Insel eine Zeremonie vor, zu der jeder, der mehr oder weniger an dem Vorfall beteiligt gewesen war, sich einfinden sollte. Das ganze Unglück sollte als Teil der Zeremonie in jener Nacht wiederholt werden. Im Verlauf des Rituals gewann Mad Bear mehr Einblick in das Innere der beteiligten Personen und ihre Ziele. Unter den Besetzern waren etliche, die aus einem völlig anderen Grund als Oakes nach Alcatraz gekommen waren. Richard Oakes war demzufolge ihr Gegner. Seine Tochter hatte den tragischen Tod erlitten, der eigentlich ihrem Vater zugedacht gewesen war. Die ganze Geschichte entrollte sich vor Mad Bears Augen, als würde es noch einmal geschehen. Eine wichtige und wesentliche Person fehlte jedoch bei der Rekonstruierung des Todesfalles. Mad Bear war sich sicher, daß sie irgendwann auftauchen würde, was sie schließlich auch tat. Sie hatte sich während der Zeremonie in einem Haus aufgehalten und ihr eigenes Ritual abgehalten, um Mad Bear zu entgehen. Ihr Ritual versagte jedoch, und sie mußte sich geschlagen geben. Sie stolperte keuchend und nach Luft ringend zur Treppe, klammerte sich vor Schmerzen am Geländer fest und bettelte um Freilassung, während sie von einer unsichtbaren Kraft die Treppe hinunter zur zeremoniellen Feuerstelle geschleift wurde. Es war derselbe Mann, den ich beim Anhörungsverfahren gesehen hatte. Nachdem ich dort erlebt hatte, wie ihn Mad Bears Finger zu sich hingezogen hatte, konnte ich mir gut vorstellen, wie er von einer Kraft, die für mich nicht wahrnehmbar gewesen wäre, auch zu Mad Bears Zeremonie hingezogen worden war.

"Diese ganzen Leute sind jetzt mehr oder weniger am Ende", sagte Mad Bear. "Der junge Typ und die Frau und all ihre Leute. Sie werden sich jetzt untereinander bekämpfen und alle ihren eigenen Weg gehen. Nicht, weil wir sie erledigt haben. Wir haben lediglich die Auswirkungen ihrer zerstörerischen Arbeit verweigert, und die sind natürlich letzten Endes auf sie selbst zurückgefallen. Das Prinzip von Ursache und Wirkung gilt überall, und es muß immer jemand die Auswirkungen von den Machenschaften anderer tragen. Wenn jemand einen destruktiven Gedanken oder Wunsch hegt, muß jemand anderer darunter leiden. Wenn dieser sich verweigert, fällt er auf den Urheber zurück. Natürlich bekommt im Endeffekt jeder das, was er verdient, jeder muß für sein eigenes Verschulden bezahlen. Aber, wie es eben auch mit Geld ist, geht es zuerst einmal herum und erfaßt viele Leute, und es kann ganz schön vertraut werden. Der Zweck der guten Medizin ist es, alles einfacher zu machen. Es gibt keinen Grund, gegnerische Kräfte zu erzeugen, das erzeugt nur wieder negative Energie und Probleme.

Wenn du in dir ein Gefühl von Gegnerschaft entdeckst – das heißt, wenn du anderen gegenüber negative Gefühle hast, bist du genau in der Situation, wo du empfänglich wirst für deren negative Gefühle. Das Grundprinzip ist, dafür nicht empfänglich zu sein. Ihr habt so viel Angst und Haß und Verachtung für eure sogenannten Kriminellen, daß eure Verbrechensrate immer mehr steigt. Eure Gesellschaft hat eine so hohe Verbrechensquote, weil sie mehr als empfänglich dafür ist. Ihr solltet mit diesen Leuten arbeiten und nicht gegen sie. Ihr solltet Verachtung für die Kriminalität als solche, aber nicht für die Menschen empfinden. Es ist ein großer Fehler, irgendeine Gruppe oder irgendwelche Menschen als Gegner zu betrachten. Wenn du dies nämlich tust, drängst du sie genau in diese Rolle. Es ist nützlicher, jeden anderen Menschen als ein anderes Ich, jedes einzelne Individuum als einen Vertreter dieses Universums zu betrachten.

Jeder Mensch ist ein Teil des Ganzen, keiner kann sich dem entziehen, keiner steht außerhalb oder hat weniger damit zu tun als ein anderer. Jeder Mensch ist eine Lebensform. Das wahre Wesen des Menschen ist infolge dessen auch das Wesen des Lebens. Egal, wie tief du fällst oder wie hoch du hinaufsteigst – ob wirtschaftlich oder akademisch oder sonst wie –, du bist und bleibst ein Vertreter des Ganzen; selbst der schlimmste Verbrecher, der lebenslang in einer Zelle sitzt – sein Zentrum, sein Wesenskern ist derselbe Samen, der Samen der ganzen Schöpfung."

Als Mad Bear gefrühstückt und seine Sachen fertig gepackt hatte, brachten meine Schwester und ich ihn zur Bushaltestelle in Oakland. Auf der Fahrt überprüfte er die Bäume und das Gras und gab einen laufenden Kommentar zum momentanen Zustand der San- Francisco-Bay-Gegend.

"Ich habe dich neulich beim Tippen beobachtet", sagte Mad Bear plötzlich zu mir. Es war schon das dritte Mal, daß er mich darauf ansprach. Ich fragte mich, ob er vielleicht noch nie eine elektrische Schreibmaschine gesehen hatte. "Wo sagtest du, daß du arbeitest?"

"Für die Menninger Foundation in Topeka, Kansas."

"Nun, du solltest schreiben. Es gibt eine Menge, was du niederschreiben solltest."

KAPITEL 24
PEYOTE-TEE-ZEREMONIE

ALS ICH ZUM Haus zurückkam, lag Rolling Thunder im oberen Wohnraum auf dem Sofa, paffte an seiner Pfeife und blickte zu den Bergen und zur Bucht hinaus. Er schaute wieder glänzend aus.

"Ich finde, wir könnten heute nacht wieder eine Peyote-Tee-Zeremonie abhalten, vielleicht draußen auf der Terrasse. Die letzte war sehr schön, und es würde nicht schaden, nochmals eine mit einigen der gleichen Leute abzuhalten."

Rolling Thunder hatte am Abend bevor Mad Bear und Semu angekommen waren, eine derartige Zeremonie geleitet. Sie war am späten Abend unter einer großen Eiche, die die Terrasse überschattete, abgehalten worden. Rolling Thunder hatte sich, den vielen Freunden, die ihm in den vergangenen Wochen beigestanden waren, zum Dank, dazu entschlossen. Wir hatten die betreffenden Leute angerufen und sie dazu eingeladen. Auf der Terrasse wurden Decken ausgebreitet und ein kleines zeremonielles Feuer errichtet. Vor der Zeremonie hielt Rolling Thunder in einem der unteren Räume eine kurze Beratung ab. Diejenigen, die einen besonderen Wunsch hatten, gingen einer nach dem anderen hinunter, um diesen vorzutragen. Dann versammelten wir uns alle auf der Terrasse um das Feuer, und Rolling Thunder saß wie immer mit Blick nach Osten auf der anderen Seite. Nachdem eine Opfergabe dargebracht worden war, schenkte er aus einer Emaillekanne Peyote-Tee aus, den Spotted Fawn zubereitet hatte. Wir tranken erst, nachdem Rolling Thunder sein Gebet beendet und für jeden, der bei der privaten Beratung darum gebeten hatte, ein paar persönliche Worte gesprochen hatte. Es war ein ganz besonderer Abend gewesen, ein Abend der Meditation, angefüllt mit vielen Stunden besinnlichen Schweigens. Es war eine gute Idee, das Ganze zu wiederholen.

Wir riefen diejenigen an, die zur zweiten Zeremonie eingeladen werden sollten, und machten das Holz für das Feuer fertig. Diesmal bauten wir eine kleine Feuerstelle aus Ziegelsteinen auf, damit das Feuer höher und länger brennen konnte.

Bei Einbruch der Dämmerung tauchte Spotted Fawn die Peyote-Knöpfe in den großen Emailletopf. Für Rolling Thunder war Peyote keine Droge, sondern ein heiliger Helfer, und in unserem Ritual war es eine Art Heilmittel. Wir wurden angewiesen, den Finger in die Tasse zu tauchen und die leicht bittere Flüssigkeit auf kranke Stellen des Körpers aufzutragen.

Während ich Spotted Fawn zuschaute, dachte ich über die Potawatomi und andere indianische Stämme nach, die regelmäßig Peyote-Rituale abhalten, bei denen eine Anzahl der bitteren Knöpfe in ausgedehnten Zeremonien, die die ganze Nacht andauern, gegessen werden. Rolling Thunder hatte uns in Council Grove erzählt, daß er Mitglied der Peyote-Religion sei, und seitdem hatte ich unter seiner Anleitung nach und nach gelernt, die Rituale zu schätzen und zu verstehen. Er betrachtete sie als ernsthafte Angelegenheit. "Es ist eine Reinigungszeremonie", hatte er mir erklärt, "wie die meisten unserer Rituale. Sie ist nicht dazu da, daß man sich gedankenlos berauscht. Sie wird mit dem Ziel abgehalten, unseren Organismus und unseren Geist zu reinigen, damit wir uns auf einer höheren Bewußtseinsebene bewegen können."

Rolling Thunder betrachtete, ähnlich wie die Potawatomi und vielleicht alle traditionellen Indianer, den Gebrauch von Peyote um "auszuflippen" oder sich "anzutörnen" als einen groben Mißbrauch des heiligen Helfers und des menschlichen Geistes. In Rolling Thunders Augen verlangt der sinnvolle Umgang mit Drogen einen Bewußtseinszustand, der nur durch Übung, Selbstreinigung und sorgfältige Vorbereitung erreicht werden kann. Die Rituale werden von jemand geleitet, der "das Treffen in bestimmte Bahnen lenkt". Rolling Thunder sagte, daß ihm durchaus bewußt sei, daß es auch Weiße gibt, die mit Peyote richtig umgehen können, "aber die Mehrzahl von ihnen mißbrauchen es, und es könnte sein, daß sie irgendwann einmal dafür bezahlen müssen. Ich hab' schon oft Folgen dieses Mißbrauchs gesehen", fuhr er fort. "Es ist wirklich schrecklich, wenn das Ganze zurückschlägt. Aber Peyote ist im Prinzip ein gutes Mittel. Wenn es richtig angewandt wird, ist es ein nützlicher und guter Helfer."

Spotted Fawn hatte mir schon oft von Peyote-Zeremonien erzählt, an denen sie teilgenommen hatte, von den Trommeln, die die ganze Nacht hindurch ohne Unterlaß zu hören waren. "Die Trommeln sprechen. Sie sprechen zu dir und helfen dir. Sie halten dich. Ich kann mich an mehrere Male erinnern, wo ich drauf und dran war, abzuheben, 'ausztuflippen', wie man sagt, und die Trommeln raunten mir in dem Moment zu: 'Gib acht, gib acht, gib acht.' " Diese Erzählung erinnerte mich an die Nacht, in der das Reinigungsritual an den heißen Quellen von Carlin stattgefunden hatte, als Rolling Thunder mir, ohne zu sprechen, etwas Ähnliches vermittelt hatte. Rolling Thunder betrachtet mit Swami Rama und vielleicht allen Heilkundigen die Fähigkeit, seine Wahrnehmung unter Kontrolle zu halten, die Gedanken, den Geist nicht abschweifen zu lassen, als eines der wesentlichsten Dinge im Leben. Es kann keine Heilung, keine Meditation, keine sinnvolle spirituelle Erfahrung ohne jene höchste Disziplin geben – besonders dann, wenn Drogen so angewandt werden sollen, daß sie nicht auf gefährliche Weise ablenken und die Oberhand gewinnen.

Ich schaute zur kleinen steinernen Feuerstelle hin und malte mir aus, wie wir alle um das zeremonielle Feuer saßen. Ich hoffte, daß wir eines Tages ein echtes Peyote-Ritual unter der Anleitung von Rolling Thunder würden miterleben können; aber gleichzeitig fragte ich mich, inwieweit ich mich für ein solches Ereignis überhaupt schon eignete und was wohl notwendig sein würde, um mich darauf vorzubereiten. Bei unserer ersten Zeremonie hatte der schwache Peyote-Tee keinerlei drogenähnliche Wirkung auf mich gehabt. Das einzige, was auf mich gewirkt hatte, war der Ablauf des Rituals selbst, Rolling Thunders Vorgehensweise und persönliche Ausstrahlung und der symbolische Wert des Tees.

Alle, die eingeladen worden waren, kamen, und es wurde ziemlich spät, während wir auf den Anfang der Zeremonie warteten. Rolling Thunder befand sich im Untergeschoß und machte keinerlei Anstalten heraufzukommen. Morning Star ging schließlich hinunter, um nachzusehen.

"Er sieht aus, als würde er schlafen", sagte sie zu ihrer Mutter. "Ich kann nie erkennen, wann er schläft und wann nicht. Wenn du ihm was sagen willst, dann mach's am besten selbst." "Ja, wahrscheinlich will er nicht gestört werden", antwortete Spotted Fawn. Wir warteten also weiter. Spotted Fawn mußte zusehen, daß sie den Tee warmhielt, ohne ihn allzusehr aufkochen zu lassen. "Rolling Thunder weiß, daß wir hier sind", versicherte jemand. "Ich bin absolut sicher, daß er nicht eingeschlafen ist und uns vergessen hat."

Rolling Thunder kam schließlich langsam die Treppe herauf und bewegte sich, als befände er sich noch im Halbschlaf. Er lächelte uns verträumt zu, machte es sich auf dem Sofa bequem und zündete seine Pfeife an.

"Alle warten", legte ihm Spotted Fawn nahe. Rolling Thunder schien es nicht zu hören. Er zog an seiner Pfeife und starrte lange in die Dunkelheit hinaus. Plötzlich blinzelte er mit den Augen und schaute Spotted Fawn an. "Ist alles fertig?"

"Ja, ich hab' dir doch eben gesagt, wir sind alle schon längst bereit und warten. Ich versuch' schon die ganze Zeit, den Tee..." "Ach so", kicherte er etwas entschuldigend. "Dann laß uns anfangen!" Das zeremonielle Feuer wurde nochmals angefacht. Wir hatten schon während des Wartens eine ganze Menge Brennholz verbraucht und hatten das Feuer deswegen ausgehen lassen, bis Rolling Thunder bereit sein würde. Spotted Fawn und Morning Star brachten den Tee heraus, und die anderen setzten sich auf die Decken. Rolling Thunder setzte sich vor das Feuer, legte seine Opfergabe vor sich zurecht und zündete seine Pfeife an. Es herrschte völliges Schweigen. Wir waren schon eine ganze Weile im Haus schweigend dagesessen, aber jetzt war es ein ganz anderes Gefühl der Ruhe. Die Zeremonie nahm ihren Anfang und die Stille war ein wichtiger Bestandteil des Rituals. Rolling Thunder beugte sich über das Feuer und brachte seine Opfergabe dar. Er legte mehrere Stücke frischen Fleisches in die Flammen und die Worte, die er währenddessen sprach, waren so leise und sanft, daß ich nichts verstehen konnte. Er goß Tee in die Tassen, nahm eine davon auf und erhob sich. Er hielt die Tasse in beiden Händen vor seiner Brust und schaute lange hinein. Dann gab er Morning Star ein Zeichen, sie stand auf und stellte sich neben ihn. "Verteile sie", sagte er.

Morning Star griff nach der Tasse, aber Rolling Thunder zog sie plötzlich wieder zurück. "Noch nicht." Er schaute die Tasse noch einmal an und fing an zu sprechen. Bei unserer ersten Zeremonie hatte Rolling Thunder die Tassen wortlos ausgeteilt, erst dann hatte er gesprochen, und wir hatten gemeinsam, langsam und schweigend daraus getrunken und die Tassen alle gleichzeitig in einem allgemeinen Gefühl der Einheit wieder abgesetzt. Aber in dieser Nacht hob Rolling Thunder jede Tasse einzeln auf, sprach den Namen eines Anwesenden aus und sagte, während er in die Tasse schaute, einige persönliche Worte über die betreffende Person. Dann reichte er sie Morning Star, die sie wiederum weitergab. Es war wie ein Gebet. Rolling Thunder wußte viel über die Pläne und Motivationen der einzelnen Personen zu sagen, und er sprach eine Vielzahl von Problemen physischer, emotioneller und spiritueller Art an. Er sagte nichts, was die betreffende Person hätte bloßstellen oder beschämen können, nichts, was man als Ratschlag oder Urteil hätte auffassen können. Was er jedoch sagte, erschien mir wie eine ganz spezifische und zutreffende Bemerkung zu jedem einzelnen von uns. Manche seiner Bemerkungen waren Vorschläge oder Bestärkungen, manche waren Voraussagen. Keiner hatte sich vor der Zeremonie mit ihm beraten. Er war unten gelegen und hatte scheinbar geschlafen. Ich fragte mich also, wie er wohl zu all dem Wissen um jeden einzelnen von uns gekommen war.

Rolling Thunder hob meine Tasse auf und sagte: "Für Doug, der mit uns in Carlin lebt." Dieser Satz vermittelte mir ein flüchtiges Gefühl des Bedauerns, daß ich schon lange nicht mehr dort gewesen war. Rolling Thunder sprach über und für mich, und was er sagte, war klar, eindeutig und vollständig. Er erzählte mir von meiner Bestimmung und meinen Beweggründen und bat um die geistige Fähigkeit und das Bewußtsein, das mir und meiner Aufgabe am nützlichsten sein würde. Er sprach über die Menninger Foundation, die Forschungsabteilung, die Forschungsgelder und andere momentane Probleme. Er erwähnte unser Projekt, Elmer und Alyce Green und andere, die an dieser Forschungsarbeit teilnahmen, und er bat darum, daß denjenigen, die sich von manchen Teilbereichen ihres Wissendrangs verwirrt oder bedroht fühlten, geholfen werde, in Ruhe und Gelassenheit ein besseres Verständnis des augenblicklichen Geschehens und eine positivere Erwartung der Realität, zu der alle unvoreingenommenen Fragen und Nachforschungen hinführen, zu erlangen.

Dieser Teil der Zeremonie dauerte etwa eine Stunde. Nachdem der Tee ausgetrunken war, saßen wir bewegungslos und schweigend da. Vier oder fünf Waschbären warteten in der Nähe. Rolling Thunder hielt noch immer seine leere Tasse und starrte in das Feuer. Ich fragte mich, ob Semu, Mad Bear oder ein anderer Medizinmann wohl für Rolling Thunder gesprochen hätten, wenn sie an diesem Abend anwesend gewesen wären.

Später gingen wir ins Haus zurück, machten im Kamin ein neues Feuer und hörten uns eine Stereoaufnahme von Wolfsgeheul an. Rolling Thunder hatte einmal gesagt: "Selbst das Anhören von Wolfsgeheul kann eine Art Meditation sein."

Während wir um den Kamin saßen, behielten wir das bewußte Schweigen bei. Wieder fing ich an, über das nachzudenken, was Rolling Thunder während der Zeremonie gesagt hatte und wie er sich Stunden zuvor, scheinbar schlafend, ins untere Zimmer zurückgezogen hatte. Ich war weder erstaunt noch überrascht gewesen über das, was er über und für mich gesagt hatte, obwohl mir später erst bewußt wurde, daß er von Dingen wußte, die ihm keiner gesagt haben konnte. Die Probleme, Pläne und Ziele, von denen er gesprochen hatte, hatte ich niemals zuvor erwähnt. Er hatte Dinge angesprochen, die er durch normale logische Schlußfolgerungen unmöglich wissen konnte. Aber während er gesprochen hatte, war ich darüber keineswegs verwundert gewesen. Ich hatte nur ein tiefes Gefühl der Dankbarkeit verspürt.

KAPITEL 25
DER KREIS WIRD GESCHLOSSEN

In der letzten Aprilwoche 1972 rief ich im Einkaufsmarkt von Carlin an und hinterließ Rolling Thunder die Nachricht, daß er mich in Berkeley zurückrufen sollte. Er war erst vor kurzem von seinem sehr langen Aufenthalt in den Bergen, der mit der Peyote-Tee-Zeremonie zu Ende gegangen war, nach Berkeley zurückgekehrt, und er versuchte zweifellos, gerade wieder ein bißchen Ordnung in seinen voll ausgefüllten Tagesablauf zu bringen. Trotzdem mußte ich ihn fragen, ob er bereit sei, sofort nach San Francisco zu kommen. Die Konferenz der "Association for Humanistic Psychology" über psychische Heilverfahren und Selbstheilung war schon öffentlich angezeigt worden,und Rolling Thunder befand sich auf der Liste der Redner. Falls er sich eine Woche vorher frei machen könnte und dazu bereit wäre, waren fünf unverbindliche Interviews im Rundfunk und diverse Talkshows im Fernsehen angesetzt worden.

Es würde zweifellos ein ziemlich anstrengendes Programm werden, und obwohl es mich in keiner Weise überrascht haben würde, wenn er es abgelehnt hätte, auch nur ein einziges Interview zu geben, hoffte ich dennoch, daß er bei allen mitmachen würde. Er rief mich am nächsten Tag nach Mitternacht an und willigte ein. Es wurde ausgemacht, daß wir ihn in zwei Tagen am Flughafen von Oakland abholen würden.

"Also, das ist das Programm für die ganze Woche", erklärte ich ihm. "Ich habe die betreffenden Tage und Uhrzeiten, wann wir dort sein müssen, sowie den Ort, wo wir hinmüssen, und wen wir treffen sollen zusammengetippt. Dieser Durchschlag ist für dich. Ich hab' meinen eigenen und werde dich überallhin begleiten, du mußt dir also über den Programmablauf nicht allzusehr den Kopf zerbrechen."

Wir saßen im Wohnzimmer von Dolly Gattozzis Haus in den Berkeley-Bergen zusammen. Rolling Thunder würde bis nach der Konferenz wieder hier unterkommen. Das Komitee hatte ihm sein Auto zur Verfügung gestellt, das Buffalo Horse fahren sollte.

"Dieser Termin hier", sagte ich und deutete auf den dritten Tag des Programms, "ist eine Talkshow, die im Radio live ausgestrahlt wird. Die Hörer können während der Sendung anrufen und Fragen stellen. Die Show hat eine sehr hohe Einschaltquote. Alle anderen Sendungen wirst du alleine bestreiten, aber diese teilst du mit Schwester Justa Smith. Ihr werdet also zusammen sprechen und Fragen beantworten, denke ich. Sie ist Doktor der Biochemie und eine Franziskanernonne."

"Eine was?" fragte er grinsend zurück.

"Eine katholische Nonne." "Ach so, okay."

Schwester Justa Smith war außer Rolling Thunder die einzige Rednerin, der es ermöglicht worden war, im Radio und Fernsehen Interviews zu geben. Ich war nicht sicher, wer auf die Idee gekommen war, sie und Rolling Thunder zusammen interviewen zu lassen. Ich fragte mich, was Rolling Thunder wohl von der Nonne halten würde und umgekehrt. Ich hoffte nur, daß es für beide gut gehen würde.

Am Tag, an dem die Rundfunksendung angesetzt war, fuhren Buffalo Horse und ich Rolling Thunder sehr frühzeitig nach San Francisco. Justa Smith kam direkt von ihrem Flug aus New York ins Studio und setzte sich in dem Moment vor das Mikrofon, als die Sendung begann. Auf diese Weise lernten sich Rolling Thunder und Justa Smith erst während der Sendung kennen. Rolling Thunder sprach über die Vorzüge von natürlicher Nahrung, wie beispielsweise Pinyon-Nüssen, gegenüber kommerziell hergestellten Nahrungsmitteln. Schwester Justa Smith warnte vor gefährlichen Konservierungs- und anderen chemischen Zusatzmitteln. Während des Werbespots tauschten sie Komplimente aus. "Das war gut. Das war sehr wichtig. Sie sollten noch mehr darüber sagen."

Buffalo Horse und ich gingen in ein angrenzendes Zimmer, um für Rolling Thunder eine Tasse Kaffee zu besorgen. Schwester Justa betonte, daß ihr an Kaffee nichts liege und daß sie grundsätzlich keinen trinke. "Hast du nicht gesagt, daß sie 'ne Nonne ist?" fragte Buffalo Horse, sobald wir den Raum verlassen hatten. "Das ist sie auch." "Wo ist dann ihr Kostüm oder ihre Uniform oder wie man das Ding nennt?" "Weiß ich nicht, aber sie ist auf alle Fälle eine Nonne. Das steht auf dem offiziellen Programm. Alle nennen sie 'Schwester'." "Ja, aber Nonnen trinken doch Kaffee, oder?" "Ich glaube schon, aber sie offensichtlich nicht."

Als die Sendung vorbei war, schickte Schwester Justa Smith nach einem Taxi. Rolling Thunder, Buffalo Horse und ich fuhren heim. Unterwegs sagte Rolling Thunder: "Ich hätte mich ganz gern noch länger mit ihr unterhalten. Sie ist eine wirklich ungewöhnliche Frau."

"Wir werden sie sicherlich noch öfters treffen, sie ist ja eine der Hauptrednerinnen bei der Konferenz." "Sie ist eine nette Nonne", bemerkte Buffalo Horse. "Stimmt, sie ist eine großartige Person und ich bin sehr an ihrer Arbeit interessiert. Ich hatte dauernd das Gefühl, daß ich sie was Bestimmtes fragen wollte, aber ich bin nicht darauf gekommen, was es ist. Was macht sie eigentlich?" "Ich weiß es auch nicht so genau, aber ich hab' gehört, daß sie Wirkungen untersucht, die Heilkundige bei Enzymen in Reagenzgläsern hervorrufen können." "Na ja, wir werden sie ja wiedertreffen, und ich werde schon herausfinden, was ich von ihr wissen wollte."

Das letzte Interview vor der Konferenz war eine Live-Show im Fernsehen, die "The Bentley Affair" hieß. Rolling Thunder hatte am zweiten Abend nach seiner Ankunft ein anderes Fernsehinterview gegeben, das zu einer angenehmen Zeit am frühen Abend aufgezeichnet worden war. Diesmal aber mußten wir bis spätestens halb neun Uhr morgens im Studio des 5. Programms sein. Buffalo Horse kam um halb acht mit dem Komitee-Auto an und wollte sofort wieder aufbrechen, um ohne Hetze nach San Francisco zu kommen. "Fahren wir am besten gleich los", sagte er. "Wir werden eine ganze Weile brauchen, weil wir nämlich genau in die Stoßzeit hineinkommen."

Rolling Thunder war erst im letzten Moment aus dem Bett gekommen, und wir wollten ihm noch ganz gern ein Frühstück machen. Es ging ihm alles viel zu schnell, und er fuhr schließlich ohne seinen Tabak weg, was er erst bemerkte, als wir bereits durch Berkeley durchgefahren waren. Ich sah, wie er in die Seitentasche seiner Jacke, die neben ihm auf dem Sitz lag, griff, seine Pfeife herausnahm und dann nochmals in die Tasche faßte. Er hob die Jacke hoch und prüfte eine Tasche nach der anderen. Er streckte seine Beine aus und tastete seine Hosentaschen ab. Dann schaute er auf dem Sitz nach, wo seine Jacke gelegen war,und sogar auf dem Boden. Plötzlich schoß sein Arm hoch, und er schnippte laut mit den Fingern. "Was is'n los?" fragte Buffalo Horse. "Ich hab' meinen Tabak vergessen!" Wieder ging er seine Taschen durch. Buffalo Horse tastete während des Fahrens die Sitze ab, griff hinter sich und schaute auf dem Boden unter seinen Füßen nach. Ich fing an, den Rücksitz abzusuchen, und Buffalo Horse schaute schließlich sogar im Handschuhfach nach. "Hier im Auto kann er nicht sein", sagte Rolling Thunder. "Wir sind ja schließlich direkt aus dem Haus gekommen und gleich ins Auto gestiegen." "Ich weiß", sagte Buffalo Horse, "aber wenn du deine Pfeife hast, kann doch auch dein Tabak nicht weit sein." "Meine Pfeife war in meiner Jackentasche, genau dort, wo ich sie heute früh reingelegt habe." Buffalo Horse fühlte nochmals in jeder Tasche der Jacke nach. "Komm, der Tabak ist nicht im Auto. Er ist im Haus, im Schlafzimmer. Ich hab' meine Pfeife oben gehabt und hab' sie ausgemacht, als ich mich an den Frühstückstisch setzte. Meine Jacke hab' ich auch mit oben gehabt. Ich weiß genau, wo der Tabak liegt – auf dem kleinen Tisch mit der Steinplatte. Ich hab' dort meine Pfeife gestopft und ihn dann wieder hingelegt." "Willst du wieder umkehren?" "Unmöglich, das schaffen wir nicht." "Vielleicht können wir in San Francisco einen kaufen", schlug ich vor. Ich wußte, wie wichtig ihm der Tabak war. Rolling Thunder benutzte bei Ritualen und Zeremonien oder wann immer er tief nachdenken oder etwas planen mußte seine Pfeife. Obwohl er sie nicht in den Studios anzünden konnte, rauchte er immer vor dem Interview eine Pfeife seiner kräftigen Mischung. Er sprach die ganze Fahrt bis San Francisco kein Wort mehr. Auf der Brücke über die Bay kamen wir nur sehr langsam vorwärts. Buffalo Horse und ich unterhielten uns, aber Rolling Thunder, der vor solchen Ereignissen sonst immer gut aufgelegt war, starrte nur wortlos aus dem Fenster. Buffalo Horse bahnte sich einen Weg durch San Francisco, und wir kamen rechtzeitig am Rundfunkgelände an. Wertvolle Minuten verstrichen, während wir nach einem Parkplatz suchten. Rolling Thunder sprach noch immer kein Wort, er half uns nicht einmal dabei, nach einem Parkplatz Ausschau zu halten, was für ihn schon sehr ungewöhnlich war. Ich konnte mir nur schwer vorstellen, daß er wegen der bevorstehenden Sendung nervös war; er war noch nie aufgeregt gewesen. Ich wußte auch, daß er durchaus kein Gewohnheitsraucher war, aber seine Pfeife wäre vielleicht gerade jetzt sehr wichtig für ihn gewesen. Ich fragte mich, ob er sich wohl darüber ärgerte, daß er ohne seinen Tabak weggefahren war. Vielleicht genoß er aber auch nur den frühen Morgen? Ich konnte vom Rücksitz aus sein Gesicht nicht erkennen und hoffte, daß alles in Ordnung sei.

Ich sprach ihn wieder an: "Wir werden ziemlich früh im Sender sein, glaube ich. Wenn wir keinen Parkplatz finden, können wir zwei zuerst hineingehen und uns mit Helen Bentley treffen. Sie hat mir gesagt, daß sie sich gerne vor der Sendung mit dir unterhalten würde." "Ich hab' ihn!" platzte Rolling Thunder plötzlich heraus. Er drehte sich zu mir um und streckte mir seine Hand entgegen, in der sich der Tabaksbeutel befand! "Ich wußte doch, wo er war. Es ist nicht schwer, wenn man weiß, wo es sich befindet." Er schwang seinen Tabaksbeutel hin und her und grinste über das ganze Gesicht. Dann schaute er mich plötzlich mit ernster Miene an. "Solche Dinge sind möglich. Wenn sie notwendig sind, liegen sie durchaus im Bereich des Möglichen."

Buffalo Horse fand endlich im Häuserblock hinter dem Sender einen Parkplatz. Rolling Thunder stopfte schon eifrig seine Pfeife. Buffalo Horse warf mir einen fragenden Blick zu, als wollte er prüfen, wie ich auf das Ganze reagierte.

Er hatte wahrscheinlich erwartet, daß ich erschrocken, beleidigt sein oder gar lachen würde, weil ich glaubte, daß man sich einen Spaß mit mir erlaubt hatte. Es fiel mir und meiner Logik schwer, die Tatsache zu akzeptieren, daß Rolling Thunder seinen Tabaksbeutel einfach vom Nachttisch auf der anderen Seite der Bay ins fahrende Auto ' hergeholt ' hatte. Trotzdem zweifelte ich nicht daran. Meine Gewißheit, daß sich der Tabak nicht im Auto befunden hatte, und meine Kenntnisse um Rolling Thunder waren sicherer als mein

'Wissen', daß solche Dinge unmöglich sind. Ich wußte, daß Rolling Thunder diesen Vorfall in keinem Interview oder Vortrag erwähnen würde, dennoch war ich dabeigewesen, und er hatte mir ermöglicht, es mitzuerleben. Dies hätte eine ernsthafte Chance sein können, herauszufinden, wie derartige Dinge vollbracht werden, wenn mir Rolling Thunder nur den Vorgang erklärt oder mich hätte fragen lassen.

Wir gingen zu dritt ins Studio und setzten uns ins Wartezimmer. Dort konnte Rolling Thunder gemütlich in einem Sessel sitzen und an seiner Pfeife ziehen, bis Helen Bentley nach ihm schickte. Pat Shaffer kam mit ihrer Schwester und einem anderen Redner herein. Sie wollten Rolling Thunder kennenlernen. "Ich hab' schon eine Menge über Sie gehört", sagte Pat, "einmal von Doug und dann auch von Schwester Justa Smith."

Pat Shaffer erzählte, daß Schwester Justas Gepäck am Flughafen verlorengegangen war. Sie hatte ausgemacht, daß jemand ihr Gepäck dort abholte, während sie zum Radiosender eilte. Als derjenige am Flughafen ankam, war es verschwunden. "Mir tut das alles so leid", sagte Pat. "Sie hat nur noch das Kleid, das sie anhat. Das Kleid für den Vortrag und alles, was sie sonst noch braucht, sind in ihrem Gepäck."

Jemand kam, um Rolling Thunder zu holen, Helen Bentley sei jetzt so weit. Ich ging mit ihm zum Studio zurück und nahm sicherheitshalber ein paar Fotos mit, die wir vom "Chaining" der Pinyon-Wälder gemacht hatten. Vielleicht würden sie gebraucht werden. "Die Sache mit dem verschwundenen Gepäck tut mir wirklich leid", sagte Rolling Thunder. "Sie wird es notwendig brauchen, und es kann durchaus gefunden werden. Ich kann mich zwar jetzt nicht mehr darauf konzentrieren, aber vielleicht nach der Sendung..."

Helen Bentley stand mit ausgestreckter Hand am anderen Ende des Ganges. Ich überreichte ihr die Fotos und hörte ihrem Gespräch mit Rolling Thunder zu. Während der Sendung ging ich zwischen dem Studio und dem Warteraum hin und her, um Rolling Thunder abwechselnd vor der Kamera und auf dem Bildschirm zu sehen. Während eines Werbespots ging ich zu ihm hin und gab ihm eine Liste von Kontaktadressen und Informationsquellen, die er in der Sendung verlesen wollte.

“Das Gepäck ist nicht verloren”, murmelte Rolling Thunder zu mir. “Sie weiß es vielleicht noch nicht, aber es ist schon wieder aufgetaucht.”

Nach der Sendung unterhielt sich Rolling Thunder noch lange mit Helen Bentley, während ich in den Warteraum zurückging. “Ich fürchte, ich hab' jetzt einen Großteil der Sendung verpaßt”, entschuldigte sich Pat bei mir. “Ich bin die ganze Zeit am Telefon gehangen, aber dafür hab' ich gute Nachrichten! Schwester Justas Gepäck ist gerade am Flughafen wiedergefunden worden. Es war gar nicht verloren, derjenige, den wir hingeschickt hatten, um es abzuholen, hat lediglich die Zeit und den Ort verwechselt und dann geglaubt, daß es verschwunden sei.”

Als Rolling Thunder davon erfuhr, sagte er: “Es war also alles in Ordnung? Gut so.” Bei der Heimfahrt stopfte er wieder seine Pfeife und war guter Laune. Als nächstes stand der große Vortrag selbst auf dem Programm. Es würde sein erster Auftritt vor so vielen fremden Menschen sein, aber er war in ausgezeichneter Verfassung und wußte, daß es gut gehen würde. Wenn ich jemand anderer wäre, dachte ich mir während der Fahrt, würde ich ihn wahrscheinlich jetzt fragen: “Wie hast du über Schwester Justas Gepäck so genau Bescheid gewußt?”

Am Samstag morgen, den 6. Mai 1972, sprach Rolling Thunder im Masonic-Hörsaal zu einem Publikum von fast dreitausend Menschen. Dies war der Auftakt zu einem ganz neuen Anfang; noch nie zuvor hatte es einen solch breiten Kommunikationsaustausch gegeben.

Bisher hatte es in der weißen Öffentlichkeit nur Hollywood-Indianer, Rothäute aus der Werbung und seltene indianische Kunsthandwerker gegeben oder Indianer von vielen verschiedenen Stämmen, die vor Schulklassen und Frauenvereinen über die Friedenspfeife, Wigwams und Mokassins gesprochen hatten, redegewandte indianische Führer, die die Weltanschauung und die Bedürfnisse ihres Volkes in der Öffentlichkeit vertraten. Aber Rolling Thunders Rede war eine neue Botschaft der Brüderlichkeit – der Anfang einer Einheit, ein wahrer spiritueller Austausch zwischen Indianern und Weißen.

Er war gebeten worden, über seine Kräfte, die indianischen Heilkräfte zu sprechen, aber jetzt stand er vor dem Publikum und versuchte ihnen begreiflich zu machen, daß die Zeit noch nicht reif dafür sei. "Obwohl es schon eine Menge Menschen gibt, die guten Herzens und Willens sind, die dem Indianer die Hände reichen wollen und alles Vergangene vergessen, darf gerade das nicht geschehen – nicht von Seiten der Indianer und auch nicht vom Gesetz des Karma her. Die Zeit, alles zu teilen, wird dann gekommen sein, wenn Weiße in der Lage sind, ihren indianischen Brüdern und Schwestern auf einer wirklich spirituellen Ebene zu begegnen. Es ist die Aufgabe unserer neuen Freunde, die sich danach sehnen, das Wissen und die Erfahrung ihrer indianischen Brüder zu teilen, erst einmal die Bedingungen zu schaffen, unter denen ein sinnvoller Austausch stattfinden kann.

Unsere Lehrer sagen uns, daß es die Sache der guten Weissen ist, das wieder in Ordnung zu bringen, was die schlechten Weißen verbrochen haben. Wir können das nicht für euch erledigen. Wir haben das Gefühl, daß viele der guten weißen Menschen keine Ahnung davon haben, was ihre Regierung anstellt. Es liegt an euch, das Notwendige auf eure Weise zu unternehmen. Uns wird gesagt, daß wir unsere Angelegenheiten auf unsere Weise regeln sollen. Wir Indianer müssen auf unsere Art arbeiten, und ihr müßt, was immer auch eure Aufgaben sind, sie auf eure Weise angehen. Wir werden euch nicht sagen, was ihr tun sollt, denn wir mögen es selbst nicht, wenn man uns sagt, was wir zu tun haben.

Ihr erhebt schließlich nicht den Anspruch darauf, alle Dinge dieser Welt zu wissen – über Medizin oder was auch immer. Und nicht alles Wissen kann in Bücher gepackt werden. Das universale Wissen schließt nämlich die ganze Natur, alles Leben in sich ein, und davon gibt es zuviel, als daß man es in Büchern unterbringen könnte. Ich sage, daß wir Indianer genauso wie andere Menschen einiges Wissen haben, und das ist genau der Grund, warum wir unser Wissen teilen sollten. Es würde uns eine Menge weiterhelfen, wenn wir teilen könnten.

Wir Indianer sind die Hüter des Landes. Wir behaupten nicht, daß wir das Land besitzen, genauso wenig wie jemand anderer. Manche Leute tauschen ein Stück Papier untereinander aus, das besagt, daß sie so und so viel vom Land besitzen, aber das ist bedeutungslos. Der Große Geist besitzt das Land, und es wurde uns anvertraut. Wir sind die Hüter des Landes. Wo immer ihr auch hingeht in diesem Land – falls es dort noch Indianer gibt, falls noch welche überlebt haben, – wird es unter ihnen immer welche geben, die das Gesetz des Lebens, der Erde und der Winde noch kennen. Das ist unsere Aufgabe, genauso wie andere zu anderen Dingen ermächtigt sind. Wir sollten zusammenarbeiten, um das Leben für uns alle lebenswert zu gestalten – für alle, die auf dieser Mutter Erde wandeln. Wir erheben keine Landansprüche oder Forderungen. Wir sagen nicht, daß die Weißen nach Europa zurückgehen sollen. Das hat noch kein Indianer verlangt. Wir behaupten, daß es hier für alle genügend Platz gibt, daß wir als Brüder und Schwestern zusammenleben und teilen können. So sollte es sein.

Eure Vorfahren sind keineswegs hier auf einen Haufen Wilder gestoßen. Eure Verfassung habt ihr von der Verfassung habt ihr von der Verfassung der Irokesen übernommen, viele eurer besten Mittel habt ihr von uns: Terpentin, Chinin, Kampfer, Kokain, sogar das Penicillin, das wir aus vermoderten Eichenstämmen gewonnen haben und schon lange vor euch kannten. Vieles von unserem Wissen mußten wir geheimhalten und verbergen. Vieles davon ist sogar in Büchern festgehalten; aber diese Dinge sollten jetzt nicht preisgegeben werden. Wir wollen nicht in Schwierigkeiten geraten. Wir suchen nicht den Wettbewerb und glauben nicht daran. Wir fließen im Strom der Natur und der Geist zeigt uns den Weg – der Geist der Brüderlichkeit und Gemeinsamkeit. Aber bis wir alle eins sind mit diesem Geist, müssen manche Dinge noch geheimgehalten werden.

Vor nicht allzu langer Zeit gab es einen alten Medizinmann, der Patrick Sundance hieß und bei den Mormonen und anderen Leuten drüben in Utah Krebserkrankungen und Zukker erfolgreich behandelte. Er heilte eine ganze Menge Leute. Dann wurde er von der 'American Medical Association' vor Gericht gebracht und dazu verurteilt, entweder den Staat zu verlassen oder ins Gefängnis zu gehen. Der alte Mann war 87 Jahre alt. Der Gerichtssaal war voll von Menschen, die zu seinen Gunsten aussagen wollten, aber kein einziger von ihnen wurde vorgelassen. Jetzt ist der alte Mann tot, und sie haben es irgendwie geschafft, an einige seiner Heilmittel heranzukommen, und machen in zwei Universitäten des Landes Versuche damit, um hinter sein Geheimnis zu kommen und diese Mittel selbst anwenden zu können.

Die Gesetze dieses Landes besagen, daß wir alle Brüder und Schwestern sind und daß wir alles miteinander teilen sollen. Es wird die Zeit kommen, dessen bin ich mir völlig sicher, wo wir alle unser Wissen werden teilen können. Und diese Zeit wird um so früher kommen, wenn ihr euch daranmacht, einige dieser blödsinnigen Gesetze zu ändern, die mein Volk unterdrücken – beispielsweise das idiotische Gesetz, das einem Menschen untersagt, in seinem eigenen Land seine eigenen Heilmethoden anzuwenden. Solche Gesetze sind eure Gesetze, nicht unsere. Wir haben keine solchen Gesetze geschaffen. Wir kennen ein anderes Gesetz, wir erkennen nur einen Herrscher an, den Großen Geist. Manche Leute sagen: 'Ich bin anders, warum helft ihr mir nicht?' Denkt mal darüber nach, wo ihr steht, und dann fangt an, die Dinge besser zu gestalten, besser für uns alle."

Rolling Thunder hatte oft mit mir über Karma gesprochen. Die amerikanischen Indianer haben sich ebenso wie die Inder schon seit Jahrhunderten mit Fragen des Karma auseinandergesetzt. Es gibt fast in jedem Stammesdialekt der amerikanischen Indianer ein entsprechendes Wort für 'Karma'. Jetzt, da die neuen Amerikaner angefangen haben, das Sanskrit-Wort zu benutzen, gebrauchte es auch Rolling Thunder. Karma hat nichts mit der Vorstellung der Sünde, der Bestrafung zu tun, denn das Wort wird von denjenigen gebraucht, die lehren, daß es keine Sünde gibt. In Rolling Thunders Augen bietet Karma einem die Möglichkeit, allem Leben von sich zu geben. Dieses Geben muß ein aktives, selbstloses Geben sein, das weder den eigenen Bedürfnissen noch deren Befriedigung dienen darf. Für Rolling Thunder ist es das Umsetzen von Karma in Ziele, Entschlüsse, Verpflichtungen und aktives Handeln, das einen auf den Weg zur Erleuchtung führt. Auf diesem Weg sind psychische Kräfte und Phänomene zufällig und zweitrangig.

"Wir sind alle mit einer Bestimmung auf diese Welt gekommen, und diese Bestimmung müssen wir erfüllen. Manche unserer jungen Männer gehen mit zwölf oder dreizehn zu einem heiligen Platz, um zu beten und zu fasten. Dort erfahren sie von ihrer Lebensbestimmung. Heutzutage reden die jungen Leute davon, ihre Identität, ihren Platz in diesem Leben zu finden, und sie tun gut daran. Manche haben es, glaube ich, geschafft und versuchen jetzt, die Verhältnisse für andere Menschen zu verbessern, und genau das ist unsere einzige Bestimmung im Leben – mit anderen zu teilen."

Für Rolling Thunder ist die Aufgabe, die Identität, das Karma eines Einzelnen nicht nur eine individuelle, persönliche Sache, sondern etwas, was sich auf eine ganze Rasse bezieht, etwas Nationales, Globales. Obwohl man das vielleicht nicht auf andere Völker in anderen Ländern beziehen kann, glaubt Rolling Thunder, daß dies auf alle Fälle auf die weisse Gesellschaft in Amerika zutrifft: das, was am stärksten zwischen dieser Gesellschaft und der Verwirklichung höherer menschlicher Werte steht, ist das Karma dieser weißen Gesellschaft.

Aber Rolling Thunder sprach an diesem Tag nicht nur über Probleme und Pflichten, er erzählte auch von seiner Heimat und seinen Reisen, von seinen Heilzeremonien und seinen Patienten. Er erklärte, wie ein Medizinmann in der Lage sein muß, die materielle Bewußtseinsebene zu verlassen und eine bewußte Reise "auf die andere Seite" zu machen.

"Wir alle durchwandern viele Leben", sagte er, und es schien, als ob diese Vorstellung selbst in der Öffentlichkeit gar nichts Ungewohntes oder Fremdes mehr sei. "Wir haben viele Leben und manchmal sind wir in der Lage, diese verschiedenen Leben zusammenzubringen. Genauso ist es. Wir wandern von einem Leben in das nächste und es gibt daher keinen Grund, vor dem Tod Angst zu haben. Es gibt keinen Tod, nur ein Wechseln der Welten. Diejenigen, die sich mit psychischen Heilmethoden und anderen psychischen Phänomenen auseinandersetzen, würden zweifellos brauchbare Hypothesen begrüßen – wie die Geschichte mit dem Teufel und der güldenen Himmelspforte, oder den Glauben, daß der Weg des Lebens von einem Tod zum anderen, vom Nichts zur Vergänglichkeit führt. Aber Sie haben wahrscheinlich nicht erwartet, von einem amerikanischen Indianer etwas über Wiedergeburt zu hören. Und doch war dies eine grundlegende Vorstellung oder Lebenseinstellung, die fast alle Kulturen geteilt haben.

" 'Heide' heißt 'rein' im Altgriechischen", fuhr Rolling Thunder fort, "und 'primitiv' heißt 'erster'. Das sind keine negativen Begriffe. Sie bedeuten weder barbarisch noch unwissend. Ich hab' mir eure Geschichte genauer angeschaut, und ich weiß, daß manche eurer Leute, eure europäischen Brüder und Schwestern, noch an die alten Weisen glauben. Aber manche eurer Vorfahren, die von der anderen Seite der Meere hierhergesegelt sind, haben eine Hölle und einen Teufel heraufbeschworen. Die hat es vorher nicht gegeben, sie haben sie erst heraufbeschworen – wenn man nämlich an etwas stark und lange genug glaubt, wird es auch bald zur Realität. Sie haben diese Dinge also erschaffen und mit sich hierhergebracht,und wir Indianer wollen nichts damit zu tun haben. Solche Dinge nennen wir eine falsche Lehre. Man bringt uns Furcht, die Angst vor Bestrafung bei. Aus diesem Grund wachsen die Menschen mit tausenderlei Ängsten auf und finden sich später im Behandlungsraum eines Psychiaters wieder.

Die Medizinkraft stirbt nicht aus. Im Gegenteil, sie lebt in vielen unserer jungen Leute wieder auf. Vor Jahren wurde gesagt, daß es eines Tages keine Heilkundigen mehr geben würde, aber uns hat das nicht getäuscht, wir wußten, daß wir nicht aussterben würden. Wir wußten, daß diese Kraft eines Tages, fast über Nacht, zurückkehren würde. Jetzt ist die Zeit gekommen, die Kraft fließt in starken Strömen zurück. Und ich beobachte, wie sie auch unter anderen Völkern zurückkehrt, unter Völkern, die einst ihre Identität und ihren Weg völlig verloren hatten."

Dann sprach Rolling Thunder über San Francisco. "Ich werde jetzt versuchen, euch über spirituelle Dinge, die mit dieser Gegend verbunden sind, zu berichten. Vor nicht allzu langer Zeit ist vorausgesagt worden, daß dieser Teil des Landes unter dem Meer versinken würde, und darüber habe ich mir ziemliche Sorgen gemacht. In meiner Heimat ist es üblich, daß Heilkundige und die Ältesten zusammenkommen, um ihre Träume und Prophezeiungen auszutauschen.

Eines Nachts sprach ein alter Mann, der noch nie in dieser Gegend gewesen war –, er konnte nicht einmal Englisch –, über einen Ort, der San Francisco hieß. Er sagte: 'Ich hab' ihn als eine Art Insel gesehen, die fast gänzlich von Wasser umgeben war. Und ich hab' ihn auch als einen Pilz gesehen, der nur von einem einzigen dünnen Stengel getragen wurde.'

Was würdet ihr aus diesen Worten herauslesen? Wir deuten diese Dinge. Sie sind alle symbolisch. Die Bedeutung von dieser Vision war natürlich die, daß San Francisco von Wasser umgeben war und daß viel darüber gesprochen wurde, daß es untergehen würde, aber irgend etwas Gutes hielt es hoch. Genau das geht die ganze Zeit hier vor sich. Schon seit ewigen Zeiten ist eine Menge Gutes aus San Francisco hervorgegangen. Ich fing also an, dieser Sache auf den Grund zu gehen und sah mich unter den verschiedensten Leuten der verschiedensten Rassen um. Ich habe Menschen getroffen, die sich ähnlich unseren Heilkundigen auf einer sehr hohen spirituellen Ebene bewegten. Wenn man solchen Menschen begegnet, gibt es bestimmte Zeichen und Hinweise, und Worte sind dann oft nicht mehr notwendig. Rasse und Sprache sind dann bedeutungslos, es gibt keine Schranken, keine Grenzen, wenn Menschen sich auf einer spirituellen Ebene begegnen können.

Jedesmal, wenn ich nach San Francisco zurückkomme, sehe ich es in einem viel besseren Licht. Offensichtlich befindet sich hier in der Gegend eine Art spirituelles Zentrum. So erscheint es mir, das ist das grundlegende Gefühl, das ich habe. Ich werde also diese Botschaft zu meinem Volk weitertragen, denn vergeßt nicht, während ihr euch für unsere Lebensweise interessiert, für unseren spirituellen Glauben und unsere gemeinsame Zukunft, schauen auch wir, eure Brüder und Schwestern, mit Interesse auf euch."

Rolling Thunder ging in seiner ernsten nachdenklichen Art über die Bühne und die Treppe zum Gang hinunter. Ein begeisterter, anhaltender Applaus folgte ihm.

Als nächster Tagesordnungspunkt war ein Mittagessen vorgesehen. Es wurde in einem Privatzimmer, das den Teilnehmern der Tagung zur Verfügung gestellt worden war, gereicht. Ich hatte angenommen, daß Rolling Thunder gleich nach dem Mittagessen abreisen würde, aber er entschloß sich zu bleiben, um sich das Nachmittags- und Abendprogramm noch anzuhören. Er machte einen angeregten, äußerst interessierten Eindruck.

"Morgen wirst du bei dem Rednerfrühstück in Tiburon

eine bessere Gelegenheit haben, mit all den Vortragenden zu sprechen", versicherte ich ihm. "Ja, wir sollten die Chance nützen, mit dieser Frau zu reden – der Nonne, die wir im Rundfunk getroffen haben", sagte er. "Ich habe das Gefühl, daß sie mir einiges erzählen wird, was sehr wichtig für mich ist."

Dies war während der Mittagspause. Wir standen in einem Seitengang, und Rolling Thunder lehnte an einer Wand und rauchte seine Pfeife. Wir hatten gerade Elmer und Alyce Green über das Forschungsprogramm der Menninger Foundation sprechen hören. Rolling Thunder hatte mit offensichtlicher Vertrautheit ihren Worten über Biofeedback und autogenes Training, über die Parallelen dieser Verfahren zu Yoga-Techniken und ihre Bedeutung für die Psychotherapie und Kreativität zugehört. Nach der Peyote-Tee-Zeremonie im letzten Monat (als Rolling Thunder meine Teetasse hochgehalten und über unser Forschungsprojekt gesprochen hatte) war ich der Überzeugung, daß er jetzt begriff, was sich im psycho-physiologischen Labor abspielte.

Schwester Justa Smith ging an das Rednerpult und Rolling Thunder beugte sich interessiert in seinem Stuhl vor. Falls sie Hinweise auf das, was er erfahren wollte, geben würde, war er entschlossen, sie unter keinen Umständen zu verpassen.

Schwester Justa sprach über ihre Arbeit mit bekannten Heilkundigen, die auf psychischer Ebene arbeiteten, im biochemischen Labor des 'Human Dimension Institute' in Buffalo, New York. Sie erklärte in technischen Begriffen und mit reichhaltigen wissenschaftlichen Unterlagen und Daten, welche Veränderungen Enzymlösungen in Vitriol hervorgerufen hatten. Dann erzählte sie von einem anderen Forschungsprogramm, das vor kurzem erst in Angriff genommen worden war. Sie beschrieb einen Vorgang, der Chromatographie genannt wird und der einen chemischen Unterschied zwischen natürlichem Vitamin C und synthetischem Vitamin C (Ascorbinsäure) sichtbar macht. Auf der großen Leinwand wurden eindrucksvolle Farbdias gezeigt, auf denen das synthetische und das natürliche Vitamin zu sehen waren. Das natürliche Vitamin C glich in seinem Aufbau einer Orange oder einem Apfel oder einer anderen wachsenden lebendigen Materie. Man konnte etwas erkennen, das wie 'Kraftlinien' aussah. Das natürliche Vitamin sah im Vergleich zu den flachen, konzentrischen Kreisen, die die Ascorbinsäure bildete, wie farbige Strahlen oder Finger aus.

Rolling Thunder lehnte sich in seinem Stuhl zurück und stützte sich auf seine Hand. In Gedanken wanderte ich zu dem Januartag zurück, als er meine vier Fragen beantwortete, bevor ich sie überhaupt stellen konnte, und wo er über natürliche Vitamine gesprochen hatte: "Es wird noch einen Weg geben, den Unterschied für alle sichtbar zu machen, durch irgendein Instrument oder System. Ich habe das Gefühl, daß wir so etwas finden werden und es auch benützen werden können. Ich habe das Gefühl, als wäre es ganz nahe, vielleicht gleich ums Eck."

Ich schaute ihn an. Er warf mir einen wissenden Blick zu. "Siehst du?"

"Gleich ums Eck", wiederholte ich leise. Bei dieser Tagung wurde über das Verhältnis von Natur und Mensch, über Selbstbegrenzung, vorbeugende Medizin, Selbstheilung, Kreativität, Yoga, taoistische Techniken und die transzendenten menschlichen Fähigkeiten gesprochen. Ich fragte mich, was wohl noch 'gleich ums Eck' auf uns wartete. Ich war jetzt sicher, daß Rolling Thunder um dieses Eck schauen konnte. Wenn er uns nur sagen könnte, was er dort sah. Vielleicht lag gerade um die nächste Biegung eine neue Gesellschaft, eine neue Welt, ein neuer Humanismus, eine neue Lebensweise und ein neues Bewußtsein.

Ich erinnerte mich an Worte, die ich von Rolling Thunder oft vernommen hatte und die er jetzt in seinem Vortrag wiederholt hatte.

"Vor einigen Jahren gab es in Oklahoma ein Treffen – das erste Treffen seit fast hundert Jahren, das sich auf einer so hohen Ebene abgespielt hat, wo Häuptlinge und Medizinmänner vom ganzen Kontinent zusammengekommen waren, auch einige aus Südamerika. Die Irokesen kamen aus New York und brachten eine Steintafel mit. Am letzen Tag der Zeremonie versammelten wir uns zu einem riesigen Kreis.

Der Kreis ist das Sinnbild des Großen Geistes. Alles Leben ist ein Kreis, ein Kreislauf. Die Welt ist ein Kreis und die Atome sind Kreise. Der Kreis befindet sich auf der Steininschrift und umfaßt alle Dinge. Als wir uns in Oklahoma trafen, bildeten wir einen riesigen Kreis symbolisch für alle Stämme und rauchten die Pfeife für die Sonne. Sie brannte den ganzen Kreis entlang, ohne auszugehen. Dann zogen die Irokesen die Schrifttafel hervor und deuteten sie. Sie sagten: 'Heute sind unsere Stämme wiedervereint.' Das Symbol zeigte eine Kette von Händen – Menschen, die sich in einem Kreis an den Händen hielten, und sie sagten: 'Heute nacht hat unser Volk einen Kreis der Brüderlichkeit und Freundschaft geschlossen!'

Nach und nach wird dieser Kreis sich um die ganze Erde ziehen. Die Brüderlichkeit und der Frieden, den die Welt sich ersehnt, werden jetzt in diesem Land ihren Anfang nehmen. Alle Menschen, die hier versammelt sind, werden im Kreis der Freundschaft und Brüderlichkeit vereint sein, und dieser Kreis wird sich um die ganze Erde ziehen. Es ist nicht wie eine Organisation. Es ist nicht eine Sache, die man von außen lenken und organisieren kann. Dies ist der Weg, den Indianer gehen; es soll so sein, es wird so sein, und damit hat sich's."

Von Council Grove, Kansas, im Jahre 1971 bis zur 'Association for Humanistic Psychology'-Konferenz in San Francisco 1972 hatte ich einen vollständigen Kreis mit Rolling Thunder beschrieben. Jetzt, während ich im Masonic-Hörsaal neben ihm saß, jetzt, als er mir den vertrauten, wissenden Blick zuwarf, begann für mich ein neuer Kreis. Ich erkannte, daß dieser viel größer sein würde.

;TO REINAGA AMERICA
A UND DAS ABENDLAND

:motionale Kritik führt in indiani-
:nkkategorien ein, deren Ursprünge
n abendländischer Tradition essen-
:erscheiden.
:ten mit vielen Bildern, DM 20,–

STAN STEINER
DER UNTERGANG DES WEISSEN MANNES?

"Alles wird enden. Diese materialistisch ausgerichtete Zivilisation befindet sich auf dem Weg der Selbstzerstörung... aber ich glaube, daß die Hopi-Indianer etwas vorzuschlagen haben.."
ca. 300 S., illustr., DM 20,–

Unter der Kruste eines scheinbar rationalen Alltags wuchern "magisch-irrationale Kulte", Spiele und Strukturen auch in unserer materialistischen, westlichen Konsumwelt.

SERGIUS GOLOWIN MAGISCHE GEGENWART

ca. 170 Seiten, illustr., ca DM 14,–

Yann Daniel
DAS NEBELPFERD

Das Nebelpferd – Geschichten aus der Bretagne von Yann Daniel, die zeigen, daß der traditionelle Geist gerade in der Bretagne im Leben der Menschen dort, in ihrer Sprache, ihren Geschichten und Märchen lebendig ist. **200 S., illustr., DM 15.–**

Alvaro Estrada
MARIA SABINA

Die Selbstdarstellung Maria Sabinas ist kein Sensationsbericht und auch kein Handbuch für 'Ausge-
'. Maria Sabina steht mit dem 'heiligen' Pilz in ei-
:fen, urreligiösen Verhältnis. **192 S., ill., DM 15.–**

Trikont
dianus

:us Golowin
:ewige
:uner im Abendland

:anderungen der Zigeuner haben
:gehört: Sie sind ein ewiges Phä-
in der Geschichte der Bohème,
:endlandes, denn immer hat der
:ische Kulturuntergrund aus der
:nung mit den Menschen aus dem
aus deren Wissen und ihren
:en gelebt und geschöpft.
:) Seiten, illustr., ca. DM 14,–

STAN STEINER

DER UNTERGANG DES WEISSEN MANNES?

Übersetzt von
Elke Herzog und Mingnon Scanzoni

FAUSTO REINAGA

AMERICA INDIA UND DAS ABENDLAND

Übersetzt von Otto Weerth

Trikont
dianus

Sun Bear & Wabun

DAS MEDIZINRAD EINE ASTROLOGIE DER ERDE

Illustrationen von Michael Keller

übersetzt von Janet Woolverton

Trikont
dianus

Alvaro Estrada

MARIA SABINA

Botin der heiligen Pilze

übersetzt von Johannes Kiebranz

Trikont

dianus